# HISTORIA DE HONDURAS 1874-1890

### (LOS ARCHIVOS DE: THE NEW YORK TIMES, NEW YORK EVENING POST, PHILADELPHIA INQUIRER, LONDON TIMES Y THE ECONOMIST)

**ERANDIQUE**

COLECCIÓN

**HISTORIA DE HONDURAS 1874-1890. (Los archivos de:
The New York Times, New York Evening Post,
Philadelphia Inquirer, London Times y The Economist)**
Compilador: José Azcona Bocock

©Colección Erandique
Supervisión Editorial: Óscar Flores López
Diseño de portada: Andrea Rodríguez
Administración: Tesla Rodas—Jessica Cordero
Director Ejecutivo: José Azcona Bocock
Segunda Edición
Tegucigalpa, Honduras—Enero de 2025

# ÍNDICE

# EL ESCÁNDALO DEL FERROCARRIL, INVASIONES FILIBUSTERAS, FUSILAMIENTOS, MINAS DE ORO, VINO DE COYOL Y TORTILLAS

Mientras el presidente Ponciano Leiva hace malabares para mantenerse en el poder, el escándalo de los préstamos para construir el ferrocarril interoceánico, la obra que uniría a Puerto Cortés con Amapala, llega a las cortes de Europa y salpica a funcionarios de Honduras e Inglaterra.

Así inicia **HISTORIA DE HONDURAS 1874-1890. (Los archivos de: The New York Times, New York Evening Post, Philadelphia Inquirer, London Times y The Economist)**, una continuación de Filibusteros y Ferrocarriles (tomo #5 de Colección Erandique), que abarca de 1845 a 1873.

Estas páginas retratan a Centroamérica como una región de intrigas, de gobernantes con ínfulas de dictadores, de injerencias extranjeras; y con una paz que vive permanentemente en la mira de los fusiles, lo que provoca que los países —Honduras no es la excepción—, se queden, tristemente, rezagados.

El periodo entre 1874 y 1890 es, sin embargo, fascinante.

En medio del oscurantismo, la llegada de Marco Aurelio Soto a la presidencia, a la par de la explotación minera y bananera, trae algunas luces, pero no concluye su segundo periodo, pues pide permiso por "motivos de salud", se marcha a Estados Unidos, finalmente renuncia, y concluye su exilio voluntario en París, donde muere.

Son dieciséis años turbulentos en los que Honduras vive constantemente bajo la amenaza de invasiones foráneas, al tiempo que caudillos locales la desgarran por dentro.

La prensa internacional no solo informa de revueltas, negocios amañados, sino que, además, retrata a Honduras como una tierra de atraso e ignorancia… y de grandes oportunidades para los negocios.

The Philadelphia Inquirer, por ejemplo, informa en enero de 1886, que James Rictor y un antiguo explorador de

California salieron rumbo a Honduras para examinar los campos de oro.

Las crónicas que hoy publicamos cuentan de invasiones de filibusteros, de fusilamientos, de la locura del presidente salvadoreño Justo Rufino Barrios en autonombrarse comandante en jefe de los ejércitos centroamericanos y de la decisión de Marco Aurelio Soto de abandonar el poder para luego marcharse al extranjero.

The New York Time publicó en 1884 un hermosos reportaje de Trujillo. Al leerlo, podemos viajar al pasado y hacernos una imagen de cómo era en ese entonces la ciudad.

"La parte vieja de Trujillo solo tiene cabañas, y los residentes de la parte nueva rara vez visitan la parte vieja. Estas cabañas están llenas de pulgas, y son los hoyos más sucios de la tierra. Al pasar por la casa de un caribe lo escuchamos golpear a su esposa adentro. Los caribes mantienen disciplina, y sus esposas la reciben a menudo", señala el reportaje.

Y agrega: "A veces se digna a decirle por qué la golpea, pero se supone que ella debe saber, y generalmente lo hacen. Ella debe de hacer todo el trabajo, cultivar las bananas y batatas, mantener la pequeña plantación despejada, tener los alimentos listos, y atender a los niños, mientras él se sienta en la entrada todo el día. Sus únicos agradecimientos serán unos golpes con la correa. Día tras día ellas aguantan estas golpizas sin murmullar".

Trujillo debería ser una ciudad grande y próspera. Su puerto es profundo, bien protegido y espacioso; pero no hay vida en el lugar —concluye.

Otro retrato interesante de Honduras es el que realiza un exsenador estadounidense, Benjamin F. Hughes.

"Los hombres visten de manera similar a nuestros propios estilos de clima cálido. Las mujeres usan vestidos cortos que se abrochan debajo de los brazos y dejan al descubierto el pecho. Están descalzos. Generalmente los niños están completamente desnudos. Los habitantes son una mezcla de sangre azteca y española", reseña el Philadelphia Inquirer.

"Olancho, el pueblo perezoso", es el título, mientras tanto de una crónica de The New York Times.

Entre algunas de las "perlas" literarias que encontramos en este artículo está la siguiente descripción que dicho periódico estadounidense hace del famoso vino de coyol:

"Las calles de la ciudad están adornadas con palmas más hermosas, y se pueden ver más variedades de estas que en Cuba. De la palma de coyol se obtiene un vino dulce muy placentero, que en Olancho es más barato que el agua buena. Se le hace un orificio en la parte alta del tronco principal, justo debajo de las ramas, y se introduce una caña seca con una calabaza amarrada al otro extremo para recopilar la savia que brota de la herida. Cuando está fresca, es blanca y refrescante, siempre fría, y se parece a la leche de coco".

¿Y qué dice el famoso The New York Times de las tortillas?

"Primero se hierve el maíz en agua salada, y se deja hervir a fuego lento hasta que esté suave. Después se lava y se machaca hasta que queda como una pulpa blanda en una piedra plana o metate, muy parecido a como un chef aplana la masa con un rodillo. Esta pulpa se aplana hasta que se convierte en una pasta redonda y delgada que después se hornea en una piedra caliente. Cuando están calientes son muy apetecibles con mantequilla; pero como parte de una dieta yo preferiría el plátano frito, que ya de por sí es lo suficientemente malo".

Este libro contiene visiones distintas de la Honduras que conocemos en los textos oficiales de las escuelas y colegios. Aunque algunas opiniones podrán parecernos chocantes, pero eso no ele quita el valioso aporte a la bibliografía nacional.

HISTORIA DE HONDURAS, 1874-1890 (LOS ARCHIVOS DE: THE NEW YORK TIMES, NEW YORK EVENING POST, PHILADELPHA INQUIRER, LONDON TIMES Y THE ECONOMIST), se puede leer como una novela del realismo mágico. En lo personal, me encantó. Estoy seguro que a usted, querido lector, también le fascinará.

**Óscar Flores López/Editor Colección Erandique**

# PRÓLOGO: 1874-1890 EN LA HISTORIA HONDUREÑA

*Por: Mario R. Argueta*

Nuevamente, gracias a la Colección Erandique, promovida y financiada gracias al profundo interés de Ingeniero José Azcona Bocock por el pasado, lejano y cercano-de nuestro país, el lector tiene la oportunidad de conocer las noticias e interpretaciones de las mismas por parte de publicaciones periódicas extranjeras: The New York Times, New York Evening Post, Philadelpha Inquirer, London Times y The Economist, informando respecto a sucesos hondureños y centroamericanos acaecidos en las últimas décadas del siglo XIX.

El contenido en ocasiones es exacto, si bien es visto desde la óptica estadounidense y europea occidental, no exenta de prejuicios.

La abundante información recopilada en esta obra requirió de un previo proceso de selección, traducción y arreglo temático: el Ferrocarril Interoceánico, La Reforma Liberal, los diversos intentos por restablecer la unidad de las cinco parcelas ístmicas, las visitas de especuladores, aventureros, inversionistas extranjeros que en búsqueda de ganancias llegaron a diversas regiones hondureñas durante 1874-1890.

El gobernante José María Medina intentó, por vez primera en Centro América, la construcción de un ferrocarril o "camino de hierro", como se le designaba como sinónimo, que conectara las costas con el interior, en una geografía, la más montañosa de la América Central, lo que implicaba —y continúa implicando hasta el presente—, de cuantiosas inversiones, además de desafíos de carácter técnico.

Para tal efecto, se recurrió en procura de préstamos con el centro financiero mundial de la época: Londres y, en menor medida, París. Gran Bretaña era la "reina de los mares", con un vasto imperio colonial en Asia, Oceanía, África, América.

Anteriormente, durante la existencia de la República Federal de Centro América, se habían concertado los primeros prestamos con bancos ingleses a partir de 1825, durante el gobierno de Manuel José Arce.

El monto de los mismos llegó a las arcas federales en cantidades inferiores a lo concertado, debido al papel de los intermediarios en cuyos bolsillos quedó una parte significativa de la deuda contraída.

Al no amortizarse los intereses, la deuda fue creciendo, ante la imposibilidad de la Federación de poderla honrar. En 1838, cuando los Estados optaron por seguir su propio destino, la deuda fue dividida entre las cinco parcelas, eventualmente cancelándose hasta el siglo XX.

Algo similar ocurrió con los préstamos ferrocarrileros: el dolo y el aprovecharse de la ingenuidad de los representantes hondureños en Inglaterra y Francia permitió que, de nueva cuenta, apenas una fracción del enorme monto de la deuda por seis millones de libras esterlinas llegara a las arcas estatales, y el sueño hondureño por vincular su costa caribeña con la pacifica produjo una nueva frustración, algo recurrente en nuestra historia.

Para 1884, la maestra inglesa Mary Lester, quien había llegado a Honduras supuestamente contratada como tutora —promesa incumplida por parte de un compatriota de la joven—, podía escribir: "Allí (en Puerto Cortes) se ven montones de material importado para formar el Ferrocarril de Honduras. En este lugar se encuentran amontonados en abundancia pernos, llantas, ruedas, rieles, cadenas y otros materiales necesarios para hacer un ferrocarril...". (La travesía de una dama por Honduras. Tegucigalpa, Editorial Erandique, 2021).

El hecho que inversionistas ingleses y francesas adquirieran bonos emitidos por los bancos para recaudar la totalidad de los préstamos, y el eventual fraude, obligó al Parlamento inglés a investigar la compleja trama de su destino; es por ello que la prensa británica y francesa reportó con detalle las negociaciones y eventual fiasco.

Nuevamente, el hecho que los gobiernos hondureños no pudieron amortizar ni siquiera parcialmente la inmensa deuda provocó que la misma fuera incrementándose, llegando a ser la más elevada a nivel mundial con respecto al número de habitantes de nuestra nación.

Las implicaciones diplomáticas alcanzaron para inicios del siglo XX a Washington, convertida ya en la potencia militar e industrial mundial que buscaba consolidar su influencia en las Antillas y Centro América, desplazando a la tradicional influencia inglesa y alemana en estas estratégicas regiones, aledañas al Canal de Panamá, inaugurado en 1914.

Fue hasta 1954, durante la Administración Gálvez, que finalmente, previa negociación para reducir su cuantía, que Honduras logró finiquitar tal colosal deuda externa.

La segunda parte de esta antología aquí reseñada aborda el intento modernizador capitalista emprendido por Marco Aurelio Soto durante sus mandatos, de 1876 a 1883, designado como el inicio de la Reforma Liberal, proceso iniciado en el México de Benito Juárez y que se propagó a distintos países hispanoamericanos, incluyendo los centroamericanos.

Para impulsar el desarrollo material hondureño, nuestros distintos gobiernos, a partir de Soto y Bográn, implementaron una política concesionaria a favor del capital extranjero, particularmente estadounidense, otorgando tierras, dispensas tributarias, aguas, bosques, tanto en la minería como en la agricultura, en las regiones central y norte.

La visión de progreso de nuestros gobernantes pecó de exceso de generosidad en detrimento del interés nacional. Sus repercusiones se hacen sentir hasta la actualidad, en una situación de beneficio para las multinacionales de viejo y nuevo cuño.

El lector, además, encontrará en estas páginas noticias acerca de guerras interestatales, fratricidas, promovidas por caudillos locales, salvadoreños, guatemaltecos en pos del poder y la gloria.

Adicionalmente, diversos intentos, todos fallidos, por restablecer la Patria Grande y las visitas de aventureros, especuladores, soldados de fortuna que llegaban a nuestras tierras en búsqueda de rápida riqueza. Wells y Squier (Colección Erandique también reeditó sus libros), formaron parte de estos primeros visitantes a los que se fueron uniendo muchos más.

El esfuerzo editorial auspiciado por el Ingeniero José Azcona Bocock merece nuestro renovado reconocimiento, al igual que el todo aquel interesado en ahondar en el recorrido histórico de la nación hondureña y sus vínculos con otros países. Estamos ante un significativo aporte bibliográfico.

Tal como lo indica la Coleccion Erandique, "busca conservar y traer al presente fuentes primarias de historia de Honduras...".

# CRONOLOGÍA DE EVENTOS PRINCIPALES

1874: Guerra entre Honduras y El Salvador
1874: Peligro de hambruna por escasez de alimentos
1875: Presidente Grant felicita a Leiva
1876: Leiva y Medinón pelean por el poder
1877: Inicia la Reforma Liberal de Soto y Rosa
1879: Muere rey de Los Mosquitos
1881: Terremotos provocan destrozos en Honduras
1883: Soto otorga a empresa de EE. UU. construcción vía férrea
1883: Soto y Rosa llegan a Estados Unidos
1883: Honduras y Guatemala rompen relaciones
1883: Soto renuncia; asume Bográn
1885: Estalla guerra en Centro América
1885: Muere en combate presidente Barrios de Guatemala
1886: Descubren oro en El Guayape
1886: Nueva revolución en Honduras
1887: Reelección de Luis Bográn
1888: Honduras dice sí a unión de C.A.

# CAPÍTULO I: EL FERROCARRIL QUE NUNCA FUE

## 1874-enero-13
# LIGEROS DISTURBIOS EN HONDURAS

El único evento que puede tener una influencia perturbadora en el futuro es la acción del presidente Gonzales, de San Salvador, quien ha proclamado a Leiva como presidente de Honduras aparentemente en contra de la voluntad del pueblo. Reunió un conjunto de tropas en Yauncen y tomó por asalto el puerto de Honduras de Amapala. Varias vidas se perdieron en ambos lados.

**Fuente: The New York Times**

## 1874-enero-17
# ESTALLÓ LA GUERRA ENTRE SAN SALVADOR Y HONDURAS

Han comenzado las hostilidades entre Honduras y El Salvador, quienes solían pelear juntos en defensa de la misma causa comúnmente.

La mediación de Nicaragua para prevenir el derramamiento de sangre llegó muy tarde. No se dieron indicios a los Estados vecinos del movimiento hostil por parte de Marshal González.

**Fuente: The New York Times**

## 1874-enero-24
# FERROCARRIL INTEROCEÁNICO DE HONDURAS, LIMITADO

Capital social, 5,347,720£, en A. acciones de 100£ cada una, B. acciones de 12£ cada una, y C. acciones de 20£ cada una. Se propone adquirir del gobierno de Honduras el arriba mencionado ferrocarril, con todos sus derechos y concesiones, y terminar y trabajar la línea.

El gobierno retiene el derecho de volver a comprar el ferrocarril en su expiración de cincuenta años a un precio igual al capital social nominal de la compañía y la deuda consolidada, con un añadido de 20 por ciento como extra. El capital social será representado por la conversión de los bonos existentes de Honduras, en otras palabras, en 29,638 A. acciones de 100£

cada una (2,963,800£); y 8,970 C. acciones de 20£ cada una (179,400£), para ser intercambiadas por los bonos en circulación de los préstamos de 1867 y 1870; 117,135 B. acciones de 12£ cada una (2,125,620£) para ser intercambiadas por los bonos del préstamo de 1869, de emisión francesa; y 789 A. acciones de 100£ cada una (79,900£), para ser intercambiadas por los bonos en circulación de la deuda federal.

Se invitan suscripciones por un capital de obligaciones de 2,00,000 £, la emisión autorizada es de 2,500,000 £, en bonos de obligaciones del 100 por ciento de la primera hipoteca, al precio emitido a la par, y canjeables por sorteos anuales, en veinticinco años, a la par. Esta emisión es necesaria para completar la línea, de la cual 177 millas aún están sin construir, y para erigir aserraderos, etc., en las enormes extensiones de tierra de la Compañía.

**Fuente: The Economist**

### 1874-enero-31
# VALORES DE GOBIERNOS EXTRANJEROS

El mercado foráneo ha exhibido desde el viernes pasado cambios muy diversificados. Cómo en las acciones de vías ferroviarias, la poca acción fue la característica principal hasta el miércoles; pero la recuperación en este departamento ha sido desde entonces menos conspicua, y por tanto los casos de caídas en las cotizaciones son al menos tan abundantes e importantes como los de aumentos. Los Rentes italianos, franceses y austriacos han mejorado a grado considerable, y los españoles se han mantenido; pero, por otro lado, las acciones egipcias han retrocedido en la estimación del mercado, siendo el préstamo de 1868 en un momento incluso más bajo que lo que se muestra en la siguiente tabla. Las peruanas también han retrocedido después de las noticias recibidas desde ese país, y los bonos uruguayos también han recaído. Es significativo el que después de la introducción del proyecto del ferrocarril interoceánico, los bonos de Honduras de nuevo han caído en precio de mercado; pero esto quizá se deba en parte a la renovada invasión de El Salvador sobre Honduras. Los bonos de Costa Rica son más bajos, entendiéndose que el informe del agente de los señores Knowles y Foster es no favorable con respecto a las capacidades financieras de ese país. Los movimientos en las descripciones turcas han sido pocos en ambas direcciones; pero los negocios en el mercado de valores extranjero han sido flojos durante la semana. Hoy pudo observarse una tendencia general de mejora hasta la tarde, cuando ocurrió una recaída parcial.

Los siguientes son los cambios de la semana tomando las más recientes cotizaciones no oficiales:

| | Precios de cierre del viernes pasado. | Precios de cierre de hoy. | Aumento o disminución. |
|---|---|---|---|
| **Honduras 10%, 1870** | 13    4 | 11    3 | -  1½ |

**Fuente: The Economist**

## 1874-febrero-02
# EL SALVADOR Y HONDURAS
## Al editor del Times.

Señor: el reporte que apareció en el *Times* de ayer concerniente al ataque sanguinario y a la captura de Amapala en Centroamérica, representa al alguacil González, presidente constitucional de la República de El Salvador, simplemente como un invasor, sin mencionar, sin embargo, en su nombre, las razones de su actuar. Es por lo tanto justo que estas razones sean publicadas en el *Times*, siendo bien documentadas y sacadas de documentos que recién llegaron a la Legación de El Salvador aquí en Londres.

El siguiente es un extracto de los documentos anteriormente mencionados:

"La República de Honduras destituyó al presidente Arias y proclamó en su lugar a Don Ponciano Leiva. El presidente destituido después se encerró en Comayagua con el fin de preservar su autoridad, y confiaba en la ayuda de 250 soldados que estaban en Amapala, una isla adyacente al Océano Pacífico".

El nuevo presidente electo después solicitó al presidente de El Salvador que le enviara algunas tropas salvadoreñas con el propósito de permitirle tomar Amapala, cuando un escándalo indignante, de la naturaleza más ofensiva y desafiante, fue perpetuada hacia los salvadoreños por agentes del presidente depuesto, consistiendo en la violenta captura por el comandante de Amapala del barco a vapor *La Salvadoreña*, que entonces estaba cumpliendo con su deber con la República de El Salvador; siendo esta una hostilidad mucho más grave, ya que no se había hecho una declaración de guerra, ni siquiera una amenaza, anterior a la mencionada ofensa.

Por lo tanto, se convirtió en una necesidad justa y un punto de honor que el alguacil González dejara la sede del gobierno para ir al campamento del enemigo. Él atacó Amapala y se convirtió en dirigente de la isla después de una lucha sangrienta, en la cual recuperó *La Salvadoreña*.

La importancia de este enfrentamiento sanguinario consiste en la vindicación del honor de El Salvador y su influencia en la paz de Centroamérica, porque el señor Arias, sin tener otro apoyo más que el de Comayagua, será pronto obligado a someterse a la autoridad del único gobierno legalmente establecido representado por el presidente Don Ponciano Leiva, elegido por la voluntad libre del pueblo.

El alguacil González tiene los deseos más vivos para la prosperidad de El Salvador y la paz de Centroamérica, aunque posee todos los instintos de un guerrero. Por esta razón, él está tan listo en el gabinete del gobierno donde firmemente trabaja por el progreso del país, sin hacer un espectáculo de ferrocarriles o contrayendo préstamos foráneos o teniendo proyectos imaginarios, para dirigirse al campo de batalla con el propósito de vindicar el honor del país que él tan felizmente gobierna. Esto es lo que ha hecho en Amapala, contribuyendo, aún más mediante esa victoria, a la consolidación del gobierno legal del señor Leiva en Honduras y a la paz general de Centroamérica.

*P. R. Negrete.*
Legación de El Salvador, Londres, 29 de enero.

**Fuente: The London Times**

## 1874-marzo-01
## EL SALVADOR: EL PRESIDENTE GONZALES ATENTO A LOS EVENTOS EN HONDURAS

PANAMÁ, 16 de febrero. – El presidente Gonzales, de El Salvador, regresó del puerto de La Unión donde había permanecido para observar los eventos en Honduras, y llegó a su propia capital el día 20 del mes pasado al creer que la campaña en Honduras había terminado. El 22 emitió un decreto de amnistía para todas las ofensas políticas. El presidente fue felicitado por los organismos públicos por su exitosa solución de los asuntos de Honduras.

**Fuente: The New York Times**

## 1874-abril-25
## INTEROCEÁNICO DE HONDURAS

La primera reunión ordinaria se llevó a cabo y se suspendió por un corto tiempo, "con garantías satisfactorias del presidente y los directores de que la concesión a la compañía por parte del gobierno de Honduras había sido ratificada por el nuevo congreso, y que las negociaciones importantes estaban pendientes por la finalización de la línea de La Pimienta al Pacífico".

**Fuente: The Economist**

## 1874-mayo-25
# CENTROAMÉRICA
## Honduras

La Convención Nacional de Honduras estaba en sesión. El expresidente Arias y su ministro aún estaban en prisión.

**Fuente: The New York Times**

## 1874-julio-04
# CENTROAMÉRICA
## Honduras

La situación de esta república se considera aún sombría y de ninguna manera animadora. En adición a la larga lista de males políticos y disturbios, el país en general está amenazado con una escasez de alimentos casi al grado de la hambruna. La peor de todas las desgracias se atribuye a la negligencia de los cultivos y la agricultura causada por la guerra civil. La cosecha de cereales ha sido extremadamente pequeña, e incluso no se puede obtener maíz indio.

**Fuente: The New York Times**

## 1874- septiembre-19
# AMENAZA DE HAMBRUNA EN LA FRONTERA DE HONDURAS Y NICARAGUA
## Honduras

El gobierno ha ordenado la emisión de $40,000 en bonos de la tesorería, y los fondos se dedicarán a la reparación del daño ocasionado a las iglesias y otros edificios públicos por los terremotos del 23 de abril y del 23 de mayo pasado.

El país está en paz, pero la gente que vive en la frontera está amenazada con hambruna. Por pedido del gobierno de Honduras, el gobierno de Nicaragua permite que se exporte maíz a través de la frontera para ayudar a los afectados.

**Fuente: The New York Times**

### 1874- septiembre-19

Las personas en la frontera de Honduras se ven amenazadas por la hambruna.

**Fuente: Philadelphia Inquirer**

### 1874- septiembre-09
# HONDURAS Y NICARAGUA

De Honduras y Nicaragua no hay nada de interés. El segundo se ocupa principalmente de quién será el próximo presidente, y el primero en asuntos de instrucción pública, tomando como modelo el sistema escolar de los Estados Unidos.

**Fuente: The New York Times**

### 1874- septiembre-09
# HONDURAS Y NICARAGUA

Desde Honduras y Nicaragua no llega nada de interés. Este último se encuentra principalmente ocupado con el asunto de quién será el futuro presidente, y el primero con asuntos de instrucción pública, tomando el sistema escolar de los Estados Unidos como modelo.

**Fuente: Philadelphia Inquirer**

### 1874-septiembre-18
# EL FERROCARRIL DE HONDURAS

Informes públicos y privados de esta república muestran que empieza a disfrutar de alguna tranquilidad.

El gobierno ha recibido garantías de su ministro en Londres de que ahora había gran esperanza de que las vías férreas de Honduras finalmente serían terminadas. La sección de estas desde el puente de La Venta hasta Río Blanco había sido contratada por £4,000 por milla.

**Fuente: The New York Times**

## 1874-septiember-19

El *primer* punto que se debe notar, pensamos, es la limitación del rango de mejora. Las personas ahora están ocupadas con un gran crecimiento; pero tras un análisis se descubre que el crecimiento no es tan general como la caída. Las primeras dos clases de garantías a las que nos hemos referido todavía están irremediablemente bajo el agua.

Los préstamos de Honduras, San Domingo, Paraguay, Costa Rica y Bolivia son todos cotizados a los precios meramente nominales de las garantías de países morosos, con la excepción de Bolivia, que tiene a su disposición una cantidad inusualmente grande del dinero que se obtuvo prestado, y por tanto es capaz de pagar intereses en el presente mientras expresa su determinación de seguir haciéndolo a toda costa mediante sus propios recursos, aunque no ha obtenido ningún beneficio del préstamo.

Con esta excepción, la falta de pago de intereses, que ya era de esperarse en su mayoría desde hace un año, realmente ha sucedido en los casos ya mencionados, y hay pocas señales de que cualquiera de estos Estados vuelva a aparecer pronto en el mercado. Con relación a España, la mora en el pago de intereses ha continuado y el estado político del país es peor que nunca.

Es tan solo en las otras garantías que hemos mencionado (Turquía, Egipto y Perú) que se lleva a cabo la gran resurrección del año presente. Es nuestra opinión que este estado de los hechos muestra por sí mismo que el descrédito del año pasado fue, en su mayor parte, no infundado. Los vicios que causaron el descrédito han probado ser incurables en los peores casos, y ni las condiciones más favorables del mercado bursátil les hacen un bien.

En los casos en los que hay recuperación el crecimiento es, sin duda, notable, lo que a primera vista es difícil de explicar sobre la hipótesis de que el descrédito en esos casos fue de cualquier manera justificado; pero un número suficiente de casos sigue probando que hubo un peligro grande y real con esta clase de garantías, y es muy comprensible que incluso las garantías que se han recuperado este año con tanta rapidez debieron haber sufrido "compasivamente" el año pasado.

**Fuente: The Economist**

## 1874-noviembre-20

### HONDURAS Y EL SALVADOR

Se ha acordado una convención entre los gobiernos de Honduras y El Salvador con el objetivo de arreglar los asuntos internos de Honduras y de unirse para combatir cualquier atento futuro del partido reaccionario.

**Fuente: The New York Times**

## 1874-diciembre-31
# CENTROAMÉRICA
## Honduras

Esta república permanece mayormente en *statu quo*. Poca información se puede obtener de los periódicos publicados en el país. Parece ser que el presidente Leiva está haciendo lo mejor que puede con los obstáculos dejados por las administraciones pasadas.

**Fuente: The New York Times**

## 1875-enero-26
### LA EDUCACIÓN EN HONDURAS

El gobierno del señor Leiva está haciendo todo esfuerzo para establecer el orden e incrementar el número de escuelas en el país. El presidente de esta república y la de El Salvador tuvieron una entrevista y decidieron qué medidas eran necesarias para la amistad y progreso de ambos países, así como la paz en general de Centroamérica.

**Fuente: The New York Times**

# 1875-febrero-06
# TEMAS DE NEGOCIOS EN EL PARLAMENTO

Se han presentado noticias que tendrán un efecto en intereses importantes, lo que dará pie a debates en la sesión del Parlamento que ya ha comenzado. La más importante de estas es una noticia traída por el señor Goschen, el lunes, de un "Proyecto de ley para enmendar la ley de los banqueros". No es ningún secreto que el señor Goschen estará a cargo de la medida que ha sido deseada por los banqueros ingleses para prevenir que los bancos escoceses se establezcan o mantengan sucursales en Inglaterra, y el proyecto del que él ha informado tiene el propósito, al parecer, de realizar este objetivo.

Otra noticia la trae Sir Henry James, también el lunes, sobre una moción para un "Comité que investigue el sistema de negociación de préstamos foráneos". Esto deberá dar pie a un debate interesante, aunque parece dudoso que se establezca tal Comité. Dudamos si es un asunto especial de la Cámara de los Comunes el investigar sobre el modo de manejar cualquier negocio específico.

Si ciertos Estados foráneos toman dinero prestado de aquí y después incumplen con sus obligaciones, ese es un asunto completamente entre estos y las personas que decidieron prestarles. Incluso si el Estado foráneo moroso en particular gasta todo su dinero en comisiones en Londres o ha permitido que el dinero se gaste de esta manera, ese es un detalle que le concierne estrictamente al gobierno y sus acreedores, y a nadie más. Aun así, si la Cámara de los Comunes toma la decisión de nombrar a un Comité, no dudamos de que el resultado será una historia muy instructiva. Estamos muy familiarizados con los escándalos de tales préstamos como los de Honduras y San Domingo, y puede que el público quede bien informado por detalles auténticos sobre las circunstancias de sus introducciones y los medios por los cuáles gradualmente quedaron colocados.

**Fuente: The Economist**

# EL PRÉSTAMO DE HONDURAS
## Al Editor Del Times

Señor, es mi deseo, en nombre de Don Carlos Gutiérrez, ministro de Honduras acreditado al gobierno de Su Majestad, remover la impresión que el discurso de Sir Henry James pueda dejar sobre la mente de los lectores no familiarizados con el curso de los negocios en préstamos foráneos.

Es algo cierto que su excelencia, bajo todos los poderes para el propósito, firmó varios contratos de préstamos para Honduras, todos ellos ratificados por su gobierno, pero sus funciones terminaron con la firma de estos contractos y los documentos formales que siguen. Él no recibió las ganancias ni es responsable de su aplicación. En cada caso, los ingresos fueron recibidos y dispuestos por los fideicomisarios de acuerdo con el prospecto. El público no debería imaginar que ninguna de tales sumas mencionadas por Sir Henry James se realizó de los préstamos de Honduras, y no hay duda de que pocos o ninguno de los tenedores de bonos ahora tan notorios en sus quejas, eran originalmente suscriptores, o pagaron algo como el precio de emisión de sus bonos.

Tengo el honor de quedar a su entera disposición,
W. W. Wynne.
115, Chancery lane, W. C., 25 de febrero
**Fuente: The London Times**

# EL COMITÉ SOBRE PRÉSTAMOS FORÁNEOS RECIENTES

La moción de Sir Henry James para formar un comité para investigar la negociación de ciertos préstamos foráneos recientes plantea varias cuestiones de importancia muy significativa.

En primer lugar, no puede haber objeción para usar los poderes de un comité parlamentario para investigar estas transacciones. No existen dudas sobre los hechos principales de estas, y en varias ocasiones los hemos declarado. Cualquier persona que suela conversar sobre el tema sabrá que Estados como Honduras, Santo Domingo y Paraguay han establecido préstamos en el mercado por los cuáles nunca podrían pagar los intereses a través de sus ingresos.

Ellos nunca pagaron intereses excepto con el dinero que obtuvieron del préstamo mismo que gran parte del dinero nunca fue enviado a los países prestatarios, sino que fue retenido en Londres por las personas que negociaron y procuraron los préstamos. En muchos casos, la negociación en realidad fue un trato en el que las autoridades de un pequeño Estado dieron su nombre para un préstamo, yendo un poco de la cantidad a tal Estado, otra parte para ellos mismos, y el resto para los estafadores de aquí. La víctima fue el inversionista británico que aceptó las declaraciones más descabelladas sin dudar y sin investigar, y que buscó intereses muy altos sin tener en cuenta el riesgo inherente.

Tal vez no haya mucha esperanza de ayudar a tales personas, pero si algo puede disminuir su número y su imprudencia sería la exposición de fraudes recientes ante un comité parlamentario. Pero hay un gran peligro en esto. Sir Henry James utilizó un lenguaje que nos atemoriza. Él dijo que "si un Estado, sabiendo que no podría pagar sus deudas, obtuvo préstamos en este país, obtuvo dinero bajo pretensiones falsas, y ahora la cuestión es si es el deber del gobierno inglés interferir.

En 1847, cuando se discutió la deuda de España en la Cámara de los Comunes, Lord Palmerston advirtió a los gobiernos extranjeros que llegaría el momento en el que la Cámara ya no se quedaría quiera al ver el daño y las injusticias infligidas sobre el prestamista inglés, y que, si no demostraban esfuerzos convincentes de cumplir con sus obligaciones, el gobierno inglés tal vez se vería obligado por la fuerza de la opinión pública a tomar acción en el asunto. Esto, añadió Lord Palmerston, era una cuestión de conveniencia y no una cuestión de poder, y el gobierno de Inglaterra tenía medios disponibles para obtener justicia para el público inglés". Ahora, esto significa una de dos cosas: *primero*, que el inversionista inglés seguirá prestándoles a gobiernos deshonestos con la idea de que el gobierno inglés los hará pagar, pero cuando llegue el momento el gobierno inglés no interferirá, sino que dejará a los inversionistas a su suerte, lo que sería un mal adicional, mucho más dinero perdido de los ahorros ingleses, y mucho más ganado por gobiernos y agentes deshonestos; o *segundo,* que el gobierno inglés les ayudará a los inversionistas a recuperar su dinero perdido por declaraciones falsas, en cuyo caso los préstamos fraudulentos estarán entre las mejores garantías y los grandes favoritos entre los inversores sensatos, ya que el gobierno inglés ha dado una garantía militar y ha dicho que obligará a los prestatarios a cumplir con sus promesas.

En tal caso, mientras más evidente sea la mentira, mayor será la garantía, ya que estará más asegurada la intervención del gobierno. Los estimados del ejército y la marina tendrán que aumentarse considerablemente, y la paz en el mundo será más escasa si el gobierno inglés anuncia que usará a su flota y a su ejército para recuperar el dinero que los gobiernos foráneos han obtenido con engaños. Sin duda Lord Palmerston, en 1847, utilizó amenazas imprecisas que Sir Henry James citó. Pero nunca se ha llevado a la práctica, y esto les ha costado a las personas inglesas; tal vez hasta un millón por palabra. Se ha dado una aprobación indefinida a la doctrina de que el gobierno inglés recuperará préstamos imprudentes de gobiernos morosos, y así ha crecido la magnitud de estos préstamos mucho más de lo que habrían crecido si se hubiera dicho otra cosa.

Como es usual, el peor discurso de un gran hombre es el que se cita más; siempre que se le otorga confianza indebida a una mala garantía extranjera vemos estas palabras flotando por ahí. Y no fue propio de Sir Henry James el recurrir a expresiones que muchos estadistas han repudiado, y que han sido rechazadas en muchas ocasiones por nuestra práctica.

Parece pensarse que, en estos fraudes al igual que en otros, se puede obtener un remedio legal eficaz. Pero la esencia de un préstamo foráneo es que es un contrato con un prestatario contra el que no puede haber tal remedio. No se puede demandar a un gobierno moroso en ninguna corte, inglesa o extranjera, ya que no tiene propiedades aquí. Tampoco permitirá ser demandado en sus propias cortes y, si lo hiciera, no impondría juicio y ejecución sobre este mismo. Un gobierno deshonesto es un culpable sujeto a ninguna ley y contra el que no hay ningún remedio.

También se ha dicho que no hay un remedio efectivo en contra de agentes fraudulentos que negocian estos préstamos y se benefician de ellos. Pero creemos que las leyes de "conspiración" y de obtener dinero bajo falsas pretensiones son tan eficaces aquí como en cualquier otra parte. Es cierto que suelen fallar. Y también llegan a fallar en el caso de empresas estafadoras. El gasto de tales investigaciones es muy grande ya que los hechos son muy complejos, y la incertidumbre es tan grande por la misma razón. Y cuando tienen éxito, son penales y no compensatorias. Castigan al ladrón, pero no recuperan la propiedad. La ley en tales casos busca hacer todo lo posible, pero nunca logra hacer mucho.

El único remedio real se puede lograr al mejorar la sensatez y la moderación del público inversionista. Y cualquier publicidad adicional es buena ya que advierte al público. No tememos que cualquier gobierno foráneo decente desapruebe tal investigación; por el contrario, los gobiernos foráneos honestos y solventes están muy interesados en sacar a sus competidores deshonestos e insolventes del mercado inglés.

Siempre y cuando este Comité recopile y difunda conocimiento entre nuestros prestamistas, será de algún beneficio; pero les hará a estos y a otros daños incalculables si tiene el efecto que su promotor sugirió, y si sanciona la idea constantemente fomentada y recurrente de que los inversionistas tienen algo en qué confiar aparte de su propio cuidado y buen juicio, y que en última instancia obtendrán la ayuda del gobierno inglés.

**Fuente: The London Times**

**1875-febrero-27**
# LOS PRÉSTAMOS DE HONDURAS
## Para El Editor Del Times.

Señor, tengo el honor de solicitarle que les dé publicidad a los siguientes comentarios con relación a la porción del discurso de Sir Henry James en la Cámara de los Comunes el día 23 de este mes, en el que hizo referencia a los préstamos de la República de Honduras emitidos en Londres.

El objetivo de la República de Honduras no era aplicar esos fondos a ningún propósito bélico, ni invertirlos a nombre especial del Estado o sus ciudadanos. Su objetivo era sufragar los gastos de una vía ferroviaria de interés internacional, una vía de la cual Honduras mismo probablemente sería el que menos beneficios obtendría, por lo menos de forma directa, tal como la República de Colombia es la última en beneficiarse de la vía de Panamá.

El proyecto de unas vías férreas interoceánicas a través del territorio de Honduras ha sido concebido, como todos lo saben, por ciudadanos estadounidenses y súbditos franceses e ingleses. El trazo y estudios de la vía fueron realizados por ingenieros estadounidenses y británicos de mucha reputación, quienes declararon que la vía era de interés internacional esencial.

El primer paso para el gobierno de Honduras era otorgar permiso para construir una vía férrea interoceánica a través de su territorio. Fue tan solo después de que la primera compañía, que originalmente se formó en los Estados Unidos para ese propósito, falló, y también del fracaso de la formada en Londres por hombres altamente respetables como Sir William Brown, el señor Robert Wigram Crawford, el señor Abraham Darby, el señor John Lewis Ricardo, etcétera, que el gobierno de Honduras decidió pedirle al pueblo inglés dinero para este proyecto, ofreciendo como garantía todo lo que posiblemente pudiera ofrecer, es decir, la vía misma al quedar completada, sus bosques, sus minas, y una porción considerable de su territorio. Antes de dar este paso, Lord Clarendon habló con el parlamento sobre la importancia de esta vía ferroviaria. Se realizaron tratados entre varias potencias amigables garantizando su neutralidad. Con el mismo objetivo en mente, el gobierno inglés había reconocido mediante otro tratado la soberanía de la República de Honduras sobre las Islas de la Bahía y el territorio Mosquito; y finalmente, antes de presentarse en el mercado inglés, el gobierno de Honduras obtuvo el asesoramiento de reconocidos abogados e ingenieros ingleses, y recibió de los banqueros ingleses ofertas y propuestas excelentes y ventajosas.

El gobierno de Honduras se vio obligado a presentar un recurso para un segundo y tercer préstamo, después de que el primero había resultado ser insuficiente por la simple razón de que el cumplimiento de sus obligaciones con el público dependía completamente de la construcción de la vía. Fue, de hecho, el interés de los tenedores de bonos mismos el ayudar al gobierno y proporcionarle los medios para terminar la vía o entregar la porción ya construida. Es muy evidente que si el gobierno de Honduras hubiera tenido el capital suficiente propio para ese proyecto no habría pedido prestado de países foráneos. No es menos manifiesto el que si pudiera ofrecer garantías tan sólidas como el Banco de Inglaterra, el interés del dinero prestado no sería tan enorme, ni Honduras otorgaría concesiones tan grandes. Estas concesiones, como todos lo saben, si se desarrollan y se manejan adecuadamente, son reales y positivamente más valiosas.

El ministro de Honduras, que no es ni ingeniero civil ni banquero ni asesor profesional de inversionistas para valores foráneos, y por tanto no tiene opinión para dar sobre los méritos del proyecto, ni sobre el éxito, grande o pequeño, de las operaciones que estaban por realizarse, se limitó a la ejecución de las órdenes de su gobierno, firmando en su nombre todos los contratos necesarios para la realización de los formularios legales. Los súbditos británicos y franceses llevaron a cabo las operaciones, administraron los fondos, se les confió el trabajo de cuidar los intereses de

los tenedores de bonos y la construcción de la vía asesoraron al gobierno de Honduras, tomaron la iniciativa en los diferentes contratos, y, de hecho, tuvieron el manejo de todo; el gobierno no hizo nada aparte de otorgar y conceder lo que se le requirió.

El gobierno de Honduras firmó tantos bonos como pareció necesario para llevar a cabo el proyecto. Pero esos bonos, tan lejos de realizar la suma mencionada por Sir Henry James, no han producido ni la mitad de su valor nominal. Eventos adversos de naturalezas varias, junto con especulaciones de la bolsa, hicieron que los bonos del gobierno de Honduras cayeran hasta a un cuarto de su valor nominal, al mismo tiempo que los fideicomisarios del gobierno de Honduras seguían teniendo la mayor parte de estos bonos todavía sin realizar. Los agentes del gobierno se vieron entonces muy desafortunadamente obligados a realizar los ya mencionados bonos al bajo precio con el que se presentaron en la bolsa para poder llevar a cabo pagos que estaban atrasados o a punto de estarlo, para el detrimento inmencionable del gobierno de Honduras, quien desde entonces se ha vuelto deudor de una suma que no ha recibido, una suma nominal que de hecho nunca ha salido de los bolsillos de los tenedores de bonos. Esos especuladores que han causado la caída de los bonos y el descrédito de los bonos de los préstamos de Honduras han contribuido en gran manera al fracaso del proyecto del ferrocarril interoceánico y a las pérdidas sufridas por los tenedores de bonos *bona fide* y el gobierno de Honduras.

Con relación a la vía ferroviaria para barcos, el proyecto fue planeado por ingenieros ingleses de renombre, quienes basaron sus cálculos en el tonelaje de mercancía transportada anualmente por Cabo Ilora. Fueron banqueros europeos los que, con el asesoramiento de abogados ingleses, le propusieron al gobierno de Honduras el proyecto de la vía ferroviaria para barcos, que presentaron como el mejor de los proyectos en su tipo para cubrir con la demanda de comercio en el mundo. El gobierno de Honduras no posee un grupo de ingenieros civiles adecuados para decidir sobre los méritos de tales planes, concebidos por ingenieros ingleses famosos y patrocinados por banqueros europeos; consecuentemente, el gobierno de Honduras accedió a la realización del préstamo en cuestión.

En estos asuntos, la intervención del ministro de Honduras, cuyo nombre aparece tan frecuentemente impreso en conexión con estos préstamos, se limitó a seguir las instrucciones de su gobierno y a poner su nombre en los contratos y negociaciones que se hicieron entre el gobierno de Honduras y sus comisionados propiamente autorizados, y los banqueros, contratistas, tenedores de bonos, etcétera., quienes tomaron parte en la operación.

El primer préstamo de Costa Rica realizado con los señores Bischoffsheim y Goldschmidt fue ratificado por el Congreso de Costa Rica. Los señores Bischoffsheim y Goldschmidt remitieron los fondos directamente al gobierno de Costa Rica. El señor Gutiérrez, el entonces enviado especial de esa República, firmó los contratos en nombre del gobierno tal como cualquier otro representante de esa República acreditado en Londres lo habría hecho en su lugar.

El segundo préstamo fue contratado con la empresa de los señores Knowles y Forster por el señor Alvarado, quien había venido desde Costa Rica expresamente con ese propósito, y no por el señor Gutiérrez, como Sir Henry James erróneamente dijo.

Disculpándome por la extensión de esta carta, tengo el honor de quedar, señor, a su completa disposición.

Ramón De Silva,
Secretario de la Legación de Honduras.

**Fuente: The London Times**

# 1875-marzo-04
# LOS PRÉSTAMOS FERROVIARIOS DE HONDURAS

El día de ayer se llevó a cabo una reunión de los tenedores de bonos presentes y pasados de los préstamos ferroviarios de Honduras de 1867, 1869 y 1870, en la London-tavern con el propósito de adoptar una acción concreta con referencia a los procedimientos que se han instituido bajo la asesoría de uno de los tenedores de bonos en contra de los contratistas y agentes de los bonos. La reunión tuvo una gran asistencia, y en ocasiones hubo mucha exaltación.

El Mayor Peel, quien fungió como presidente, dijo que había hechos y circunstancias relacionadas con los préstamos que no eran del conocimiento de la reunión. Se recordaría, dijo, que en 1867 el gobierno de Honduras proyectó unas vías férreas que conectarían el Atlántico y el Pacífico, y así se abrirían nuevos campos para las empresas comerciales. Con ese fin, solicitaron un préstamo en Inglaterra, y en la negociación Don Carlos apoyó a la compañía en todo lo que pudo.

Él se puso en comunicación con los señores Bischoffsheim, quienes aceptaron tomar el préstamo y colocarlo ante el público, en ignorancia (dijo el presidente entre risas irónicas) de las estafas de los operadores financieros y muy pronto fueron engañados. El público fue invitado a suscribirse, y los señores Bischoffsheim, sabiendo lo importante que era obtener un día de liquidación y una cotización en bolsa, pidieron la ayuda del señor Lefevre en el asunto (una alianza impía) para que, desde ese momento, se preparara un fraude que él, como presidente, se atrevía a decir no tenía comparación en su concepción y era inigualable en su éxito; ya que, de los seis millones, solo un millón llegó al público.

Él dijo que ya se habían tomado pasos bajo asesoramiento legal, y que el abogado con el que se había presentado el caso expresó la opinión de que cada tenedor de bonos tenía el derecho de un reclamo equitativo de indemnización en contra de los señores Bischoffsheim debido a pérdidas ocasionadas por haber sido inducidos a comprar bonos en base a representaciones que no habían sido verificadas. El resultado del decreto en la Cancillería afectó en gran medida los intereses de los tenedores de bonos, dijo el presidente, por cuanto sería un caso de prueba para decidir los derechos de todos ellos; y deseaba que la reunión lo viera desde esa perspectiva.

Él añadió que, al recaudar fondos para tal propósito estaban, en realidad, defendiendo sus propios derechos ante un fraude de lo más inicuo. Ellos sentían que eran los custodios de grandes intereses que se habían dejado a su cargo, y estaban determinados a velar por tales intereses al máximo de sus capacidades. Durante los procedimientos, se hizo una referencia incidental a la presencia de reporteros, y se dio a entender que los administradores habían tomado las precauciones debidas para asegurar una asistencia *bona fide* de los tenedores de bonos, y que los que habían invitado a representantes de la prensa a estar presentes en esta ocasión debían tomar responsabilidad por tal acción ellos mismos. Uno de los siguientes oradores comentó que Honduras, al ser un país pequeño, comparativamente hablando, y con una población extremadamente escasa, no tenía posibilidades, aparte de con la vía férrea, de repagar ya sea el principal o los intereses del préstamo en cuestión. Bischoffsheim y compañía, dijo, debieron haber sabido que Honduras no podría pagar los intereses y el fondo de amortización, excepto con la garantía de la vía.

El presidente pasó una resolución con el efecto de que la reunión aprobaba los procedimientos que habían sido instituidos en la Corte de la Cancillería y una apelación con el fin de llevar a cabo suscripciones para apoyar al comité en sus esfuerzos de obtener un arreglo justo de los derechos de los tenedores de bonos. La moción, que fue secundada por el Registrador de Margate, dio pie a una larga discusión seguida de dos contra mociones, y en el curso de estas un caballero presente dijo que, al tener mucha experiencia práctica sobre Honduras, podía argumentar que el proyecto nunca podría cubrir los gastos del trabajo, y aconsejó que los tenedores de bonos no invirtieran ni un chelín más. También dijo que un amigo suyo había tomado el consejo de uno de los hombres más eminentes en el Equity Bar, quien había expresado su opinión de que ellos, como tenedores de bonos, no podrían mantener una acción legal en contra de los señores Bischoffsheim, quienes solo eran responsables ante el gobierno de Honduras en el caso de un mal manejo del préstamo.

Por otra parte, otro orador dijo que no había manera de hacer cumplir los derechos en contra de un Estado foráneo, ya que no había un juzgado ante el cual pudieran presentar una demanda. El señor Preston, de Mark-lane, argumentó que los tenedores de bonos ya habían sido engañados y embaucados lo suficiente, y le aconsejó a la reunión nombrar a un comité de entre ese mismo grupo y tomar el asunto en sus propias manos. Sobre todo, les recomendó no iniciar un reclamo de Cancillería si podían evitarlo. Al final, la moción del presidente arriba mencionada fue aceptada, y la reunión sobre la cual este es un reporte condensado se dio por finalizada.

**Fuente: The London Times**

## 1875-marzo-24
# EL PRÉSTAMO DE HONDURAS
## Al editor del Times

Señor, veo en el periódico de hoy que mi carta en respuesta a la que fue dirigida a mí de parte del honorable señor Robert Lowe, Miembro del Parlamento, presidente del Comité Selecto de Préstamos para Países Foráneos, ha sido informada de forma incorrecta. Por lo tanto, tengo el honor de incluir copias de ambas cartas; y confiando en su conocida imparcialidad y sentido de la justicia, le solicito que las publique en su destacado medio de comunicación.

Expresando mis deseos más cordiales, tengo el honor de seguir siendo, señor, su más humilde servidor.

*Carlos Gutiérrez.*

Cornwall-house, Tufnell-park, Londres, 23 de marzo.
"Cámara de los Comunes, 18 de marzo.

"Excelencia, como presidente del Comité Selecto de Préstamos para Países Foráneos, tengo que informarle que, si es el deseo de su Excelencia enviar alguna comunicación, verbal u oral, sobre el tema referido a este grupo, ellos estarán felices de recibirla el siguiente lunes 22 de marzo a las 12 en punto en la sala del Comité No. 17 de la Cámara de los Comunes; a la vez, el Comité desea informarle a su Excelencia que dejan a su entera discreción el si los honrará con alguna comunicación o no.

"Tengo el honor de estar a su servicio, etcétera
Robert Lowe, presidente.

A su Excelencia Don Carlos Gutiérrez.
"Cornwall-house, Tufnell-park, London,
19 de marzo de 1875.

"Señor, he tenido el honor de haber recibido la amable comunicación que ha sido tan bondadoso de dirigirme como presidente del Comité Selecto de Préstamos para Países Foráneos, en la que me informa que, si deseo hacer alguna comunicación, verbal u oral, sobre el tema referido a ese grupo, ellos estarán felices de recibirla el siguiente lunes 22 de marzo a las 12 en punto en la sala del Comité No. 17 de la Cámara de los Comunes.

"Dado que el señor Henry James le presentó su moción al parlamento el 23 de febrero, me he dedicado, con toda la prontitud posible, a recolectar datos para poder informar al Comité sobre los asuntos concernientes a Honduras y Costa Rica. Mediante el Earl de Derby he enviado la información sobre el único préstamo que Costa Rica ha realizado con los señores Bischhoffsheim y Goldschmidt en los que firmé los contratos a nombre del gobierno de Costa Rica, terminando mi relación con dicho contrato con ese acto. En relación a los préstamos de Honduras con los señores Bischhoffsheim y

Goldschmidt, he producido un reporte general escrito en diciembre pasado por orden del gobierno de Honduras para su propio uso, para ser traducido al inglés.

Sería imposible para mí el darle seguimiento a las largas e interminables interrogantes sobre los asuntos concernientes a Honduras, en las que están mezclados en total confusión los datos y contratos más heterogéneos de una naturaleza altamente seria con los incidentes más frívolos que han ocurrido en un periodo de siete años entre cientos de personas, cuya investigación imparcial y completa requeriría varios meses y un gran caudal de pruebas y explicaciones, algo que no se le puede proveer al Comité Selecto en tan breve espacio de tiempo y en proporción a los incidentes que han ocurrido, ya que no tengo un precedente ante mí que me permita saber de qué forma puedo proveer tales explicaciones; además, no sé hasta qué grado estoy autorizado para revelarlas en mi capacidad como ministro de un Estado independiente, y, finalmente, no puedo hallar un precedente en la literatura inglesa que me informe sobre cómo debo proceder para contradecir declaraciones hechas de manera imparcial, ya que en mi capacidad privada me encuentro mezclado en asuntos en los que yo intervine por orden y en representación de mi gobierno, que es la única autoridad a la que le debo rendir cuentas.

"He tenido el honor de enviarle al Comité 18 copias, todavía incompletas debido a la presión del tiempo, del panfleto traducido al inglés, y tan pronto como la edición con los apéndices quede lista, le enviaré con total prontitud un número suficiente de copias al comité.

"El secretario de esta Legación estuvo presente ayer por primera vez en la reunión del Comité Selecto. El lunes por la noche estará presente en la reunión de nuevo para poder dar algunas explicaciones acerca de varios puntos que se han considerado en la reunión de ayer y en los informes de otros.

Dado que él no está familiarizado con el idioma inglés, hará sus declaraciones por escrito, siempre y cuando el Comité acepte recibirlas de tal forma, y siempre conservando sus inmunidades diplomáticas.

"Permítame añadir que lo consideraré como un gran favor si me pudiera hacer llegar una copia de las notas del taquígrafo de los procedimientos del Comité.

"Tengo, señor, que expresarle mi más sincera gratitud por la comunicación amable y cortés con la que me ha hecho el honor de abordarme como presidente del Comité Selecto, y aprovecho la oportunidad para expresarle mis deseos más cordiales, mediante los cuales tengo el honor de seguir siendo, señor, su siervo más obediente.

Carlos Gutiérrez.
"Al honorable señor Robert Lowe, Miembro del Parlamento, presidente del Comité Selecto de Préstamos Foráneos."

**Fuente: The London Times**

## 1875-abril-02
# CENTROAMÉRICA
## Honduras

El presidente Leiva, de Honduras, ha enviado su Mensaje al Congreso de 1875. Él explica que el deprimido estado de los asuntos en Honduras es culpa de las administraciones pasadas. Los asuntos del Ferrocarril Interoceánico están en la peor situación posible.

**Fuente: The New York Times**

## 1875-abril-14
# LA LEGACIÓN DE HONDURAS

Don Carlos Gutiérrez nos pide que publiquemos la siguiente carta dirigida de su parte para el señor Lowe:

"Cornwall-house, Tufnell-park, Londres, 11 de abril.

"Señor, para que el Comité Selecto de Préstamos Foráneos pueda formar un opinión justa sobre el valor de parte de la evidencia que se ha presentado ante este, con el solo objetivo de atacarme tanto en mi capacidad oficial como privada, así como atacar los antecedentes de mi carrera diplomática, tengo el honor de dirigirme a usted, señor, como presidente de ese Comité, confiando en que usted, en un acto de justicia, hará que la siguiente declaración breve y auténtica sea leída en la reunión del Comité el siguiente lunes:

"El 31 de marzo de 1848, antes de alcanzar la madurez de la edad adulta y por autorización especial, fui nombrado Subsecretario de Estado del gobierno de la República de Honduras (ver documento No. 1).

"Diez meses después fui nombrado secretario de la Suprema Corte de Justicia de la misma República.

"El 27 de febrero de 1850 fui nombrado Comisionado Diplomático de la República de Honduras para el gobierno de la República de El Salvador (ver documento No. 2). No acepté este cargo.

"El 28 de abril de 1851 fui nombrado secretario de Legación de la República de Nicaragua en Washington, mientras el señor Don José de Marcoleta, quien ahora es ministro de Nicaragua en la corte de Su Majestad Británica, era ministro de la misma república en Washington (ver documento No. 3). Renuncié a este cargo el 13 de diciembre de 1851.

"Inmediatamente fui nombrado secretario en la Legación de Guatemala y otras repúblicas centroamericanas hasta el final del año 1853. Algunos de los miembros de la Corps Diplomatique acreditados en ese tiempo a Su Majestad Británica me conocieron en esa capacidad en Washington.

"Al final de 1853 tuve que acompañar a Don Gerardo Barrios, un general de la República de El Salvador, en su viaje a Europa; un viaje con motivos políticos.

"Algunos meses después, el Gral. Barrios regresó a Centroamérica y yo permanecí en Europa esperando sus instrucciones y el resultado de eventos políticos en esos países.

"El 31 de agosto de 1857 fui nombrado secretario de la Legación de Honduras en Londres (ver documento No. 4). No tomé posesión oficial de este puesto, ya que estaba en espera de las instrucciones del Gral. Barrios de El Salvador.

"En marzo de 1859, siendo el Gral. Barrios presidente de El Salvador, fui nombrado por el gobierno de esa república en la capacidad diplomática de Chargé d'Affaires para el gobierno de Su Majestad Británica, y mantuve este cargo hasta el año de 1864, cuando el gobierno del presidente Barrios fue derrocado.

"El 09 de junio de 1859 fui nombrado Cónsul General de Honduras en Inglaterra (ver documento No. 5). No acepté este puesto, ya que era inferior en rango al de Chargé d'Affaires de El Salvador.

"En diciembre de 1859 fui nombrado enviado extraordinario y ministro plenipotenciario de Honduras en la corte de Su Majestad Británica, siete años antes de que el gobierno de Honduras pensara en obtener préstamos para las vías férreas.

"En 1861 fui nombrado Enviado Extraordinario y ministro Plenipotenciario para la Santa Sede, con la que negocié un concordato.

"En 1862 también fui nombrado Enviado Extraordinario y ministro Plenipotenciario de El Salvador para la Santa Sede.

"Subsecuentemente fui nombrado por los gobiernos de Guatemala y Costa Rica como ministro plenipotenciario en varias cortes de Europa, como es público y bien sabido.

"Las credenciales que respaldan y prueban estos nombramientos están a disposición del Comité Selecto para el análisis de las fechas, y las colocaré en las manos de su Excelencia el Earl de Derby, secretario Principal de Relaciones Exteriores para Su Majestad Británica, para que se puedan hacer copias o traducciones auténticas de ser necesario.

De nuevo le reitero, señor, mis deseos más cordiales y profundo respeto, con el que tengo el honor de quedar, señor, a su completa disposición.

Carlos Gutiérrez.

"Al honorable señor Robert Lowe, Miembro del Parlamento, presidente del Comité Selecto de Préstamos Foráneos."

**Fuente: The London Times**

# 1875-abril-16
# LOS PRÉSTAMOS DE HONDURAS
## Al editor del Times.

Señor, se me ha informado que en la reunión del Comité de Préstamos Foráneos que se llevó a cabo el pasado lunes, el señor Waterhouse, un contador, dio evidencia en la que, entre muchos otros datos erróneos, hizo la conjetura de que yo tomé todos los bonos del préstamo de Honduras de 1870 al precio de emisión y que lucré con estos y obtuve una ganancia considerable. También pareció fomentar una duda sobre la respetabilidad de las cantidades que me pagaron los fideicomisarios para intereses y fondo de amortización. Desconozco si el Comité tiene en evidencia todos los documentos relacionados con el préstamo de 1870, pero los contratos o escrituras de fideicomisos de 1870 y 1871 contienen cláusulas que expresamente autorizan los pagos ya mencionados.

Es completamente erróneo suponer que los bonos del préstamo de 1870 resultaron en algo como lo que se ve en las cantidades en las que el señor Waterhouse basó sus cálculos.

Por ejemplo, puedo mencionar que en 1872 yo, a solicitud del ministro en Londres, adelanté más de £250,000 en efectivo contra bonos de Honduras 1870 a 50, y al realizar esta acción tuve una pérdida considerable.

De tales ganancias tuve que hacer varios pagos grandes que no aparecen en las cuentas de los fideicomisarios; por ejemplo, todos los gastos del préstamo del Ship Railway y una cantidad considerable que se usó debido a una insuficiencia por el incumplimiento de uno de los fideicomisarios originales. Lamento mucho que, después de rechazar mi oferta para ser examinado, el Comité permitió que se presentara ante ellos evidencia que, aunque sin duda de buena fe, consistió en cálculos basados en datos erróneos.

Aprovecho esta oportunidad para negar por completo los alegatos del señor Gossip, cuyos motivos fueron bastante obvios. Y rogando que por favor haga que se publique esta carta, quedo, señor, a su completa disposición.

C. T. Lefevre

Chamant près Senlis, 14 de abril.

**Fuente: The London Times**

### 1875-abril-17
## "PRIVILEGIO" Y NEGOCIOS

"El privilegio de Parlamento" es el nombre legal que se les da a varios poderes irregulares que han sobrevivido a su propósito original y cuyo ejercicio, por lo tanto, requiere vigilarse con extremo cuidado. Anteriormente, cuando la Cámara de los Comunes era un poder secundario en el Estado —cuando sus funciones eran consultivas y peticionarias— y cuando constantemente estaba envuelto en luchas por libertad con el entonces poder mayor de la Corona, era muy deseado el que la Cámara de los Comunes poseyera poderes peculiares y protectores. Si sus procedimientos no hubieran sido secretos, sus miembros habrían quedado expuestos a la venganza de la Corona por hasta la mínima palabra en oposición; si el Parlamento no hubiera tomado las leyes en sus propias manos y no hubiera declarado en desacato a los que creía que infringían sus privilegios, el Parlamento habría quedado a la merced de jueces nombrados por su incesante adversario, la Corona, y pronto se habría quedado sin privilegio alguno. Mientras la Cámara de los Comunes fuera un "estado del reino" subordinado, estas partes excepcionales de autoridad irresponsable fueron la misma esencia de su vida. Pero ahora el asunto es lo contrario. La Cámara de los Comunes ya no es un inferior, sino el poder principal en el Estado. Lo que dice es ley, y gobierna a los que desea. Los poderes que en cierto momento se usaron para competir con la Corona ahora ya no son necesarios, ya que la Corona ha dejado de luchar y no podrá empezar de nuevo. Ahora, cuando se utiliza el privilegio del Parlamento, ya no es contra la Soberanía, sino contra el súbdito; no en defensa de la libertad, sino en agravio de autoridad, y por tanto debemos vigilarlo con cuidado. Su ejercicio ya no puede ser útil como en el pasado, y tal vez en muchos casos llegue a ser pernicioso.

Creemos que es así en el caso que el señor Lewis presentó ante la Cámara de los Comunes el martes, y cuya discusión continúa mientras se escriben estas letras. Los hechos del asunto son ahora bien conocidos y muy simples.

A. M. Herrán envió una carta en francés al señor Lowe, quien es el presidente del Comité de Préstamos Foráneos, y el señor Lowe la presentó ante el Comité, y el Comité, de acuerdo con su práctica usual, tuvo el deseo de que se tradujera para el público.

Los reporteros del *Times* y del *Daily News* extrajeron todo lo que pudieron de esta, y dado que contiene asuntos que son muy desagradables para algunas personas, se le ha pedido a la Cámara de los Comunes que reprenda o castigue a los reporteros y editores que lo hicieron público. Y, sin duda alguna, se ha cometido una violación de privilegio. Los procedimientos de un Comité Selecto del Parlamento son tan secretos como los del Parlamento mismos, y aquellos que los divulgan pueden ser castigados. Pero parece difícil argumentar en este caso que deben serlo. Si el privilegio del Parlamento se ha utilizado de tal manera esto sería un ejemplo perfecto de un poder otorgado al Parlamento para resistir la tiranía de la Corona usado por el Parlamento para convertirse en tirano sobre el público.

Los procedimientos del Comité fueron, como los de comités en general, abiertos al público, y el asunto, siendo de mucho interés, resultó en que hubiera un número inusual de personas presentes. Y por la misma razón los informes publicados fueron inusualmente completos y detallados. Esta carta fue traducida por solicitud del Comité como parte de los procedimientos del Comité. Nada, sin embargo, puede ser más monstruoso que decir que los reporteros no debieron haber tomado nota de eso, si es que tomaron nota de algo. Además, ha surgido el argumento de que esta carta era de una naturaleza peculiar; que al ser una declaración no bajo juramento y al contener material impropio, no debería haberse hecho pública. Pero si esto muestra algo, muestra que no debió haberse leído en público ante el Comité. Cuando se leyó, se convirtió para todos los propósitos en propiedad pública. Nadie esperaría que los reporteros ejercieran una discreción más exacta y cuidadosa que la del Comité al que presenciaron.

La verdad es que este Comité ha entrado en una nueva región. Está investigando "negocios", y cada sílaba en "negocios" es interesante. Cada palabra que pasa ante ese Comité puede, en su efecto, tomar dinero de alguien o darle dinero a alguien. Confesamos que vemos poca diferencia entre las declaraciones bajo juramento y las declaraciones no bajo juramento, para este propósito. Las mentiras bajo juramento ante el Comité debieron haber sido bastantes, ya que tales son las contradicciones encontradas. Hay secciones completas que se leen como los productos de mendacidad asiática; en donde todo parece falso y en donde no se puede confiar ni en las declaraciones ni en las contradeclaraciones. Entre tal agregado de mentiras juradas, pensamos que unas cuantas no juradas no pueden causar tanto mal.

Como cualquier persona que converse de este asunto sabe, el verdadero significado de toda la discusión es aún más profundo. Este Comité sobre "negocios" es extremadamente inconveniente para muchas personas, y se está haciendo un gran esfuerzo para detenerlo o limitarlo. Y, sin duda, hay mucho que se puede argumentar. Se puede decir que la maquinaria de un Comité selecto está escasamente capacitada para la investigación exacta de transacciones complejas; que estos préstamos foráneos son excesivamente envolventes; que un número infinito de declaraciones se han hecho ante el Comité, y cada una de estas requeriría un juicio ante un jurado para probarlas; que la mayoría de estas declaraciones tienen que ver con el crédito de personas existentes, y comúnmente de hombres de negocios cuyo crédito es parte de su sustento; que aunque el Comité haya asegurado que una gran cantidad fue negociada en este país, nominalmente a cuenta del Estado de Honduras, muy poco fue enviado allá, y que algunas personas estuvieron involucradas en este préstamo, y aun así no se ha rastreado el dinero perdido y no se sabe cómo se dividieron las acciones entre las partes culpables; que en la ciudad esto último era todo lo que querían saber las personas, ya que todo lo demás ya era de su conocimiento. Pero la respuesta es que estas investigaciones no tenían la intención de instruir a la "ciudad"; que siempre se sabrá más en un mercado sobre ese mercado que lo que cualquier Comité pudiera saber sobre este; que el objetivo era ver si tales transacciones podrían impedirse en el futuro y mejorarse la ley sobre los fraudes, y que esto todavía no se hace. Hasta que se haga, la Cámara de los Comunes deberá apoyar a su Comité y no permitir que sus deliberaciones se vean distraídas e impedidas por dificultades menores, que a menudo no se hacen por su propio bien, sino para estorbar al Comité.

Y además existe esta otra razón. Si el Comité se detuviera ahora o si sus investigaciones futuras son comparativamente ineficaces, le daría a la pandilla de "operadores", que no han sido expuestos, una ventaja preeminente sobre los que sí lo han sido. Los nombres de las personas relacionadas con el préstamo de Honduras ahora son conocidos en toda Inglaterra de una forma muy particular. Pero hay otros nombres muy conocidos en la ciudad que nos gustaría que fueran igual de notorios. A menos que el Comité siga como ha empezado, los depredadores restantes se fortalecerán por el descrédito de sus competidores y el resultado para los hombres honestos no será mejor que antes.

**Fuente: The Economist**

### 1875-abril-21
## JUZGADOS DEL VICECANCILLER, LINCOLN'S-INN.
### 20 de abril.
### *(Ante El Vicecanciller, El Sr.* **R. Malins***)*

## La compañía del ferrocarril interoceánico de Honduras (Sociedad Limitada) versus Tucker, Bischoffsheim, Y Lefevre.

Este documento fue presentado con el propósito de obtener una declaración de que los acusados, John y Joseph Tucker, eran fideicomisarios para la compañía demandante por una cantidad de £37,000, presuntamente recibida por ellos, después del pago de los gastos preliminares relacionados con la formación de la compañía; también para rendición de cuentas de los acusados ya mencionados y para rendición de cuentas en contra de los acusados, Bischoffsheim y Lefevre, de todo el dinero recibido por ellos de parte del gobierno de Honduras para los propósitos de la compañía.

Se recordará que, en los años 1867, 1869 y 1870, el gobierno de Honduras empleó a los señores Bischoffsheim y Lefevre para obtener, mediante el título de "Préstamos para el ferrocarril del gobierno de Honduras", varias cantidades grandes de dinero que llegaron a sumar más de £5,900,000 con el propósito de construir unas vías férreas que conectaran los océanos Atlántico y Pacífico. Al final del año 1872, que era alrededor del periodo fijado para la finalización de las vías férreas, solo se habían completado 57 millas de un total de 225 millas, y el gobierno había dejado de pagar intereses por los préstamos. Fue entonces cuando se formó un comité de los tenedores de bonos para investigar el asunto, y el acusado, el señor John Tucker, un abogado procurador, fue nombrado como secretario honorario. El comité finalmente recomendó la formación de una compañía de capital social con el propósito de completar las vías.

El proyecto fue aprobado por los tenedores de bonos en la asamblea general que se llevó a cabo el día 25 de noviembre de 1873, en la que Tucker estuvo presente, y la compañía demandante quedó entonces registrada el día 17 de diciembre de 1873, siendo el señor Tucker nombrado su procurador. Antes del registro de la compañía, el acusado John Tucker recibió de Bischoffsheim la cantidad de £15,000 que se utilizaría para promover la compañía.

En su respuesta, el acusado John Tucker dijo que esta cantidad sería usada a su discreción, y que se consideraba a sí mismo responsable de esta cantidad solo ante Bischoffsheim. Otras cantidades se dieron por anticipado con el mismo propósito a Joseph Tucker por medio de Lefevre, siendo la cantidad total recibida por los Tucker, según el documento, de unos £37,000. El caso ahora surgió con irregularidades que la compañía demandante expresa a la respuesta del acusado John Tucker por insuficiencia, sobre la base de que él no había revelado apropiadamente las "comunicaciones" que se realizaron entre él y los acusados Bischoffsheim y Lefevre sobre el dinero que se les confiaron a él y a Joseph Tucker.

El señor Glasse, consejero de la reina, el señor Higgins, consejero de la reina, y el señor Montague Cookson se presentaron de parte de los demandantes en apoyo de las irregularidades.

El señor J. Pearson, consejero de la reina, y el señor Daniel Jones, que se presentaron de parte del acusado John Tucker y en apoyo de la respuesta, alegaron que él y su coacusado eran responsables solamente ante Bischoffsheim y Lefevre y no ante la compañía, y que la palabra "comunicaciones" solo se debería aplicar a documentos escritos y no a conversaciones, como solicitan los demandantes.

El Vicecanciller dijo que el caso, como se presenta en el documento y respuesta, ciertamente le pareció muy extraordinario. Los hechos indisputables fueron estos: Antes del año 1871, el gobierno de Honduras había obtenido grandes cantidades de dinero en préstamos y bonos emitidos de la manera habitual. A principios del año 1873, cuando parecía que los bonos no tenían ningún valor, varios caballeros que eran tenedores de los bonos se juntaron en una asociación con el propósito de averiguar cómo podrían los bonos considerarse como valiosos. Los agentes del préstamo fueron los señores Bischoffsheim y Lefevre, y se entendía por las declaraciones del documento y también por la respuesta del acusado John Tucker que Bischoffsheim y Lefevre habían obtenido grandes ganancias por estas transacciones, mientras que los bonos que tenían las personas desafortunadas que habían proporcionado el dinero no tenían valor.

La asociación hizo propuestas con el objetivo de mejorar su posición, y el acusado John Tucker, siendo procurador por largo tiempo y probablemente al ser considerado un hombre de habilidad y experiencia, se convirtió en secretario honorario de esta asociación, quien fungió, y continuó en su cargo, hasta diciembre de 1873. Se había resaltado tanto esta circunstancia que Tucker, cuando la compañía fue formada, se convirtió en procurador de esta. De hecho, él admitió que había actuado como procurador para la compañía, pero no ante la asociación. En diciembre de 1873, la asociación se transformó en una compañía. Ahora, ¿cuál fue la posición de Tucker todo este tiempo?

Él admitió haber sido secretario honorario para la asociación. Era claro que la asociación se había formado con el propósito de promover la compañía que finalmente se formó. Por tanto, él fue el agente confidencial de la asociación. Su abogado ha dicho que él no recibió ningún salario, pero sea que haya recibido un salario o no, eso no cambia el que sus hechos hubieran sido los de un agente, ya que él no podría escapar a las consecuencias de actuar como un agente. La obligación entre un principal y un agente es igual de extensa, sea que el agente recibiera un pago o no. Las transacciones fueron de un carácter muy extraordinario, ya que el hecho de que Tucker fuera secretario honorario fue incluso más fuerte que si se le hubiera pagado por sus servicios.

Él actuó como un caballero a nombre de un grupo de caballeros, y se confió en su honor para que hiciera lo mejor posible por ellos. Ahora, él no podía considerar la formación de esta asociación de otra forma que no fuera la asociación de un grupo en contra de Bischoffsheim y Lefevre sobre la base de que consideraban a Bischoffsheim y Lefevre como responsables de la emisión de estos bonos sin valor alguno.

El objetivo de la asociación fue evidentemente el de llegar a un arreglo con Bischoffsheim y Lefevre para evitar un litigio y darles valor a los bonos. Ahora, como estaban las cosas, él debió haber considerado como de gran importancia el que toda transacción entre Tucker y Bischoffsheim y Lefevre debía ser abierta, justa y perfectamente conocida por la asociación. Para él había quedado perfectamente claro que Tucker era responsable de hacerles saber a sus principales sobre qué comunicación se realizaba entre él y Bischoffsheim y Lefevre, y no había palabras para expresar su disidencia por la opinión de Tucker que había expresado en su respuesta.

La compañía, como Tucker bien sabía, estaba a punto de quedar registrada, y solo seis días antes de la fecha de registro él recibió, como admitió en su respuesta, £15,000 de Bischoffsheim que dijo eran para que los utilizara "a su entera discreción" en la formación de la compañía. Él no tenía derecho de tomar esa cantidad de Bischoffsheim, y él no podía imaginar un procedimiento más injustificable que el que un agente recibiera dinero para aplicarlo a su entera discreción cuando había jurado no actuar bajo su sola discreción, sino actuar solo bajo dirección de sus principales. De hecho, él hizo a un lado al grupo ante el que él era responsable y pensó en sus propios intereses en vez de consultar al grupo para el que era secretario honorario.

Después dijo en su respuesta que en agosto de 1873, Lefevre le dio a su hermano Joseph Tucker, agente de bolsa, bonos Lombardo-Venetian con un valor de £11,500 con instrucciones de utilizarlos a su discreción, y de las ganancias pagarle a él, John Tucker, la cantidad de £2,000, y que Lefevre después le indicó a Joseph Tucker que le pagara además la cantidad de £1,250 de los ingresos de los bonos, de los que £200 representaban dinero que se le pagaba a él de parte de Lefevre, y la cantidad de £1,050 era un regalo para él, John Tucker, de parte de Lefevre, como reconocimiento de su esfuerzo en el proyecto y como incentivo para promover el éxito de la compañía; y que Lefevre subsecuentemente le autorizó a Joseph Tucker pagarle a John Tucker el total de los ingresos de los bonos Lombardo-Venetian, que se utilizarían para los gastos de preparación de la compañía. A él le gustaría saber cómo fue posible que Tucker, siendo secretario y agente de este grupo que se formó con el propósito de hacer rendir cuentas a Bischoffsheim y Lefevre, se sintió justificado de recibir estos regalos de parte de ellos.

Él después dijo en su respuesta que no les informó a los directores de la compañía sobre las cantidades que había recibido hasta después de haber sido desembolsadas por él, y que "no había razón para hacerlo, ya que el dinero no le pertenecía a la compañía". Él completamente disintió de esto. Nunca había escuchado algo tan injustificable. Existían todas las razones por las que él debía haberles revelado por completo a sus principales cada paso que estaba dando. ¡Hasta llegó a decir que, aunque había recibido casi £10,000, no veía razón por la cual debía informarles a sus empleadores sobre este hecho! Él no tenía derecho de recibir ninguna cantidad de Bischoffsheim o Lefevre o de desembolsarla. De acuerdo con su propia declaración, él había sido culpable de gran negligencia en el cumplimiento del deber.

Después, cuando la compañía fue formada, no fue sino una continuación del antiguo grupo, y cuando se convirtió en procurador de la compañía, su relación confidencial continuó, y durante todo el tiempo que fue su procurador era responsable de actuar en consecuencia. Él debe, por lo tanto, revelarles a ellos todas las comunicaciones que se realizaron entre él y Bischoffsheim y Lefevre. No era necesario revelar todas las conversaciones que habían tenido, pero sí el revelar la sustancia de las comunicaciones. Por lo tanto, las irregularidades deben admitirse, y al acusado se le permitirán tres semanas para responder.

**Fuente: The London Times**

## 1875-abril-21
# LOS PRÉSTAMOS DE HONDURAS

Las diversas partes relacionadas con los préstamos de Honduras están naturalmente muy enojadas por la divulgación de sus engaños y han jurado vengarse de Sir Henry James, el antiguo procurador general, quien ha sido el medio para exponer la estafa. En consecuencia, intentan transmitir la impresión de que ha sido sobornado para abordar el tema en el parlamento; y Sir L. Palk notificó el otro día su intención de preguntar si Sir Henry recibió £130 como honorarios en una determinada demanda contra los señores Waring.

El investigador no estaba en su lugar cuando llegó el momento de la investigación, pero un amigo hizo la pregunta y Sir Henry James, en medio de los cordiales aplausos de la Cámara, respondió que había recibido una tarifa profesional por los servicios profesionales, pero que se había encargado de proponer el asunto al Comité de Préstamos Extranjeros completamente bajo su propia responsabilidad y sin consultar con ni bajo la influencia de nadie.

**Fuente: The New York Times**

## 1875-abril-24
# NOTAS DE NEGOCIOS

Las litigaciones de los préstamos de Paraguay y Honduras. —Dos casos han estado ante el tribunal de cancillería esta semana, que surgen de los asuntos que están ahora siendo investigados ante el comité de préstamos foráneos. Estos casos solo se han tratado en puntos preliminares, pero como la decisión de los jueces es que los obstáculos a la investigación, o la continuación del litigio, no son válidos, esperamos que no pase mucho tiempo antes de la aclaración de las principales cuestiones, que no pueden sino instruir al público. Obviamente, este será el resultado en el primer caso, el de la Compañía del Ferrocarril Interoceánico de Honduras contra Tucker, Bischoffsheim y Lefevre. La compañía demandante se formó en 1873 por un comité de tenedores de bonos de Honduras con el fin de completar el ferrocarril para el que se negociaron los préstamos de Honduras, y la demanda actual se presenta contra los acusados, John y Joseph Tucker, para dar cuenta de 37,000£ supuestamente recibidos por ellos después del pago de los gastos relacionados con la formación de la empresa, y también por cuentas contra Bischoffsheim y Lefevre de todo el dinero recibido por el gobierno de Honduras para los fines de la empresa.

El punto de interés que ahora surge era con referencia a una suma de 15,000£, que parece haber sido recibida por el acusado, John Tucker, de Bischoffsheim para ser aplicada a la promoción de la compañía, pero en cuanto a eso, afirmó que la suma se aplicaría a su discreción, o que era responsable de rendir cuentas solo a Bischoffsheim, aunque había actuado como secretario del comité de tenedores de bonos y posteriormente, como abogado de la empresa. El vicecanciller Malins ahora hizo algunos comentarios severos sobre esta declaración, diciendo que el acusado "no tenía ningún derecho de tomar esa cantidad de Bischoffsheim y que no podía imaginar un procedimiento más injustificado que el que un agente recibiera dinero para ser aplicado a su propia discreción cuando él estaba comprometido a no consultar su propia discreción, sino a actuar solamente por sus directores.

Él, de hecho, arrojó por la borda el cuerpo para el que estaba actuando, y consideró sus propios intereses en lugar de consultar al cuerpo para el que era secretario honorario". También había una duda similar en cuanto a una suma de 11,500£ autorizados por Lefevre para ser aplicados hacia los gastos de sacar a la compañía, y para ser entregada al acusado, John Tucker, para ese propósito, una parte de la cantidad, 1,050£ siendo reclamados por él como un regalo, y respecto a lo cual el vicecanciller hizo comentarios similares, al acusado se le ordenó en consecuencia dar cuenta de todas las comunicaciones entre él y Bischoffsheim y Lefevre. Será interesante conocer, si es posible, cuál fue el motivo y la naturaleza de los acuerdos entre los cuatro acusados para formar la compañía de Honduras. El otro caso que también ha estado ante el vicecanciller Malins fue el de una acción en contra del Paraguay, por el M. Terrero, su antiguo agente, para restringir una demanda legal que habían presentado contra él para dar cuenta de todo el dinero que había recibido a cuenta de la República, debido a que había sido liberado por un acuerdo que era aceptable en equidad, pero no por ley.

El vicecanciller ha rechazado una objeción a esta demanda, y el resultado será, entendemos, que la naturaleza de esta liberación formará el tema de una investigación en la cancillería, que no puede dejar de arrojar algo de luz sobre la historia de los préstamos de Paraguay. Parece ser que, de la cantidad nominal de 1,562,000£ de los dos préstamos admitidos de haberse colocado con el público, el gobierno de Paraguay solo recibió 1,050,000£, el resto, cerca de un tercio, habiendo sido absorbido en comisiones y gastos, o, de otra manera, no haber sido contabilizado. Si también se pudiera determinar qué han hecho los paraguayos con el millón que han recibido, y si les ha sido de menor beneficio, la historia sería adicionalmente instructiva.

**Fuente: The Economist**

### 1875-mayo-13
# DEL PRESIDENTE GRANT AL PRESIDENTE DE HONDURAS.

El presidente ha dirigido la siguiente carta firmada al presidente de Honduras:

*Ulysses S. Grant, presidente de los Estados Unidos, a su Excelencia, Don Ponciano Leiva, presidente de la República de Honduras.*

Gran y buen amigo, he recibido la carta que usted me dirigió el día 4 de febrero pasado informándome de su elección para el cargo de presidente de la República de Honduras. Permítame ofrecerle mis felicitaciones en este alegre evento y mis mejores deseos por el desempeño exitoso de los deberes de este alto puesto. Tenga por seguro que sus expresiones de amistad hacia este país son totalmente recíprocas por mi parte, y que es mi ardiente deseo el preservar sin perturbaciones las relaciones amistosas que felizmente existen entre la República de Honduras y la de los Estados Unidos. Que Dios siempre tenga a su Excelencia en su santo cuidado. Su buen amigo, U. S. GRANT.

Por el presidente.
Hamilton Fish, secretario de Estado.
Washington, D. C., 10 de mayo de 1875.
**Fuente: The New York Times**


### 1875-mayo-13
El presidente Grant le ha enviado una carta firmada al presidente de Honduras, felicitándolo por haber sido elegido para ese puesto.
**Fuente: Philadelphia Inquirer**


### 1875-mayo-29
# MADERA HONDUREÑA
Curiosamente, mientras el comité de préstamos foráneos ha estado reunido, uno de los temas que más ocupa su atención ha sido dilucidado por uno de esos reportes útiles sobre temas comerciales que son presentados a la oficina de relaciones exteriores por los secretarios de legación y cónsules de Su Majestad. El tema al que nos referimos es a la capacidad de Honduras como un país productor y exportador de madera, que siempre estuvo a la vanguardia de los prospectos. En mayo del año pasado, Lord Derby emitió un circular a los representantes de su majestad en el extranjero, invitándolos a procurar, a través de su misión, respuestas a un grupo de preguntas en cuanto a la producción de madera y el comercio de cada país; y el resultado con respecto a Honduras es, en consecuencia, un informe oficial sobre su madera. El señor Debrot, vicecónsul en Omoa y Puerto Cortés, primero enumera los diferentes árboles que Honduras produce, y haciendo esto también describe la caoba,

de la cual se ha escuchado mucho. Caoba: un gran árbol, que crece entre 6 y 9 pies en diámetro.

Muy abundante, es exportado en grandes cantidades. La calidad es de acuerdo con las localidades. Crece cerca de los ríos, en suelo rico y pesado, siendo tan oscuro, denso, y de figura fina como aquel de Santo Domingo. Se usa aquí para construir casas, como madera de puentes, construcción de barcos; las ramas dan espléndidas patas para los sofás, muebles, etcétera. La corteza se usa para el curtido, aunque le da un color rojizo al cuero.

El señor Debrot entonces procede a contestar las otras preguntas de la siguiente manera, y el relato arroja luz incidental sobre la pobreza y la condición política miserable de Honduras, aunque confirmando aparentemente las declaraciones en cuanto a la maravillosa capacidad del país como una región de madera.

La mayoría de los bosques que producen los árboles son propiedad del gobierno, aunque grandes pedazos de tierra que contienen madera muy valiosa pertenecen a personas privadas.

El alcance aproximado de los bosques o tierras productores de madera está estimado en unas 5,000 millas cuadradas, a una distancia de 50 millas al interior de la costa, y unas 500 millas cuadradas en la costa del pacífico. Una parte de eso, una tercera parte del territorio del interior consiste en bosques.

Como los habitantes de este país han permanecido desde hace muchos años en el statu quo, y la agricultura no ha sido extendida, el área de bosques productores de madera no ha disminuido; y, aunque desde los últimos 8 años una cantidad de caoba, cedro y otros ha sido exportada, esto, comparado con las inmensas cantidades sobrantes, es difícilmente observable. Además, parches despejados en el bosque de plantaciones abandonadas producen espontáneamente un nuevo crecimiento de árboles.

En este país poco poblado, con una tierra virgen y muy rica, la vida del plantador es una constante lucha en contra de la vegetación invasora. En consecuencia, todavía no ha sido necesario prever la prevención de desperdicios o replantar cualquier área que se haya limpiado.

La cantidad de diferentes maderas que pudieran ser cortadas cada año en el país, no solo sin daño permanente, sino con evidente beneficio a la supervisión regular de los bosques, que en muchas partes son impenetrables, sería de 20,000,000 a 30,000,000 de pies superficiales.

La actual cantidad cortada cada año es de 7,000,000 a 8,000,000 de pies superficiales.

La exportación asciende de 6,000,000 a 7,000,000 de pies; y el consumo local a 1,000,000, más o menos.

De 1864 a 1868 las exportaciones de madera, incluyendo al río Waux y la costa este, puede no haber pasado los 3,000,000 de pies superficiales al año; pero desde allí hasta el presente año han sobrepasado los 6,000,000. Durante los últimos diez años 45,000,000 (más o menos) han sido enviados, con un valor aproximado de 700,000 libras; de estos 45,000,000 una quinceava parte fue a los Estados Unidos y al continente, el resto a Gran Bretaña. Estas maderas comprenden unos 37,000,000 de pies superficiales de caoba, 5,000,000 de cedro, 1,000,000 de fustic, 1,000,000 de madera brasileña, 500,000 de palo rosa y 500,000 de cebra, santa María y otras maderas. No se puede obtener una declaración exacta, ya que las continuas revoluciones y cambios de gobiernos imposibilitan la compilación de tal cosa.

La madera que más se exporta de ese país es la caoba, y la exportación disminuye o aumenta mientras el precio disminuye o aumenta en Europa.

Ya que el capital empleado en el corte y exportación de madera es muy pequeño en comparación con la capacidad de producción, con la inversión de más capital la exportación aumentaría.

La abundancia de grandes bosques influye en la lluvia en gran medida. En el interior y en la costa oeste, donde hay menos bosques, o donde están diseminados sobre grandes secciones de territorio, la temporada lluviosa dura seis meses, pero en la costa del Atlántico dura de nueve a diez meses cada año.

No existen reportes sobre el asunto por departamentos o sociedades, ni por actas o legislaturas.

**Fuente: The Economist**

## 1875-junio-23

Hace algún tiempo, los actuales oficiales de la compañía enviaron a un agente llamado Tisdale a negociar con las repúblicas de México y Centroamérica por subsidios a cuenta de la continuación del actual servicio del buque de vapor. Él acaba de regresar, e informa que ha realizado contratos con estos gobiernos y que la compañía recibirá los siguientes subsidios por año en oro: de Costa Rica, $13,000; de Nicaragua, $12,000; de Honduras, $12,000.

**Fuente: Philadelphia Inquirer**

## 1875-junio-26
# RECLAMOS DE ESTADOS UNIDOS EN CONTRA DE HONDURAS

Los reclamos del gobierno de los Estados Unidos sobre Honduras por los insultos a su cónsul y a su bandera en Omoa, durante el bombardeo del fuerte ocupado por el General Streber, han sido arreglados amigablemente para la satisfacción de los Estados Unidos.

**Fuente: Philadelphia Inquirer**

## 1875-julio-31

Hoy publicamos, en su totalidad, un documento en el que confiamos encontrará lectores atentos donde sea que haya personas que tengan dinero para invertir y perder. El Comité Selecto de Préstamos para Países Foráneos hizo su reporte y arregló las múltiples y complicadas pruebas presentadas ante ellos en una narrativa inteligible para todos. Excepto para los iniciados, los hechos serán sorprendentes y los procesos financieros una revelación. Incluso aquellos que tienen un conocimiento general de cómo son manejadas tales cosas estarán interesados en esta exposición y descripción de la maquinaria.

La impresión que deja en mente es que ningún gran poder intelectual, ningún ingenio muy raro, ni artículos muy elaborados son necesarios para victimizar al público, pero las cualidades principalmente requeridas son audacia y seguridad, facultad para trabajar en armonía y la discreción para guardar un secreto. Se ha observado de grandes imposturas que han tenido éxito por su propia extravagancia, y si sus autores hubieran intentado imprudentemente hacerlas más creíbles, probablemente se habrían derrumbado. Esta noción es sugerida por el informe que tenemos ante nosotros. Es evidente que no hay credulidad más absoluta que la generada por el deseo de un dividendo alto, y que ninguna imagen puede ser de un color demasiado deslumbrante o gruesa como para atraer a cierta porción del público.

El Comité ha sido encargado con la investigación de préstamos recaudados en nombre de varios Estados de Sur y Centroamérica. Los nombres de estos Estados sugieren barbarie y pobreza. Si un novelista se sentara a satirizar las prácticas especulativas de la época, podemos imaginar que seleccionaría a Honduras y Costa Rica, Santo Domingo y Paraguay, como el escenario de sus empresas ficticias. Sin embargo, es en conexión con estas regiones oscuras y semi civilizadas que se han llevado a cabo operaciones que involucran enormes ganancias para aquellos involucrados en ellas.

Los préstamos de Honduras fueron la causa original para el nombramiento del Comité Selecto, y han sido examinados con gran minuciosidad. Los incidentes conectados con estos son los más dramáticos y sorprendentes, la confianza del operador principal ha sido la más ampliamente recompensada, y los procesos por los cuales el público gradualmente absorbió las existencias se han ejemplificado más claramente en su caso que en cualquier otro. Los préstamos de Honduras pueden, por lo tanto, proporcionar al público la lección más completa e instructiva.

La historia también es interesante, ya que nos permite conocer mejor a una persona distinguida. La historia de los préstamos de Honduras es parte de la historia del gran Lefevre. Lo destacamos no por su caballerosidad, sino por su capacidad financiera, y sentimos que, en esto último como en lo primero, habrá seguidores humildes que lo observan con envidia y admiración. Con respecto a Honduras, el reporte del Comité comienza desde el principio. Un libro ordinario de referencias explicará que Honduras es un tramo de país sin cultivar en Centroamérica habitado por algunas 250,000 personas, algunos en los pueblos son hombres blancos de descendencia española, los restos mestizos, indios, negros, o una raza llamada sambos, formada por la mezcla de los últimos dos.

El país es uno de los más pobres y atrasados en el mundo, siendo su producto principal la caoba, que se corta al valor de £50,000 o £60,000 al año. El ganado y las pieles también son exportados, pero se dice que el valor total de las exportaciones no sobrepasa los £200,000 anualmente. Esta es información accesible para todos; pero el reporte da un bosquejo de la historia financiera, si puede ser llamada así, de Honduras, lo que hace la entrada exitosa de la república hacia el mercado de préstamos británicos aún más inconcebible. Cuando se disolvió la Federación de los Estados de Centroamérica en 1827, tenía una deuda de £163,000. De esto, Honduras asumió £27,000, una sexta parte.

Entre 1827 y 1867, cuando Honduras contrajo el primero de los préstamos que formaron el tema de la actual investigación, no se realizó ningún pago a cuenta del capital o interés, y, al final de este plazo, el capital y los intereses acumulados con respecto a la deuda Federal ascendían a £90,075. Otros reclamos sobre el Estado fueron igualmente ignorados, alegando inhabilidad absoluta para pagar; incluso una suma de £5,000 al año, según el Tratado con Inglaterra para el mejoramiento de los indios mosquitos no estaba próxima.

Pero, en 1867, a alguien se le ocurrió la idea de que un préstamo podría obtenerse para Honduras en conexión con un ferrocarril que estaba en construcción allí. El público británico cree en los ferrocarriles; ven bien el prospecto en relación con "el desarrollo de los vastos recursos naturales del país", y esos otros objetos con los que están acostumbrados a lidiar las plumas fluidas de los promotores. Entonces, el ferrocarril entró en acción para hacer flotar el nuevo préstamo. Uno podría suponer que, como Honduras no ha pagado ningún dólar por cincuenta años, sus acreedores de la nueva generación habrían olvidado por completo el asunto; pero, de acuerdo a la "Cuenta Histórica" –un documento muy franco e interesante con el cual el Comité está en deuda– el representante de Honduras, Don León Alvarado, "se vio en la imperiosa necesidad de acordar la deuda Federal, porque sin previo acuerdo no se podría hacer nada en cuanto a los préstamos proyectados para la construcción del ferrocarril". Como bien se puede imaginar, los acreedores estaban dispuestos a un compromiso.

Aceptaron tomar nuevos bonos por los anteriores; su interés estaba en el éxito de la operación y Honduras comenzó de manera justa. Durante cinco años después de este tiempo, se realizaron una serie de transacciones que sería en vano intentar resumir. De hecho, el reporte por sí mismo, aunque las hace inteligibles en su esquema general y proporciones, no les puede dar todos los colores y variedades de detalles que les corresponden. Para esto, los lectores deben ir a la evidencia, que desplegó cada transacción de acuerdo con las opiniones o sentimientos de la persona bajo examen. Pero quizá se nos permita citar lo suficiente para mostrar qué se puede hacer actualmente por un solo hombre en la ciudad de Londres. Parece posible que un audaz especulador haga que un Estado foráneo, sus representantes, sus propios asociados y el público de Inglaterra y Francia estén subordinados a sus planes, y deposite en su bolsillo casi todos los ingresos de un préstamo público. En estas transacciones, el financiamiento fue del carácter más elaborado. Los señores Bischhoffsheim y

Goldschmidt aparecen ante el público, pero el verdadero motor de las operaciones, el propietario de la empresa era el señor Lefevre.

El Comité le otorga al público algunos detalles de la carrera de este caballero. La policía francesa mantiene registros incómodos y precisos, y Lefevre tiene su expediente en París. Él es Charles Lefevre, o C. J. Lefevre, en Inglaterra; pero, de acuerdo con un comunicado del ministro francés de Asuntos Exteriores hacia el embajador británico en París, él es Joaquín Lefevre, quien fue condenado en París el 22 de mayo de 1856 a dos años de prisión por abuso de confianza. Pero, sin importar sus antecedentes judiciales, Lefevre fue lo suficientemente hábil para hacer lo que quería con los representantes de Honduras y, lamentamos añadir, con el público británico.

Cómo los agentes hondureños, que, por supuesto, tenían el poder en sus manos ya que no se podía hacer nada sin su autorización, dejaron que Lefevre tuviera la mayor parte del botín, no es del todo claro. Quizás hay más cosas detrás que no conocemos y nunca conoceremos en cuanto a la distribución del dinero. Pero a primera vista, y como se muestra en el reporte del Comité, Lefevre tuvo todo a su manera. Las ventajas que se le aseguraron por sus acuerdos con el gobierno son tan brillantes que es difícil formar una teoría de su origen. Algunas veces recibió lo que parece que no fue autorizado por ningún acuerdo, como cuando el 01 de enero de 1871 los administradores le dieron £125,000, suma que habría pagado el interés semestral del préstamo entero de £2,500,000 si hubiera sido emitido, aunque, en ese momento, solo £633,000 de valor nominal estaba en manos del público, con el balance de los £2,500,000 estando en las manos de los administradores. El reporte rastrea las ganancias sucesivas del Sr. Lefevre y calcula que de una porción del préstamo de 1869 y el préstamo de 1870, recibió en efectivo o por remisión de contratos £955,398.

¿Cuál es, por lo tanto, la posición financiera de Honduras? Actualmente, el endeudamiento de esa república es de £6,527,393, y el pago anual que se debe por los intereses y el fondo de amortización es de £695,700. Debido a esto el Estado tiene abandonada una sección de una línea de ferrocarril de 53 millas de longitud. Pero, por supuesto, como Honduras nunca tuvo la intención de pagar un cuarto de centavo, no importa cuál sea la deuda del Estado, y todo lo que llegó a Centroamérica ha quedado claro nuevamente. Las personas de este país son las víctimas.

Los métodos por los cuales los préstamos se otorgaron a una prima, y luego Lefevre y sus cómplices los eliminaron gradualmente, hasta que, cuando todo se dispuso al público, la acción se dejó a sus cualidades naturales y cayó a un simple precio nominal, se describen en el informe y pueden servir como una advertencia para los lectores menos sofisticados de las listas de acciones.

Los reportes del préstamo de Santo Domingo y los sucesivos préstamos de Costa Rica valdrán la pena leer, pero el préstamo de Paraguay, quizá, los exceda en interés. Cuando este último Estado concluyó su perversa y desafortunada guerra con las potencias aliadas de Brasil, Uruguay y la Confederación Argentina, la república estuvo cargada con gastos de guerra e indemnizaciones, pero se escogió ese momento para otorgar un préstamo. Cómo los hermanos Waring, el señor Samuel Laing, miembro del parlamento, y el Sr. Albert Grant "cooperaron" en el aumento del préstamo; cómo mantuvieron £570,000 de las acciones ellos mismos; cómo lo mantuvieron en una prima que había aumentado cuando la operación se completó a $17\frac{1}{27}$; cómo, cuando el préstamo en su totalidad había sido puesto en las manos de la gente, el precio de las acciones cayó hasta que el bono de £100 fue citado a £12, todo esto se detallará en el reporte. El préstamo de 1872 tuvo una historia muy similar. Solo hemos sido capaces de tocar unos pocos de la gran variedad de incidentes revelados en esta investigación, pero son suficientes para justificar las recomendaciones con las que el Comité concluye su reporte y la lección que dan al público.

**Fuente: The London Times**

## 1875-agosto-07
# NOTAS DE NEGOCIOS

Señor Gutiérrez. —Además de los temas principales del informe del comité de préstamos foráneos, hay un tema secundario de gran importancia mencionado. Esto es la conducta del enviado de Honduras en este país, el señor Gutiérrez, quien tomó parte activa en la emisión y manipulación de los diferentes préstamos de Honduras. El comité se refiere a su conducta de la siguiente manera—: "Su comité se ha esforzado, en la medida de lo posible, para evitar informar su opinión sobre la conducta de aquellos que están sujetos a procedimientos en los tribunales legales del país. Pero sienten, en relación con el representante de un estado extranjero que reclama en virtud de su posición el derecho a negarse a presentar pruebas ante ellos, y que también está protegido de cualquier procedimiento judicial en este país, que es deber de su comité registrar su punto de vista sobre el uso que ha hecho de su posición oficial y el efecto de su conducta en el público inglés.

A lo largo de la totalidad de las transacciones relacionadas con estos préstamos, Don Carlos Gutiérrez ha tomado la parte más destacada. Él ha sancionado muchos actos que su comité está obligado a desaprobar. Se admite en la 'Cuenta Histórica' que la República de Honduras, con recursos financieros leves, contrató a través de su agencia, o con su conocimiento, préstamos, en un grado mucho más allá de cualquier posibilidad de reembolso. En nombre de su gobierno él entró en los contratos más censurables.

Sancionó tratos de intercambio de acciones y especulaciones en los préstamos que ningún ministro debería de sancionar. Él formaba parte de la compra de cargos de caoba, y permitió que el público fuera engañado por los anuncios en relación con ellos. Por contrato exprés, él autorizó 'los sorteos adicionales'. Ayudó al señor Lefevre a apropiarse para sí mismo grandes cantidades de los ingresos de los préstamos a los que él no tenía ningún derecho. La 'Cuenta Histórica' muestra que cuando Don Carlos Gutiérrez introdujo el préstamo para el ferrocarril de barcos por 15 millones de libras esterlinas, no tenía fe en la empresa, y todavía así entró en un acuerdo con el señor Lefevre, en virtud de lo cual, los ingresos de los préstamos de 1869 y 1870 se desviarían del propósito para el que se recaudaron, y aplicados a promover este esquema.

Y, finalmente, cuando se enteró de que los fondos de los tres préstamos habían sido gastados, autorizó al capitán Bedford Pim para intentar emitir un cuarto préstamo por 2,000,000£, sin ninguna posibilidad de que el objetivo por el cual se profesaba que se emitiría se cumpliera. Su comité también debe informar que, a pesar de la carta de Don Carlos Gutiérrez dirigida a Lord Derby el 24 de febrero, mencionada en lo sucesivo, en la que declara que debe 'considerar un gran honor proporcionar al comité de investigación todos los procedimientos e información anteriores que puede arrojar luz y facilitar su investigación', no solo se negó a presentar pruebas ante su comité, sino que también les ocultó los numerosos documentos importantes que tenía en su poder, hasta que los testigos que fueron examinados establecieron su existencia y custodia.

Cualquier adición a esta descripción forzosa sería superflua, y la única pregunta es qué medios pueden emplearse ahora para poner fin a la flagrante irregularidad de que el señor Gutiérrez continúe siendo miembro del organismo diplomático en este país. Es de temer que un gobierno como el que hay en Honduras sea más o menos un participante en la acción del señor Gutiérrez, y esto puede dificultar que lo desautoricen.

También se puede decir que difícilmente podemos tomar acciones en contra de él sin preferir implícitamente una queja contra el gobierno que representa. Sin embargo, es por nuestro propio interés evitar cualquier procedimiento que pareciera poner presión sobre estos gobiernos, con el objetivo de recuperar algo para sus tenedores de bonos engañados; y creemos que será hallado posible, sin ningún riesgo de mala interpretación, o dando lugar a falsas esperanzas, insistir en que no se enviará aquí a ningún representante como el que el señor Gutiérrez ha demostrado ser.

El curso es, quizá, sin precedente; y, en el caso de cualquier estado poderoso, habría un inconveniente obvio al objetar, por motivos personales, a cualquier representante que elija enviarnos, pero incluso en ese caso, donde el abuso de la oficina diplomática fue tan flagrante como lo ha sido por parte del Sr. Gutiérrez, creemos que la opinión pública exigiría una acción enérgica a cualquier costo. Las cortesías diplomáticas tienen sus límites, y ningún estado puede esperar que recibamos a un "caballero" que lleva a cabo tales transacciones como las que el comité de préstamos foráneos ha informado.

**Fuente: The Economist**

### 1875-agosto-10

Sir John Lubbock le preguntó ayer al Subsecretario de Asuntos Exteriores si, en consecuencia de las afirmaciones contenidas en el reporte del Comité de Préstamos Foráneos, se habían tomado medidas por el gobierno de Su Majestad en referencia al ministro de Honduras en este país. El señor Bourke contestó que Lord Derby pensó que sería prematuro expresar una opinión sobre el asunto hasta que tuviera la oportunidad de leer el reporte del Comité y la evidencia en que se basó. Se puede decir que la evidencia no se ha distribuido. Lord Derby también pensó que, si se tomarán medidas, sería justo para el representante de Honduras que se le diera la oportunidad de comunicarle al gobierno lo que él tiene que decir en su defensa. La reserva de la cancillería es bastante apropiada, y no tenemos duda de que su jefe actuará con la discreción debida.

No tenemos deseos de anticipar su decisión, pero no estaría fuera de lugar referirse una vez más al reporte del Comité en cuanto a Don Carlos Gutiérrez. Cualquiera que sea la decisión de Lord Derby, el caso tiene un interés con referencia a las funciones propias de los representantes extranjeros acreditados oficialmente ante el gobierno británico. Puede ser difícil establecer un límite a los negocios en los cuales puede participar un embajador o un enviado, especialmente cuando parece actuar con la autorización de su propio gobierno; pero ciertamente, bajo las viejas tradiciones de diplomacia, los oficios de ministro y de agente financiero se mantuvieron distintos, y ni el embajador, que podía exigir una audiencia del soberano, ni el enviado, quien, a placer, podía tener una entrevista con el secretario de relaciones exteriores, habrían pensado que era coherente con lo correcto el estar inmerso en el trabajo descrito en el reporte, incluso si no se le pudiera imputar deshonestidad.

En realidad, se realizaron tres préstamos de Honduras, dos en Londres y uno en París. Hubo dos intentos de préstamos: el famoso préstamo para el canal de barcos y aquel que el capitán Bedford Pim trató de emitir en Paris. En estas cinco empresas, Don Carlos Gutiérrez, ministro plenipotenciario de la República de Honduras, fue el motor principal o el confederado activo. En el párrafo que el Comité dedica a él, hacia el final de esa parte del reporte que se refiere a Honduras, ellos dicen: "A lo largo de la totalidad de las transacciones relacionadas con estos préstamos, Don Carlos Gutiérrez ha tomado un papel principal.

Él ha sancionado muchos actos que su Comité está obligado a desaprobar. Se admite en la "Cuenta Histórica" que la República de Honduras, con pocos recursos financieros, contrató, a través de su agencia o con su conocimiento, préstamos en un grado mucho más allá de cualquier posibilidad de reembolso". Tomemos esta parte del negocio primero, dejando de lado por el momento cualquier trato indebido con los préstamos. Tenemos al ministro de Honduras comprometido por primera vez en la realización del préstamo de 1867, al valor nominal de £1,000,000 libras esterlinas. En este momento él conocía muy bien la condición financiera de su país. Como resalta la "Cuenta Histórica", Honduras vino por un millón de libras esterlinas, es decir, por "un préstamo treinta y seis veces mayor que la parte de la deuda federal perteneciente a Honduras que acababa de arreglarse, y los intereses sobre los cuales la república no había podido pagar ni dar algo a esa cuenta durante cuarenta años, aunque el monto de ese interés era entonces solo de £1,632 por año".

Los ingresos de las principales aduanas, que son absolutamente necesarios para que el gobierno se encargue de su administración, ya fueron prometidos; "además, no bastarían para garantizar un préstamo de una vigésima parte de esa suma". Tal era el estado de los asuntos para empezar. El ministro plenipotenciario, que tomó la parte principal en emitir el préstamo de 1867, indujo a los inversores británicos a dar su dinero cuando, según una cuenta escrita posteriormente por orden del propio gobierno de Honduras, no había ninguna posibilidad de que recibieran intereses o capital. Pero el préstamo de 1867 fue solo el comienzo.

Los lectores del reporte saben cómo se trató, pero en la actualidad solo nos preocupa la cantidad a la que Don Carlos Gutiérrez tuvo el valor de prometer el crédito de su Estado. En mayo de 1869, cuando solo una pequeña porción del préstamo de 1867 se había realizado en Inglaterra –no había producido más de £100,000 en efectivo– con los bonos restantes en posesión de los fideicomisarios, el ministro de Honduras en París, "actuando en su propio nombre y en el de sus colegas en Londres, en virtud de sus poderes", tomaron medidas para emitir un préstamo por la cantidad de £2,490,108 libras esterlinas. En la primavera de 1870, con los fondos del préstamo de 1867 casi agotados y el préstamo de París habiendo producido poco, Don Carlos Gutiérrez estaba preocupado por obtener un tercer préstamo. Se denominó "El Préstamo Ferroviario del gobierno de Honduras del diez por ciento de 1870", y tenía el valor nominal de £2,500,000. Era con el fin de promover el éxito de este préstamo que los envíos fraudulentos de caoba se hicieron, y sus tratos con estos casi pasan los límites de la credibilidad.

Pero en mayo de 1872 aparece otro prospecto, que muestra hasta qué punto la presunción del ministro de Honduras y sus asociados se había elevado con éxito. El préstamo para el ferrocarril para barcos fue de £15,000,000 libras esterlinas, y el prospecto multiplicó más de ocho veces la cantidad de tonelaje británico que pasaba por Cabo de Hornos. La última iniciativa de la serie fue el segundo préstamo francés propuesto, que el capitán Bedford Pim, en cumplimiento de una autorización de Don Carlos Gutiérrez, arregló para emitirlo en diciembre de 1872.

Por lo tanto, descubrimos que, durante un período de cinco años, un ministro debidamente acreditado ante el gobierno británico se comprometió a emitir préstamos con garantías falsas o engañosas, sabiendo perfectamente que el Estado prestatario no podía pagar nada. El resultado es que Honduras, que no había podido pagar intereses por la cantidad de £1,600 al año en su antigua deuda, incurrió en pasivos de tres años que ahora ascienden, de acuerdo al reporte del Comité, a la suma de £6,527,393. No fue por falta de voluntad de parte de Don Carlos Gutiérrez que la suma no era cuatro veces mayor. Estos hechos parecen requerir alguna consideración independientemente de la mala conducta adicional imputada al ministro de Honduras.

¿Debe tolerarse que un hombre que ocupa el alto cargo de representante en la corte británica se convierta en el instigador o cómplice de aventuras financieras como estas? Incluso si no supiéramos nada sobre la administración interna del negocio, podríamos tener pocas dudas de que el enviado que propició estos préstamos a una cantidad ahora representada por seis millones y medio de libras esterlinas debería atraer la seria atención del gobierno de Su Majestad. Pero el reporte del Comité muestra que esto no es lo peor que se puede alegar en contra de Don Carlos Gutiérrez. Resumiendo, los hechos registrados en su contra dicen: "En nombre de su gobierno, él entró en los contratos más censurables.

Sancionó los tratos y especulaciones de la bolsa en los préstamos que ningún ministro debería haber sancionado. Fue parte de la compra de las cargas de caoba y permitió que el público se engañara con anuncios al respecto. Por contrato expreso autorizó los retiros adicionales; ayudó al señor Lefevre a apropiarse de grandes sumas de los ingresos de los préstamos a los que no tenía derecho". Cada una de estas oraciones nos recuerda a una parte del informe, y las circunstancias son tan conocidas para el público que no necesitamos intentar recapitularlas.

Ninguno de ellos tiene un interés meramente privado, ya que todo lo que se hizo tuvo el objetivo de atraer compradores por falsas pretensiones o fue una desviación real de los fondos del préstamo de su propósito legítimo y, por lo tanto, una sustracción de la seguridad de inversores. Todas las transacciones por las cuales el señor Lefevre se involucró en el asunto y se convirtió en su verdadero director y propietario, mientras que otras partes aparecieron ante el público; los sucesivos acuerdos mediante los cuales, después del préstamo de 1870, se resolvió todo; el nombramiento de los funcionarios de varios grupos interesados como fideicomisarios del préstamo; la forma en que estos fideicomisarios, obedeciendo implícitamente las instrucciones de Don Carlos Gutiérrez, trataron los bonos y fondos del préstamo sin tener en cuenta las escrituras del fideicomiso; y, como resultado de todo, las transferencias al señor Lefevre de casi la totalidad de los ingresos, son asuntos que, si el ministro de Honduras fuera una persona privada, podrían dejarse en manos del Tribunal de Justicia o de la opinión de la sociedad, pero en su posición actual exigen consideración oficial.

**Fuente: The London Times**

# 1875-agosto-14
# EL INFORME SOBRE PRÉSTAMOS FORÁNEOS

El comité de préstamos foráneos nos ha dado una historia admirable de las más desagradables transacciones. Mostraron que pequeños estados, casi sin ingresos, fueron capaces de pedir inmensas cantidades que nunca habrían pagado y que nunca tuvieron la intención de pagar; que tomaron prestados con pretensiones que apenas intentaron hacer bien; que forzaron estos préstamos sobre el mercado inglés mediante trucos inteligentes; y, lo que es más extraordinario, en muchos casos, ellos, los estados prestatarios, obtuvieron apenas parte del dinero, porque fue interceptado por las personas que organizaron los ardides. Aquellos que engañaron al público inglés engañaron también —y esto a gran escala— a aquellos en cuyos nombres tomaron prestado. Así, Honduras ahora debe por principal e interés.

|  |  | £ |
|---|---|---|
| **A cuenta de los préstamos de** | 1867 | 1,270,000 |
| — | 1869 | 2,777,000 |
| — | 1870 | 3,172,000 |
|  |  | 7,219,000 |
| **Menos** |  | 692,000 |
|  |  | 6,527,000 |

"A cambio de esta responsabilidad", Honduras "ha asegurado una sección abandonada de una línea de ferrocarril de 53 millas de longitud, por la cual los contratistas han recibido 689,000£". Los pagos a cuenta de intereses, y en la descarga de los bonos emitidos, se han realizado totalmente con el producto de los préstamos. Honduras no ha provisto, y aparentemente no ha intentado proveer, algún fondo para ese propósito. De hecho, este pequeño estado no podría pagar más esta deuda que lo que puede volar. Todos aquellos que le prestaron dinero perderán cada parte de ello. Y así en otros casos.

El comité también ha mostrado la manera en que se hizo esto. Las operaciones fueron de tres tipos.

Primero, mediante declaraciones audaces sobre los recursos del estado prestatario, que se insertaron en el prospecto y de otras formas que circularon en su nombre. Esto no necesita explicación ni comentario, ya que este tipo de bocanadas son el modo reconocido de vender artículos sin valor a precios altos.

En segundo lugar, al solicitar a los corredores que dirijan la atención de sus amigos a "la seguridad", y haciendo que valga la pena hacerlo. Y esta es una parte del tema bien conocido por aquellos que realmente lo han atendido, pero que la parte más simple del público inversionista no conoce en absoluto. Una gran cantidad de personas acuden a su agente de bolsa para pedir consejo, esperando no solo consejos instructivos, sino también desinteresados, y, sin duda, hay corredores de clase alta que lo brindan, pero también hay una multitud de otros que obtienen un quid pro quo más alto por recomendar lo que es malo que lo que es bueno y, en consecuencia, recomiendan lo malo imprudentemente.

Entre las picardías latentes en las clases respetables, este es uno de los más insidiosos y perniciosos actos, y de ninguna manera es uno de los menos raros.

En tercer lugar, y este fue, con mucho, el recurso más poderoso, los concesionarios del préstamo *hicieron un precio*. Este es un asunto bastante sutil, y uno que las explicaciones comunes de los asuntos monetarios tienden a disfrazar más que a explicar. Hay mucha economía política actual que habla del "precio de mercado" como algo determinado por leyes fijas, por "oferta y demanda", y en cuanto al precio de mercado de buena fe, esto, cuando esas leyes se explican adecuadamente, es bastante cierto. Pero es igualmente cierto que hay otro tipo de precio, un precio de mala fe, al que esas leyes no se aplican en absoluto. Si una persona que tiene un producto para vender tiene a su disposición dinero o crédito y elige emplearlos para aumentar el precio de ese producto haciendo compras en el mercado, por supuesto que puede hacerlo.

A primera vista, de hecho, no es obvio qué bien gana así; sin duda incrementa el valor nominal de aquello que tiene que vender; pero entonces parecería que, cuando intentara darse cuenta de ese valor, no podría obtenerlo. Como había subido el precio comprando una cierta cantidad, cuando venga a vender tendrá que traer al mercado esa cantidad además de lo que tenía en mano antes; tendrá una oferta adicional para deprimir al mercado en la etapa posterior en la medida en que su demanda adicional elevó ese precio en la etapa anterior. La desventaja al final, por lo tanto, parece contrarrestar la ventaja al principio. Pero en la práctica hay otro elemento que este argumento pasa por alto: la poca confianza del público en su propio juicio.

"El público" se dice, casi proverbialmente, "siempre entra para comprar en un mercado en alza, y para vender en un mercado en baja". Y muy naturalmente. Al ser extraños, desconfían de su propio conocimiento; están ansiosos de dejarse guiar por el juicio de otras personas; y, por lo tanto, están aterrorizados por una caída en el precio, lo que parece indicar que hay más personas "saliendo" del artículo que las que entran en él, y se sienten alentados por un aumento, especialmente un aumento rápido, que parece significar que el mundo valora mucho el artículo y se apresuran a conseguirlo.

Un aumento en el precio, por lo tanto, incluso cuando se produjo por las mismas compras del vendedor, puede significar una ganancia real para él, ya que brinda una nueva demanda, y, si esa demanda es lo suficientemente fuerte y él la maneja bien, se puede deshacer a un precio elevado de la cantidad extra que compró, así como también de la que ya tenía antes. En los mercados ordinarios tales operaciones están limitadas de varias maneras. El precio del "producto" es regulado por el costo de producción, y el "publico" que negocia con ello es hábil y conoce, por lo menos a cierto grado, como ser guiado por ello. En los valores probados, hay un cierto valor normal que, aunque las circunstancias permanecen igual, tiende a mantenerse inalterado; el mundo se ha formado su opinión sobre ellos, y no la cambiará. Pero en los vales de nuevos préstamos no existen estas restricciones; no hay costo de producción para regular el valor; no hay un precio establecido u opinión del mercado.

El público que negocia son la clase de compradores menos calificados, los que han ahorrado y buscan, sin un buen conocimiento y sin una buena orientación, una inversión. Por lo tanto, tales seguridades son incesantemente un precio de mala fe. Un precio elevado, y aún más, un incremento rápido en el precio en ellos siempre hará que el público venga a comprar, y si es manejado y manipulado de la manera correcta, puede inflar los bolsillos de los negociantes con grandes ganancias, y puede imponer al mundo exterior una enorme cantidad de basura sin valor.

El "informe" da muchos ejemplos curiosos de este proceso. Por ejemplo, la colocación del préstamo de Honduras de 1867, ellos dicen, "parece haberse efectuado por los medios descritos por el testigo, el señor Richard Evans. Se les pedía a los corredores que 'dirigieran la atención de cualquiera de sus amigos a la seguridad'. El corredor entonces hacía una oferta para comprar bonos al testigo, quien había recibido autoridad del señor Lefevre para venderlos tan pronto como pudiera, y en los términos que pudiera, y tal oferta era presentada al señor Lefevre. 'Si fuera por una gran cantidad de acciones, Lefevre estaría dispuesto a vender a un precio muy inferior al del mercado'.

En algunos casos, los corredores obligarían al señor Lefevre a no vender ninguna acción nueva antes de una quincena o un mes, y 'luego lo seguirían ellos mismos y lo pondrían en el mercado'. Con el fin de mantener las acciones a un precio elevado y prevenir su caída a consecuencia de las ventas así efectuadas, se volvió necesario hacer compras de ellas en la bolsa de valores. Parece que estas transacciones se efectuaron principalmente mediante la agencia del señor James Barclay. Cuando el mercado estuvo plano, recibió órdenes del señor

Richard Evans, actuando para el señor Lefevre, de comprar acciones con el propósito de fortalecer el mercado. El señor Barclay entonces describe lo ocurrido: 'Primero, el empleado acudía a mí y me decía que había muchos vendedores, e informé eso la primera vez que el señor Evans vino a mi oficina y me preguntó qué estaba pasando, y el señor Evans iría con la información al señor Lefevre, y regresaría con la orden ""tome tantas acciones", las cuales compré por comisión. En el acuerdo, si hubiera un saldo deudor con el señor Lefevre, 'él tomaría las acciones y lo pagaría'; o si el señor Barclay tuviera acciones a la mano, las entregaba al señor Lefevre.

Por estos medios, y en los términos mencionados anteriormente, entre el 30 de julio de 1868 y el 29 de junio de 1870, se vendieron al público a través de la agencia del señor Lefevre 631,000£ (valor nominal) de las acciones de este préstamo. Durante este periodo, el precio mencionado de las acciones siempre se mantuvo por encima de su precio de emisión (80£). En noviembre de 1868, alcanzó 94£, y en junio de 1870 era de 88£ por bonos de 100£.".

Y se nos dice nuevamente del préstamo de Honduras de 1870:

"Inmediatamente después de la publicación de los prospectos, y antes de que se hiciera alguna asignación, el señor Lefevre autorizó compras y ventas extensas del préstamo a su nombre. Los corredores fueron empleados para negociar en la mejor manera calculada para mantener el precio de las acciones. Los corredores empleados instruyeron a los intermediarios a comprar las acciones cuando el mercado necesitara ser fortalecido, y a vender si el mercado era lo bastante firme. A consecuencia del mercado así creado, se efectuaron negociaciones de grandes cantidades.

Cincuenta o cien hombres en el mercado estaban haciendo precios en las acciones, y estaban negociando el uno con el otro y con 'los corredores alrededor'. Un intermediario compró y vendió el préstamo (2,500,000£) nuevamente. Un corredor tenía en el balance de sus negociaciones 600,000£ en vale nominal que había comprado, y el cual entregó al señor Lefevre en el primer acuerdo en las acciones, recibiendo de él el precio que había pagado por ello. Se declaró que tales medidas eran usadas frecuentemente para asegurar el éxito de un préstamo. El efecto de estas operaciones fue hacer que las acciones se cotizaran con una prima, y el préstamo fue más que completamente solicitado".

Es cierto que esta operación fue una de gran riesgo. Cuando se concluyó, el señor Lefevre —el operador— parecía, a primera vista estar un poco mejor que antes. "Por las compras que había hecho antes o inmediatamente después de la asignación, se había convertido en responsable de pagar una gran parte del vale asignado". La mayoría de las personas se habrían alarmado ante la responsabilidad. Pero no el señor Lefevre.

Al contrario, siguió comprando hasta que, el 15 de diciembre de 1870, solo unos 200,000£ de las acciones estaban en manos del público. Luego, según el informe, comenzó el proceso inverso. El señor Lefevre tuvo que vender todas las acciones, menos de 200,000£, al público. "Esto", como podemos creer, "solo pudo haber sido afectado a grado lento", y la venta continuó hasta el mes de junio de 1872. Se empleó a los corredores para vender las acciones, y a "comprarlas si el mercado necesitaba fortalecerse"; el 31 de diciembre de 1870 se vendieron acciones por la cantidad de 633,100£, en el siguiente medio año, 312,000£, y el 30 de junio de 1872, se decía que los fideicomisarios solo tenían 16,800£ en mano. Tal era la extraordinaria confianza generada en el público por precios de mala fe.

Y la secuela es aún más extraordinaria. Tan pronto como ya no hubo más acciones en manos de los manipuladores, todo colapsó. "en la noche del 17 de junio", dice el informe, "el precio medio de cierre de las acciones de Honduras en la Bolsa fue de 72. El día 18, se negoció a varios precios variando de 72 a 45. El 22 de junio el precio medio era de 70; el día 28 el préstamo había caído a 44. De esta caída nunca se recuperó, y gradualmente el préstamo alcanzó su actual precio de 6£ por bonos de 100£". Con menos autoridad que la del Comité, apenas deberíamos creer una historia tan extraña. Incluso ahora, no estamos seguros de que todo esté ante nosotros, y de que no haya algo escondido un poco para disminuir la maravilla. Aun así, después de cada posible reducción, la narración es muy maravillosa; impresionará incluso a los hombres de negocio experimentados el encontrar que tales cosas pueden suceder, y sorprenderá a los economistas teóricos conocer que tanto "el precio del mercado" que ellos han tratado como algo regular y controlable, puede, incluso por un periodo considerable, ser arreglado por especuladores y guiado por ellos para acomodarse a los peores propósitos.

De las recomendaciones del comité hablaremos más adelante, cuando la evidencia en la que se basan esté frente a nosotros; pero, aparte de esto, su investigación tiene gran valor al dar a conocer tales transacciones de las que se nos ha dado detalle.

**Fuente: The Economist**

### 1875-agosto-20
# INGLATERRA Y SUS ACREEDORES
### Informe del comité de préstamos foráneos.

A continuación, presentamos, desde el *Pall Mall Gazette*, el informe completo del comité parlamentario de préstamos foráneos, al que hemos hecho alusión en nuestras columnas editoriales. Un análisis cuidadoso del informe demostrará que nuestros comentarios están justificados:

El informe del comité de la Cámara de los Comunes sobre préstamos foráneos ha justificado la institución de la cuestión. La objeción principal que se presentó originalmente ante la moción de Sir Henry James fue que solía distraer las mentes de los inversores de la necesidad primaria de tener cuidado debido a los relatos fantásticos que gobiernos foráneos en dificultades presentaban acerca de sus recursos. Siempre que haya prestamistas para los que la diferencia entre interés alto y bajo sea la diferencia entre comodidad y penuria, gobiernos como los de Honduras y Paraguay ocasionalmente encontrarán víctimas; y no sería un servicio real para un público crédulo darle algo de verdad a la noción de que la seguridad que no pueden garantizarse ellos mismos la podrán encontrar en las acciones del gobierno británico. Pero, como resulta, las autoridades, es decir las autoridades domésticas de estos países en bancarrota, solo tienen una pequeña participación en las transacciones con las que se les asocia.

La historia de los préstamos de Honduras o de Paraguay se tratan de asuntos con los operadores, no de una república sudamericana, sino de finanzas de este país. Es muy necesario que el público entienda por completo las relaciones que tienen estas personas en préstamos en los que, aunque profesan realizarse con países foráneos, aparentemente terminan dándole casi ningún beneficio a los países implicados. Ningún lector del informe del comité tendrá duda sobre este punto. La narrativa amplia y bien explicada también puede ser útil para otro grupo de personas.

Los tenedores de bonos emitidos por estos países tal vez sean llevados a la conclusión de que, aunque ninguna parte del dinero que realmente llegó al prestatario nominal se puede recuperar, la cantidad que solo se quedó a la mitad tal vez no sea tan irrecuperable. Y, finalmente, el informe puede proporcionar bases para algunas especulaciones rentables sobre el alcance de la ley penal, sea en la forma de opiniones de consejeros o de propuestas en el parlamento.

De las cuatro series de préstamos que analizó el comité, justamente se le dio más atención a las de Honduras. La historia del préstamo de 1867 se puede relatar con brevedad. En 1861, un oficinista de un despacho comercial en Liverpool, Don Carlos Gutiérrez, como lo dijo uno de los testigos, "se transformó" en ministro de Honduras. Él no podía cubrir los pequeños gastos de su embajada sin ayuda, y su gobierno estaba, si era posible, en una situación más precaria que la de él mismo. Sin embargo, en 1867 entró en un acuerdo con los señores Bischoffsheim y Goldschmidt para la emisión de un préstamo con valor nominal de £1,000,000. Aunque se aseguró un lugar en la bolsa de valores, solo £48,340, debido a varias circunstancias, estaba en manos del público seis meses después de la fecha de emisión, y el resto de los activos habían permanecido, o habían regresado, a la posesión de los señores Herrán y Don Carlos Gutiérrez como representantes del gobierno de Honduras.

Por tanto, parecían haber pocas posibilidades de obtener los fondos para comenzar las vías férreas, de lo que tanto se habló en el prospecto, o de realizar esas grandes comisiones para las que una gran parte del pago después fue aplicado. Incluso una inversión que prometía 12 ½ porciento del precio de emisión no había logrado tentar a los prestamistas de Londres o París. Pero lo que los señores Bischoffsheim y Goldschmidt no estuvieron dispuestos a hacer o fueron incapaces de hacerlo, el señor Charles Lefevre sí estuvo dispuesto, y, como ya se probó, fue capaz de hacerlo. Él se propuso, con términos excedentemente ventajosos, colocar todos los bonos que fueron tratados con tanta indiferencia por el público.

Mediante una serie de operaciones juiciosas en la bolsa de valores, el préstamo fue forzado a llegar a los 94, y entonces las mismas personas que se habían negado a tomarlo a 80 y en una cantidad mucho más baja se apresuraron a comprar. El entusiasmo popular aumentó por las recomendaciones de corredores que le habían comprado al señor Lefevre muy por debajo del precio del mercado, y que naturalmente estaban ansiosos de darles a sus clientes el beneficio de una inversión tan valiosa en la cotización actual.

El señor Lefevre se deshizo de toda su compra en quince meses con grandes ganancias, y todos se beneficiaron excepto el comprador genuino. Se realizaron casi las mismas tácticas con el préstamo de £2,300,000 emitido en 1870, solo que, como la cantidad era mucho mayor, las ganancias fueron mayores en proporción. Los registros muestran que, aparte de cualquier ganancia por sus apuestas en la bolsa, el señor Lefevre obtuvo casi £1,000,000 para él mismo o sus asociados. Los fideicomisarios de los tenedores de bonos estuvieron entre los beneficiados de esta abundante cosecha. Dos de ellos recibieron £4,500 cada uno por catorce meses de trabajo.

Esta generosidad hacia los representantes de los tenedores de bonos puede, tal vez, explicarse por el hecho de que comúnmente eran oficinistas de los señores Bischoffsheim y Goldschmidt o del señor Sharp, el abogado de los señores Bischoffsheim y Goldschmidt, y que ellos "parecen haber obedecido implícitamente las instrucciones de Don Carlos Gutiérrez y, al seguir tales instrucciones, usaron los fondos y los bonos del préstamo sin tomar en consideración los términos de los contratos del fideicomiso".

El préstamo de San Domingo es muy notable debido a la franqueza con la que el agente, el señor Hartmont, admite que utilizó la mayor parte del dinero en su propio negocio. Sin embargo, no le ha parecido necesario asumir con el principal la obligación de pagar los intereses. En el segundo préstamo de Costa Rica por £2,400,000, el comité de la bolsa de valores, debido a la influencia del sindicato, les otorgó absolutamente a los señores Knowles y Foster, agentes del Barón Erlanger, un acuerdo y cotización, aunque los contratistas del anterior préstamo de £560,000 emitido en 1871 les notificaron que la república ya estaba en mora.

El préstamo de Paraguay siguió un curso parecido al de sus aliados, con el señor Samuel Laing y el señor Albert Grant tomando la parte que en el préstamo de Honduras se le asignó al señor Lefevre. Entre la emisión del préstamo al público el 21 de noviembre de 1871 y el día especial de ajuste el 8 de diciembre, ellos, junto con los hermanos Waring, compraron en la bolsa de valores más de la mitad de la cantidad nominal del préstamo.

Después del día de colocación, procedieron a vender sus acciones y, para abril de 1872, ya se habían deshecho de la cantidad completa. Durante estos cinco meses, las acciones siempre fueron premium, pero tan pronto como el total del préstamo había salido de las manos de los hermanos Waring, del señor Albert Grant y del señor Samuel Laing, empezaron a caer. En octubre de 1872 se cotizó con una rebaja de 20; en julio de 1873, con una rebaja de 45; y en julio de 1874, el bono de £100 podía comprarse por £12.

El hecho realmente importante que el informe del comité selecto afirma haber revelado es la asociación de personas que gozan de cierta posición en la ciudad con préstamos que tenían el doble propósito de no decirles la verdad a los prestamistas y no pagarles los ingresos a los prestatarios. El prospecto del primer préstamo de Honduras no hizo mención de las intenciones del gobierno de aplicar parte de los ingresos al pago de viejas deudas. El segundo préstamo fue parcialmente flotado con la ayuda de consignaciones de caoba a cuenta del gobierno de Honduras, que en realidad habían sido comprados por sus agentes para inducir "al público a creer que los bosques hipotecados presentaban los medios para el pago de intereses".

El prospecto del préstamo de Paraguay de 1871 falló en mencionar las deudas del gobierno debido a pesadas indemnizaciones bélicas.

El prospecto del préstamo de Paraguay de 1872 describió el valor de las tierras públicas, "con una valoración baja", en £35,000,000, mientras que un año antes "el subsecretario general, por orden de su excelencia el presidente", las había valorado en £19,380,000. También se podrá notar que aparecen los mismos nombres en conexión con varios préstamos contratados por el mismo país. Los señores Bischoffsheim y Goldschmidt, los hermanos Waring, el señor Albert Grant y el señor Samuel Laing eran de disposiciones demasiado confiables para ser engañadas por una sola falla. Todos siguieron esperando contra esperanza; y cuando hubieron probado al experimentar que un primer préstamo era menos rentable para el público que para ellos, aun así, estuvieron listos para darle al público la oportunidad de que les fuera mejor la siguiente vez. No se esperaba que las recomendaciones del comité propusieran un único remedio de gran eficacia para la cura de los trastornos revelados en su informe.

Sin embargo, es algo de lo que el público debe estar informado, con la autoridad de un comité parlamentario de mayor importancia que la habitual, que personas de la talla de los señores Bischoffsheim y Goldschmidt, los hermanos Waring, el señor Albert Grant y el señor Samuel Laing han introducido préstamos al público "sin importar los recursos financieros del país prestatario"; que han violado proyectos "para los que se utilizarían los ingresos en trabajos para el desarrollo de los recursos industriales de los diferentes países"; que, con el propósito de inducir al público a prestar dinero con garantías totalmente insuficientes, recurrieron a medios "que en su naturaleza y objeto eran flagrantemente engañosos"; y que, al aprovecharse de la credulidad de ciertas clases de la comunidad, "han obtenido su dinero y han traicionado sus intereses".

El apreciar en qué tipo de hombres han puesto su confianza es la primera lección que el público tiene que aprender, y no se pueden quejar de que esta verdad no se exponga de manera suficientemente clara en el informe del comité selecto de préstamos foráneos.

**Fuente: Philadelphia Inquirer**

### 1875-agosto-23
## EL PRÉSTAMO DE HONDURAS
**La siguiente correspondencia referente al asunto de los préstamos de Honduras ha sido recientemente publicada: No. 1: "Señor Gutiérrez al Earl de Derby" (recibida el 03 de agosto).**

"Legación de Honduras, Cornwall-house, Tufnell-park, Carlton-road, Londres, 03 de agosto.

"Mi señor, el reporte que el Comité Selecto de Préstamos Foráneos presentó a la Cámara de los Comunes el 30 de julio del mes pasado y que se distribuyó públicamente de forma impresa, ha atraído dolorosamente mi atención, no solo porque se basa en evidencia notoriamente parcial, mucha de la cual era imposible de refutar o debilitar debido a la organización anómala del Comité Selecto, sino también porque el Comité Selecto, rebasando, en mi opinión, sus poderes, trae una censura muy grave sobre mis actos oficiales como representante de mi gobierno con la mejor intención, una censura que yo considero tanto injusta como irregular. Injusta porque no está basada en la plenitud de las pruebas que requieren la imparcialidad y la justicia; irregular porque el Comité Selecto de Préstamos Foráneos no estaba y no podía ser autorizado para arrojar tal censura en los actos del ministro de asuntos exteriores, hechos en el nombre de su gobierno; una censura injusta, mi señor, porque está fundada en evidencia parcial, en contra de la cual no se permitió ninguna confrontación legal, aunque, evidentemente, algunos de los testigos se perjuraron; y está fundada en la interpretación de las cláusulas en los contratos, interpretación que pertenece a los tribunales de justicia y no a un Comité Selecto de un cuerpo legislativo; una censura irregular, mi señor, porque no encuentro en qué parte de la ley pública o en la legislación constitucional inglesa, civil o criminal, el Comité Selecto puede confiar para constituirse a sí mismo como acusador y censor de los actos de un ministro de asuntos exteriores, hechos en el nombre de su gobierno, que los ha reconocido como propios y se ha hecho responsable por ellos.

"El reporte del Comité Selecto aún está incompleto en cuanto a los apéndices a los que se refiere; yo espero hasta que se hagan públicos para refutar y demostrar la inexactitud de algunas cosas que se declaran hechos reales en dicho reporte. Pero, mientras tanto, permítaseme negar en su totalidad y de una vez por todas algunas de las aseveraciones que constituyen la censura del Comité Selecto en mis actos oficiales.

"El reporte dice que yo fui parte de la compra de los cargamentos de madera, y que yo permití que el público fuera engañado por los anuncios de esos cargamentos. Esto es totalmente incorrecto. El gobierno de Honduras iba a recibir ciertas cantidades para organizar la tala de caoba; estas cantidades no pudieron ser remitidas todas a la vez. Y, como el gobierno no pudo organizar el corte de caoba por falta de fondos, compró y consignó cargamentos cortados por especuladores, y la Legación en Londres no sabía nada más en ese momento, salvo que fueron consignados a nombre del gobierno. El reporte dice que yo ayudé al Sr. Lefevre a apropiarse de grandes cantidades de los préstamos a los que no tenía derecho. Esto también es incorrecto.

El señor Lefevre quizá interpretó algunas cláusulas de los contratos de tal modo que sus interpretaciones lo llevaron a creer que podría apropiarse de esas sumas. Pero esa no era la naturaleza de los contratos cuando fueron firmados, y mucho menos con mi consentimiento. Y es una cuestión legal si dicha interpretación es equitativa, ya que no se han cumplido las otras cláusulas de los contratos que se relacionan con el objeto principal de la aplicación de los préstamos. El Comité hace la acusación más injusta de que yo, después de haberlos ofrecido, no entregué al Comité todos los documentos que podrían arrojar claridad al asunto.

Esta afirmación es totalmente incorrecta. El mismo día después de la cita del Comité yo ofrecí voluntariamente todos los antecedentes que estaban a mi alcance. Inmediatamente envié (en español y después en inglés) la "Cuenta Histórica", que podría servir como base para que el Comité llamara a testigos y para pedir cualquier documento o antecedente que pudiera servir como comprobante o pudiera arrojar claridad a la cuestión. El Comité Selecto no me ha pedido ningún documento, con excepción de aquellos que recibí de los señores Ford y Widdecombe, los cuales yo ofrecí poner, y puse, a la disposición del Comité tan pronto como extraje de ellos notas importantes para mi propia seguridad y los intereses de mi gobierno. La Legación no había podido obtener estos documentos y libros que estaban en posesión de los señores Ford y Widdecombe, ni los habría obtenido sin la iniciativa del Comité Selecto, solamente mediante una solicitud a los tribunales. Por otra parte, yo, mediante su Excelencia, he dado todo tipo de explicación en mi poder, y he rogado, persistentemente, que el Comité indique qué documentos o explicaciones podría requerir de la Legación.

El presidente del Comité Selecto, el señor Lowe, expresó su opinión de que debería presentarme para dar pruebas. Mi evidencia, dada sin tener a la mano todos los documentos necesarios para que me sirvan de guía y sin tener un defensor que me brinde asesoramiento sobre las preguntas pertinentes, podría haber causado daños serios a los intereses que están en litigio o a las personas que no tienen derecho a la defensa que es otorgada en los tribunales de justicia. Además, el creador del Comité, Sir H. James, se había convertido en mi acusador al solicitar el nombramiento del Comité Selecto, y en ese Comité, era él quien dirigió la examinación de una cuestión que él ya había prejuzgado.

"El Comité Selecto también declara, basado en evidencia, que la parte del ferrocarril que ya está construida está abandonada. Esto también es incorrecto. La vía férrea está trabajando, hasta donde está construida, en la actualidad, bajo la inmediata inspección del gobierno y la dirección del vicecónsul inglés, el señor Bain.

"Espero, mi Señor, que las explicaciones anteriores lleven convicción a la mente de Su Excelencia de que en la parte que he tomado al contratar con los señores Bischoffsheim, en el nombre de mi gobierno, por los préstamos para construir el ferrocarril de Honduras, no solo actué con la mejor intención, sino que obedecí las instrucciones de mi gobierno con el propósito de completar el las vías en medio de las circunstancias más difíciles; siendo ese el único objetivo que el gobierno tiene en mente, a cualquier precio y con cualquier sacrificio, bajo la convicción de que en la terminación de las vías férreas depende la capacidad del gobierno de cumplir sus compromisos o de hacer acuerdos equitativos con los tenedores de bonos.

Y desde este punto de vista, la censura aprobada por el Comité Selecto hacia mis actos en el nombre del gobierno, considerando las circunstancias imprevistas que los han accionado, carece de todo fundamento; porque no existía, de mi parte, la posibilidad de prevenir las consecuencias o de evitar los contratos que se hicieron.

(Firmado) *"Carlos Gutiérrez"*

## No. 2
## "El Earl De Derby Al Señor Gutiérrez.
## "Oficina De Relaciones Exteriores, 7 de agosto De 1875.

"Señor ministro, tengo el honor de reconocer el recibo de su carta el día 03 del mes presente, en la cual usted comenta sobre el reporte del Comité Selecto de la Cámara de los Comunes sobre Préstamos Foráneos. Tengo, etc. (Firmado) "Derby"

**Fuente: The London Times**

### 1875-agosto-28
# LOS PRÉSTAMOS DE HONDURAS

La siguiente correspondencia con el Sr. Gutiérrez con respecto a los préstamos de Honduras (en continuación de "Honduras No. 1", presentada al parlamento el 11 de agosto de 1875) fue publicada ayer:

### No. 1
### "Señor Gutiérrez al Earl de Derby.
### (Recibida el 07 de agosto)
### "Legación de Honduras, Cornwell-house, Tufnell-park, Carlton-road, Londres, 07 de agosto de 1875.

"Mi señor, he leído en los periódicos que Sir John Lubbock ha dado aviso, 'de que el próximo lunes, él le preguntará al subsecretario de Estado de Asuntos Exteriores si, a consecuencia de la declaración en el Reporte del Comité de Préstamos Foráneos, se han tomado acciones por el gobierno de Su Majestad referente al representante de Honduras en Gran Bretaña'.

"En la comunicación que yo dirigí a su Excelencia el día 03 de este mes, tuve el honor de declarar a su Excelencia que la censura que el Comité ha aprobado en mis actos oficiales, como representante de mi gobierno, es injusta e irregular; asimismo, refuté algunos de los puntos en los que se basa dicha censura. De la misma manera, le informé a su Excelencia que estoy preparando una refutación de los cargos sobre los cuales está basada la censura en la parte que afecta al cumplimiento de mis deberes oficiales. Cuando esa refutación esté ante su Excelencia, su Excelencia será capaz de discernir que la censura del Comité ni siquiera se basa en la exactitud de los hechos, y todos los actos oficiales en los que, como representante del gobierno de Honduras, he tomado parte, en conexión con esos préstamos y el ferrocarril, han sido llevados a cabo con la mejor de las intenciones, tanto por el gobierno que las ordenó y por mi parte, quien ejecutó dichas órdenes.

"Mientras tanto, mi señor, solo puedo protestar en contra de las consecuencias que puedan sobrevenir, tanto a los intereses de mi gobierno como a los proyectos de los acuerdos hechos con los tenedores de bonos, si, como resultado del reporte del Comité, se toma una iniciativa en el parlamento que no se base en los hechos definidos por un tribunal competente.

"Le repito, etc.,

*"Carlos Gutiérrez"*

### No. 2
### "El Earl De Derby Al Señor Gutiérrez.
### "Oficina De Relaciones Exteriores, 12 De agosto De 1875.

"Señor ministro: tengo el honor de reconocer el recibo de su carta el día 07 del mes presente, en relación al reporte del Comité Selecto de la Cámara de los Comunes de Préstamos Foráneos.

"Tengo, etc.

"Derby".

## No. 3
## "Señor Gutiérrez Al Earl De Derby.
## (Recibida el 12 de agosto)
## "Legación De Honduras, Cornwall-House, Tufnell-Park, Londres, 11 de agosto De 1875.

"Mi señor, la profunda aflicción moral que he sentido por los cargos más injustos y crueles hechos en contra de mi persona, y especialmente la pregunta hecha en la Cámara de los Comunes el lunes pasado, me han hecho imposible escribirle a su Excelencia hasta ahora sobre este asunto. Y ahora solo escribo para repeler con indignación tales inculpaciones mal intencionadas.

"Los préstamos de Honduras, mi señor, fueron emitidos para el único propósito de abrir un ferrocarril interoceánico de mar a mar en Honduras, para la gran ventaja y beneficio de Gran Bretaña, de mi país y del mundo entero, como se expresa en tratado solemne hecho entre Inglaterra y la República de Honduras.

"En conformidad con las instrucciones de mi país, he trabajado por cuatro años en esta dirección y me aferro a afirmar, con una buena conciencia, que el regir de mis acciones y de mi conducta ha sido el de llevar esa magnífica empresa a una conclusión y terminación exitosas, con la completa y total exclusión de los puntos de vista personales que me han sido imputados con tan flagrante injusticia.

"El Comité Selecto, en su reporte, no ha tomado en cuenta el tratado al que me refiero ni a ninguna evidencia que muestra la excelencia y el valor de la vía interoceánica de Honduras ni los vastos e inagotables recursos de mi país. Puedo demostrar que los ataques hechos contra mí carecen de fundamentos, y esto podré probarlo en la declaración documentada que estoy preparando y que pretendo, con el favor de su Excelencia, enviarle en unos días.

"En conclusión, permítame, mi señor, expresarle mi gratitud por la respuesta dada en la Cámara de los Comunes por el muy honorable subsecretario de Asuntos Foráneos, una respuesta que, su Excelencia me permitirá decir, lleva la estampa de la rectitud y hombría inglesas y es todo lo que yo podría desear.

"Le reitero, etc.

*"Carlos Gutiérrez"*

**No. 4**
**"El Earl De Derby Al Señor Gutiérrez.**
**"Oficina De Relaciones Exteriores, 13 de agosto De 1875.**

"Sr. ministro, tengo el honor de reconocer el recibo de su carta del 11 del mes presente, que contiene más comentarios sobre el reporte del Comité Selecto de la Cámara de los Comunes de Préstamos Foráneos.

"Tengo, etc.

*"Derby"*

**Fuente: The London Times**

**1875-septiembre-23**
# EL COMITÉ DE PRÉSTAMOS FORÁNEOS

El libro azul del Comité de Préstamos Foráneos, con reportes, notas literales de la evidencia, apéndices y diagramas ilustrando el gran ferrocarril para barcos a través de la parte más estrecha del continente sudamericano, ahora se puede comprar en Hansard´s, Great Queen-street, Lincoln´s-inn-fields, por 8a. 6d., aunque su producción les ha costado a los tenedores de bonos británicos poco menos de diez millones de libras. Es posible que se hubieran ahorrado más millones que ya se han perdido prácticamente en préstamos que no fueron objeto de investigación si este libro hubiera aparecido en 1865 en vez de en 1875.

El panfleto, publicado por el representante del gobierno de Honduras y reimpreso en su totalidad en el libro azul, contiene la lección que para este momento ya conocemos de memoria, pero que viene con una novedad refrescante de tal trimestre: "Aquellos que especulan sobre el cambio e invierten su dinero en acciones públicas que tienen un interés del 10 por ciento, comprándolas por la quinta o la décima parte de su valor nominal, deben suponer que hay una gran probabilidad de perder su dinero y no se deben quejar si esa probabilidad se convierte en un hecho".

Sin embargo, esta no es la única lección que podemos aprender de las revelaciones del Comité. No solo enseñan principios generales, sino que se refieren muy directamente a personas particulares. Expresan una fuerte opinión de don Carlos Gutiérrez, ministro de Honduras en este país, en su reporte, que imprimimos el 31 de julio, y, en los volúmenes que tenemos ante nosotros, dedican espacio en su elaborado índice y análisis a los siguientes encabezados: "Obstáculos puestos por don Carlos Gutiérrez en cuanto a su asistencia ante el Comité, y en cuanto a proveer las pruebas documentadas"; "Antecedentes y carácter personal de don Carlos Gutiérrez", y, finalmente, "Conclusiones del Comité en fuerte desaprobación de la conducta del ministro de Honduras".

Bajo el primer encabezado, el Comité dice: "Ningún documento o información de cualquier tipo en relación a los préstamos de Honduras (con excepción de lo contenido en la "cuenta histórica") fue entregado por Don Carlos Gutiérrez, hasta que en el día 14 de la investigación se comprobó que él tenía ciertos documentos importantes en su posesión, que luego envió al Comité".

El segundo encabezado hace referencia a la disputa sobre si el Sr. Gutiérrez fue alguna vez empleado en una casa comercial. El señor Hart, un comerciante sudamericano y cónsul, estando bajo juramento ante el Comité, dijo lo siguiente del señor Gutiérrez:

"Creo que él era empleado de alguna firma comercial en Liverpool y después vino a Londres y permaneció en Londres por algún tiempo, y después se convirtió en ministro de Honduras o fue nombrado ministro de Honduras por su gobierno".

La respuesta de Don Carlos se encuentra en el siguiente documento entregado por el señor Lowe, enumerado 17 en el apéndice, página 128 del libro azul: "33, Bedford-street, Covent-Garden, 12 de abril de 1875.

"El señor Don Carlos desea que su abogado, el Sr. Francis Hughes, explique que la declaración hecha al Comité sobre que él fue un empleado de una casa comercial pudo haber surgido de que le ofrecieron ser parte de una sociedad en una casa comercial, y que niegue categóricamente la declaración hecha por el señor Gossip con relación a los £4,600 en joyas que se dice fueron presentadas a la señora Gutiérrez.

"Hughes & Son".

Hay otras dos referencias al carácter personal y antecedentes de Don Carlos Gutiérrez. Primero está la experiencia del capitán Pim, que incluye no solo al ministro, sino a todos los caballeros relacionados con los préstamos, todos aquellos que, de acuerdo con el panfleto, están contaminados con el "pecado original" del proyecto. El capitán Pim dijo en su evidencia:

"Todas mis comunicaciones con Don Carlos Gutiérrez y los caballeros que han sido relacionados con estos préstamos han sido, en verdad, enteramente sobre asuntos de tránsito; pero siempre los he encontrado tan directos y honorables como cualquier hombre que haya conocido".

Las otras referencias en el índice son hacia el panfleto de Honduras, y concluyen con la cita de una metáfora difícil, según la cual el ministro de Honduras era tan interoceánico como su ferrocarril intentaba ser, y revivió igual de seguido: "Él frecuentemente era la víctima sacrificada de un lado por los intereses del ferrocarril y de su país, y del otro lado por las quejas de los tenedores de bonos y las dificultades en Europa".

En cuanto a otras dos personas prominentemente conectadas con los préstamos de Honduras, el reporte del Comité ha enajenado al señor Lefevre, y el señor H. L. Bischoffsheim está en procedimientos legales pendientes.

El libro azul muestra la manera en la que se preparó el reporte del Comité. Sir Henry James presentó el borrador del reporte sobre los préstamos de Honduras, que después fue editado por el Comité. El señor Edward Stanhope preparó las narrativas de Santo Domingo y Costa Rica, y el señor Watkin Williams la historia de los préstamos de Paraguay. El señor Lowe contribuyó con las enérgicas oraciones en las que se describen los trucos del comercio del prestamista en términos generales, y Sir H. James, Sir. H. Holland, y el señor Walter son responsables por la interpolación de los párrafos sin los cuales el reporte habría estado incompleto.

El trabajo de contador para el Comité fue realizado a cargo público por el señor Edwin Waterhouse, de la empresa de Price y Waterhouse, pero todo el gasto de la investigación, incluyendo los subsidios para los otros testigos, parece que solo fue de £134 y 4 chelines, o no tanto como el costo de emplear a un abogado por un día en relación con el mismo negocio en una ley judicial. De hecho, el Comité se reunió 25 veces, examinó testigos en 15 reuniones, y el número de testigos examinados fue de unos 50. Ya hemos informado de la parte principal del contenido de este libro, pero el hecho de que contiene 710 páginas y 6,689 preguntas, para las cuales en su mayoría tienen respuesta, es suficiente para demostrar que aún no se ha analizado a cabalidad.

Cuando la investigación preliminar sobre la práctica de la Bolsa de Valores se dejó para el historial de préstamos particulares, el Comité comenzó con la del Ferrocarril de Honduras, y la mitad de la evidencia tomada se relacionó con esa especulación notoria. Se demostró que el Comité estaba lejos de investigar en profundidad las transacciones que, aunque transfirieron muy poco dinero a la tesorería de Honduras, disfrutan del nombre de los préstamos de Honduras, cuando, casi en la última sesión, apareció un testigo y dio información completamente nueva en una parte de la historia posterior a la revelada por la evidencia del señor Davids. También se puede inferir del hecho de que don Carlos Gutiérrez, el señor Henry L. Bischhoffsheim y el señor Charles Joachim Lefevre permanecen sin examinar. Uno mantuvo las inmunidades de su carácter diplomático, a las que el coronel

Méndez, por ejemplo, y el señor Herrán renunciaron; el otro fue excusado a su petición, y el tercero (que está fuera de jurisdicción) puso condiciones que el Comité no aceptaría.

Esta ausencia es en parte pérdida del público, y en parte, tal vez, de los caballeros que no comparecieron, porque las cosas que podrían haber explicado, en cierta medida, serán tomadas en su contra. Nosotros, sin duda, hemos publicado contradicciones de declaraciones hechas ante el Comité en la forma de cartas del señor Gutiérrez, el señor Frank A. Mori, y el señor Lefevre, y no deseamos restar valor a las contradicciones hechas de esa manera. Sin embargo, los caballeros que adoptan este tipo de defensa deben recordar que es posible que el público otorgue mayor peso a las declaraciones bajo juramento de testigos que se hayan sometido a examinación.

La figura central en las transacciones de Honduras es, indudablemente, el señor Lefevre. El público ha conocido la historia del señor Lefevre al revés. El Comité hace referencia a un registro del señor Lefevre en los libros de la policía de París, condenado por incumplimiento en 1856 a dos años de prisión por abuso de confianza. El señor Lefevre después aparece, en 1864, como socio de Haye, un suizo, en una pequeña oficina en Lombard-street, con las palabras "Agencia Financiera Ferroviaria" grabadas en su puerta, con un empleado, y llevando a cabo, en su calidad de agente financiero ferroviario, una especulación en hielo bajo el título de "Casas de hielo unidas".

*Cuatro años después, el señor Lefevre empieza a comprar y vender escrituras por cientos de miles, contratando con grandes casas como Bischoffsheim y Goldschmidt y con un ministro de Estado, corriendo caballos de carreras, comprando pinturas de Gérôme y trayéndolas a Lombard-street "para ser exhibidas en su oficina para la edificación del público". Toda esta riqueza fue adquirida siguiendo la regla comercial más simple: comprar en el mercado más barato y vender en el más caro. Es decir, compró bonos a los representantes del gobierno de Honduras y los vendió al público británico. Los bonos no subieron de precio para el señor Lefevre con el tiempo, sino que, al contrario, se hicieron más baratos para él gradualmente hasta que los bonos de £100 del préstamo de 1867 alcanzaron el límite de £68 y 12 chelines en el último periodo de 1869. Por otra parte, en el mercado de acciones, poco después de que se concluyeron sus contratos con los fideicomisarios, aumentaron rápidamente hasta alcanzar el precio de 94 o 95 en 1868 y estaban en promedio de 85 en 1869. En 1870 y 1871 el precio promedio era de £80. La caída precipitosa no ocurrió sino hasta mediados de 1872, pero entonces fue tan sorprendente que un clérigo del país que había invertido en los bonos pensó que había habido un terremoto "que se había tragado todo el precioso lugar".*

*Los medios por los que se aseguró este incremento extraordinario fueron detallados en parte por el señor Richard Evans, quien decía haber sido pagado por el Sr. Lefevre a una tasa que haría que sus ganancias del préstamo de 1870 ascendieran a al menos £10,000, ya que dijo que se le permitió un 1 por ciento en una suma entre £1,000,000 y £2,000,000. Las ganancias del señor Lefevre estaban en una tasa mucho mayor. Mientras que las acciones estaban en las manos de los fideicomisarios, él recibió intereses de ellos, y, al mismo tiempo, se le estaban pagando comisiones por pagarse intereses a él mismo. Primero se compraron las acciones "de vuelta", luego fueron distribuidas al mercado con discreción.*

*Durante la última parte de 1868 y en 1869, el señor Lefevre estaba vendiendo a los comerciantes el préstamo de 1867 a precio de mayorista. Un comerciante tomaría £30,000 y estipularía que el señor Lefevre no debería de vender más ese mes. El comerciante después "haría su negocio" y vendería los bonos al público.*

*El señor Lefevre mismo pagó a los fideicomisarios por bonos, siendo el valor de mercado de estos de £707,004 y 14 chelines, £622,043 y 4 chelines, o £84,361 y 10 chelines menos que el valor de mercado. Sin embargo, hubo subsecuentemente una convención en octubre de 1869. Parece haberse realizado en un momento en que se temía que todas esas transacciones (que en ese momento estaban enriqueciendo a todos, prestatarios, prestamistas e intermediarios) terminarían por el impago de intereses. Lefevre, en virtud de esta convención, acordó pagar £8 por bono por encima del precio del contrato de sus ganancias a un determinado fondo para proporcionar intereses, pero las sumas así pagadas le serían devueltas, si de hecho eran devueltas. £36,440 deben ser agregados a sus ganancias.*

*Desafortunadamente, los libros mostrados solo llegan a cierta fecha y no lo muestran todo. El señor Lefevre pudo haber conseguido un total de £120,000, pero la evidencia sobre su lanzamiento en el hipódromo y la exhibición de pinturas costosas en su oficina en Lombard-street hacen referencia al préstamo de 1870. Vendió a los intermediarios, a través del señor Evans, a un poco por debajo del precio de mercado, a £78, por ejemplo, cuando él estaba comprando a £76 o £68, y las ganancias de estos intermediarios eran mucho menores que las suyas. Fue, quizás no sin gastos por su parte, que el precio de mercado se hizo tan alto. Para "soportar la carga" pudieron ser necesarias compras, y tal vez la forma en la que el préstamo de 1867 se hizo fue, principalmente, en preparación para la gran cuestión de 1870.*

*Mediante atractivos retiros a la par de acciones que realmente no se pagaron (permanecieron en su mayor parte en manos de los fideicomisarios), mediante compras de enormes cantidades en las que el vendedor contrató para entregar bonos que luego descubrió que solo podían ser adquiridos comprándolos a su comprador y mediante una hábil manipulación de la mente pública, los bonos subieron de precio. Míster Lefevre los vendió al público o a intermediarios, y pagó por ellos a los fideicomisarios del gobierno de Honduras. Tomando juntos los ingresos del préstamo de Londres de 1870 y de la parte del préstamo de París de 1869 que fue vendido en Londres (dos quintas partes), £2,051,000* vino a las manos de los fideicomisarios del gobierno de *Honduras, de la cual la cantidad de £731,838 se pagó de vuelta al señor Lefevre por intereses y comisiones.*

*Si a esta cantidad él agregaba £50,000 para mantener el crédito de Honduras, y £176,770, el valor de los pagos adeudados por él y remitidos por los representantes del gobierno, el señor Lefevre recibió en total £958,608. Los fideicomisarios fueron pagados mediante comisiones, y durante varios periodos fueron, además del ministro, los señores Cottrell, Davids, Barnes, Ford, Widdecombe, Blyth, H. L. Robinson, Kerferd, Haslewood y el capitán Pim (quien recibió, de acuerdo a su propia evidencia, £2,000 por el trabajo de un año como fideicomisario y £1,500 durante el mismo periodo como comisionado).*

*La deuda actual del país no es tan larga como el valor nominal de los préstamos, porque algunos de los bonos se han extinguido por amortización. El Comité calcula que asciende aproximadamente a £6,527,393, de los cuales £1,230,164 corresponden a intereses de demora. Lo que se piensa de la posibilidad de pago puede deducirse del hecho de que el precio en el mercado ahora es de aproximadamente £3 por bono de £100, por lo que toda la deuda tiene un valor teórico de £179,703, o mucho menos de la mitad de los intereses de un año.*

*El capitán Pim, sin embargo, tiene la opinión, de acuerdo a su respuesta a la pregunta 2,033, de que si los tenedores "se aferran a sus bonos, obtendrán su dinero de ellos". Sin embargo, el capitán Pim admitió, el mismo día, que había razones por las cuales su juicio no debería ser conclusivo. "Yo no profeso ser un financiero", él dijo, y añadió: "Yo entré a este asunto porque dediqué 15 años de mi vida al asunto del tránsito a través de Centroamérica. Vi su enorme importancia, y había gastado miles de mi dinero en interés de mi propio país". Sin embargo, él nunca había estado en Honduras. Otro testigo, que parece que nunca estuvo en Honduras tampoco, el señor Haslewood, un antiguo fideicomisario del capitán Pim, dijo:*

*"Sé que hay un lugar en Honduras, en lo que ha sido llamado un desierto, de más valor que las Islas Chincha, y si el ferrocarril puede ser traído a ese lugar, o cerca de ese lugar, hay tres millas y media en longitud y una de anchura, y tiene un sulfato de cobre con valor de £23 la tonelada. Hay canteras allí mejores que las de Pentolicus, y la madera es maravillosa en su extensión y valor".*

*Su consejo para los tenedores de bonos era que fueran y trabajaran ese desierto. Él nunca había estado allí, pero había estado en lugares peores, dijo. Sin embargo, el señor Cavendish Taylor, del regimiento 95, ha visitado Honduras, y él jura que el país en toda su extensión era jungla y desierto, "el país más olvidado por Dios", sin europeos excepto por unos pocos en la costa.*

**Fuente: The London Times**

<br>

*1875-septiembre-24*
# EL COMITÉ DE PRÉSTAMOS FORÁNEOS

Siguiendo con el estudio del libro azul de Préstamos Foráneos al que hicimos referencia ayer, el lector encontrará una interesante disputa sobre unas cartas que sin duda fueron recibidas en el verano de 1872, y que presuntamente vinieron desde la Legación de Honduras. Posteriormente se negó que se hubieran enviado estas cartas, y por tanto es interesante analizar los relatos exactos tal como se dieron. El reverendo Thomas Simpson, un clérigo de la Iglesia de Inglaterra que reside en Thornton en el placentero vecindario de Pickering, en Yorkshire, tenía algunos bonos del préstamo de Honduras de 1870, y para finales de junio de 1872 descubrió, para su infortunio, una caída repentina del precio. A continuación, procedió a escribirle a Don Carlos Gutiérrez el 01 de julio de 1872 una carta, y la siguiente es una copia sustancial:

"Saludos cordiales a su Excelencia. Siendo yo un tenedor mayoritario de bonos de Honduras, la tan grande y repentina caída de estos me ha causado una gran ansiedad, no solo por mi propia cuenta, sino también por una o dos viudas a las que he inducido a comprar. Por lo tanto, me sentiría muy agradecido si usted fuera tan amable de informarme si existe razón para tal preocupación, y especialmente si el dinero estará a la mano para el pago del fondo de amortización en diciembre, y los intereses en enero próximo; pues, de ser así, los bonos sin duda se levantarán pronto. También me sentiría agradecido si usted pudiera confirmarme que no hay verdad en los informes de que los trabajadores se han ido, etcétera, y de que las vías férreas se han abandonado. Esperando que me disculpe por la libertad que me he tomado al escribirle por este medio, quedo, etc".

"Ahora, ¿recibió usted esta respuesta con fecha del 03 de julio?", dijo Sir Henry James mientras le daba una hoja al testigo.

—"Así es".

"Tiene el encabezado: 'Gobierno de Honduras, Agencia Financiera, 8, Moorgate-street', y parece tener puesto el sello de la República. 'Señor, en respuesta a su carta del día primero de este mes, deseo informarle que el gobierno tiene en sus manos los fondos para el fondo de amortización de diciembre y el cupón pagadero para el día primero de enero próximo. Con respecto a sus otras dudas, su Excelencia Don Carlos Gutiérrez está esperando más información (la cual espera pronto) antes de responder de forma definitiva a los muchos rumores e informes que se han presentado recientemente. Con respecto a los informes de que la vía férrea había sido abandonada y de que los trabajadores habían regresado, etcétera., tengo autorización del ministro para negar tales afirmaciones, al ser totalmente falsas. Estoy, señor, a su entera disposición. R. de Silva, secretario'. Después aparece una firma que es algo difícil de leer; ¿se trata de un jeroglífico? Ni yo ni nadie más hemos sido capaces de descifrarla".

"Ahora, supongo que usted escribió una respuesta".

— "Creo haberle escrito el siguiente día a su Excelencia para agradecerle por la información".

"Su carta decía algo como esto: 'Respetuosamente le agradezco a su Excelencia por la carta que he recibido, en la que declara que se tiene el dinero en mano para el pago de los intereses en enero próximo, lo que ha aliviado en gran manera mi ansiedad'".

—"Y en ese momento esto fue verdad".

"El paro ocurrió, como ahora sabemos, en otoño de 1872. Supongo que no recibió más dinero de ese préstamo".

— "No, nada".

"¿Y volvió a escribir en 1874?".

— "No, en enero de 1873, cuando no se nos pagaron los intereses el 01 de enero, como se me había dicho que ocurriría según la carta que había recibido".

"¿Y qué hizo entonces?".

—"Le escribí para recordarle sobre la carta que había recibido".

"¿Recibió una respuesta a esa carta?".

—"Recibí una carta que me dejó completamente perplejo, en la que decía que nunca antes había escuchado acerca de mí".

"Me parece que le escribió de nuevo en julio de 1874, ¿verdad?".

—"Así es".

"¿Y es esta la respuesta que recibió?", dijo mientras le daba una carta al testigo.

— "Sí".

"Esta es una carta escrita desde 'Cornwall-house, Tufnell-park, Londres, 29 de julio de 1874', y porta, de nuevo, el sello de la Legación de Honduras: 'Estimado señor, su Excelencia el ministro de Honduras me ha solicitado que le informe de la recepción de su carta del 22 de julio. Le informo, en respuesta, que el primer secretario de esta Legación, el señor de Silva, no pudo haber firmado la primera carta a la que usted se refiere, ya que él estaba en Honduras durante ese tiempo, a donde se le había enviado en una misión especial relacionada con los asuntos europeos de la República. El señor Silva tampoco pudo haber dado su autorización para cualquier declaración inexacta o infundada. Por tanto, dicha carta debe ser considerada como no auténtica. La acción más aconsejada en relación a sus bonos sería esperar un poco más de tiempo, mientras se completan los arreglos que, finalmente y en una fecha no muy distante, llevarán a resultados satisfactorios. Tengo el honor de quedar, estimado señor, a su entera disposición. Ernesto O'Meaghep, secretario secundario'. Es decir, ¿secretario secundario de la Legación de Honduras?".

—"Así es".

"¿Después recibió esta otra carta con fecha del 11 de febrero de este año?", dijo mientras le daba una carta al testigo.

—"Sí".

"Esta carta dice lo siguiente: 'Señor, su carta del 08 de este mes ha sido recibida en esta Legación. En respuesta, solo puedo repetirle que ni el gobierno ni el ministro de Honduras dieron órdenes para escribir la carta a la que usted hace alusión, y tampoco escribí yo esa carta, ya que me encontraba fuera de Inglaterra. Debido a eventos en Europa, dificultades financieras en este mercado, las guerras civiles en Centroamérica y muchas otras circunstancias desafortunadas que serían demasiadas para recapitular, el gobierno de Honduras, a pesar de su más ferviente deseo, ha sido incapaz de pagar los dividendos del préstamo al que hace referencia. Sin embargo, como prueba evidente de la buena voluntad con la que el gobierno desea proceder, han hipotecado sus extensos y ricos territorios a los tenedores de bonos, y han hecho otras valiosas concesiones que tarde o temprano podrán redimir con amplitud a su crédito. Estas concesiones recientemente se le han otorgado a la Compañía del Ferrocarril Interoceánico de Honduras, 4, Westminster-Chambers, Victoria-street, compañía que ha tomado el proyecto de terminar las vías de mar a mar, un tercio estando ya abierto al tráfico. Con relación a más detalles sobre la situación actual, puede dirigirse usted mismo al secretario de la Compañía del Ferrocarril Interoceánico de Honduras a la dirección ya mencionada. Con respecto a su reclamo específico por el cual usted ha escrito en varias ocasiones a esta Legación, deseo informarle que sus cartas se reenviarán al gobierno de Honduras en la primera oportunidad, ya que esta Legación no tiene instrucciones para atender reclamos como los suyos. Tengo el honor de quedar, señor, con la mayor consideración, a su completa disposición, R. de Silva'. ¿Esta carta tiene el mismo encabezado que la carta del 29 de julio del mes pasado, es decir, Legación de Honduras?".

—"Sí".

"También creo que hay otra carta, que usted recibió con fecha del 16 de febrero".

—"Sí".

"Supongo que usted siguió escribiendo".

—"Sí, le escribí de nuevo; usted tiene en su posesión una copia de la carta que le envié a él".

"Y la respuesta de la Legación de Honduras fue: 'Señor, he recibido su carta del día de ayer. Puedo notar que usted sigue diciendo que ha recibido una carta de la embajada en la que se informaba que el dinero estaba en mano para pagar los dividendos y el fondo de amortización del préstamo del gobierno al que se refiere. Ahora debo informarle que tal carta no fue escrita en esta embajada, y que ni el gobierno de Honduras ni los ministros han autorizado (estoy leyendo a la letra lo que dice aquí) escribirle una carta a usted ni a ninguna persona. Si usted ha recibido de algún agente financiero del gobierno cualquier carta de ese tipo esto no es culpa del ministro, y usted actúa de manera errónea e injusta al tratar de imputarle un acto del que él no sabe nada en absoluto. Por tanto, no es un hecho el que usted haya recibido una carta de esta embajada o Legación del tipo que usted describe. Los contratistas del préstamo con el gobierno, sobre los que usted se queja, son los señores Bischoffsheim y Goldschmidt, y el agente el señor C. Lefevre, y es a estos caballeros a los que debe pedirles la información que desea. Tengo el honor de quedar, señor, con la mayor consideración, a su entera disposición. R. de Silva'. ¿Y esa fue el final de la correspondencia?"

— "No, recibí una carta de un abogado. Amenacé con tomar acciones legales, así que él me envió una carta de un abogado de una persona en Ohancery-lane".

Este testigo declara que cuando por primera vez recibió la carta en la que se le decía que el dinero estaba disponible, pensó que se trataba de un simple rumor de la bolsa el que lo había alarmado y que los precios se recuperarían, así que 'compró más bonos, lo que empeoró las cosas'.

El siguiente testigo fue el señor Hodges, un impresor de Fetter-lane, quien le escribió a la agencia de Honduras y recibió la respuesta que a continuación describe Sir Henry James:

"Esta es una carta con fecha del 19 de junio de 1872. Es una carta para usted, en el papel de Honduras, y que porta su marca: 'Señor, usted sin duda ha visto la carta que apareció en todos los periódicos del ministro plenipotenciario de Honduras. También soy capaz de informarle que una carta de la misma sustancia que la del ministro se ha publicado en el informe de la bolsa, con la adición de que los fondos están disponibles para el pago de diciembre y el cupón pagadero para el 01 de enero próximo. Usted sin duda sabe que los fondos mencionados el día primero de este mes para el dividendo de julio están depositados en el London and County Bank. Quedo, señor, a su disposición, a nombre de su Excelencia Don Carlos Gutiérrez, W. H. A. H'. ¿Esto es todo lo que recibió?".

—"Sí".

"¿Y se quedó con esa carta?"

—"Me quedé con la carta. Escribí de nuevo y entonces me refirieron a esta nueva maquinación de ellos en Parliament-street, y arrojé esa carta al fuego; pues de inmediato reconocí el valor de sus palabras. Sin embargo, debo decirle que en mis idas a esta Legación vi al capitán Pim varias veces".

"¿Cuándo fue eso?".

—"Cuando los bonos estaban cayendo. El capitán Pim me dijo que no me deshiciera de mis acciones; me dijo: 'si las dejas, tan solo alimentarás a los buitres'. Mi hermano, que está aquí, me acompañó; desafortunadamente él también se ha visto afectado por esto. Debí haberlas vendido en aquel momento".

"¿Cuándo fue cuando vio al capitán Pim?".

—"Me parece que después de que se escribió esa carta".

"¿La carta que tiene fecha del 19 de junio de 1872?".

—"Creo que fue después de eso. Sin embargo, vi al capitán Pim en varias ocasiones; me atrevo a decir tres o cuatro veces. Me decía: 'no vendas'".

"Según lo que puede recordar, ¿fue esto en 1872 o en 1873?".

—"¿Qué fecha tiene la nota de compra en la bolsa? Lo compré en abril, y recibí el dividendo el primero de julio, y después de eso me puse nervioso. —El testigo señala a la nota—. Debió haber sido en 1872".

"¿Volvió a ver usted al capitán Pim después de diciembre de 1872?".

—"Me parece que sí; estoy seguro de que sí".

"¿Qué le dijo después de 1872? Si es que le dijo algo".

—"Cuando fuimos a la Legación, nos dijo 'No vendan'. Fuimos llevados a su habitación. Me atrevo a decir que él pensó que veníamos demasiado; lo vimos más de una vez".

"¿Y él siempre les dijo que no vendieran?".

—"Sí".

Señor Ellice: "¿Cuál era el cargo del capitán Pim en el lugar en el que lo vieron?".

—"Supongo que era algo así como un gerente de la estafa".

"¿En qué lugar?".

—"En Moorgate-street".

"¿Fue en la oficina de la Legación?".

—"En la oficina de la Legación".

"¿Dónde hicieron los negocios?".

—"Donde hicieron los negocios y donde se hicieron los planes de esta gran maquinación".

Señor Kirkman Hodgson: "¿Le pareció que el capitán Pim tenía una habitación allí?".

—"Sí. Después de que tu nombre era anunciado tenías que esperar en la oficina exterior, y después eras llevado con el capitán Pim".

"¿Y el capitán Pim limitó sus comentarios al proyecto de las vías, o habló de manera general sobre la posición de los bonos?".

—"Yo le dije que estábamos preocupados por la caída que había ocurrido, y que era un asunto muy serio para mí; que parte de estos £1,500 pertenecían a un oficinista pobre que fue persuadido a comprar para aumentar sus ingresos".

El siguiente testigo llevó el asunto un poco más lejos, ya que él habló de cierta admisión del capitán Pim, quien, de acuerdo a su propia evidencia, actuó generalmente bajo la dirección de don Carlos Gutiérrez y fue nombrado por ese diplomático. Este testigo fue el señor Benjamin Loder Lewis, de Weybridge, y en 1872 él tenía bonos de dos préstamos de Honduras. Él fue examinado en primera instancia por Sir H. James.

Sir Henry James: "Cuando ocurrió la caída en 1872, ¿le escribió a Gutiérrez?"

— "Le escribí a Don Carlos Gutiérrez".

"¿Le pidió alguna información?".

—"Le pedí información de forma general".

"¿Sobre qué asunto?".

—"De forma general sobre el préstamo y específicamente sobre el pago del cupón y giro próximos".

"¿Recuerda usted a qué dirección escribió?".

—"Me parece que a su residencia, o la dirección de la Legación que encontré en el libro azul".

"¿Recibió esta carta en respuesta con fecha del 28 de junio de 1872? —le extiende la carta al testigo?".

— "Así es".

"Esta es una carta del 28 de junio de 1872 con el sello y papel oficial dirigida al Sr. Lewis, que dice: 'Señor, su Excelencia me ha entregado su carta del día 21 de este mes. En respuesta deseo informarle que las vías, que se están construyendo en tres secciones, están progresando de la manera más favorable posible. La primera sección ya ha quedado abierta y en funciones desde septiembre de 1871. La segunda sección quedará completada pronto, y la tercera está en construcción. La garantía es todos los bosques y dominios del Estado, así como la vía misma, que se ha hipotecado a los tenedores de bonos. La guerra es la causa de la depreciación en la bolsa, pero esto no tiene efecto en la vía, tal como puede ver en la carta del ministro que apareció en los periódicos del día 19 de este mes. Puedo informarle que los fondos están disponibles (Ford y Smith, 76, Cheapside, fideicomisarios para tenedores de bonos) para el giro de diciembre y para el cupón pagadero el primero de enero próximo'. Esto está firmado como 'Atentamente, R. de Silva, a nombre de W. H. A. H., secretario".

—"Sí".

"¿Me parece que no volvió a tener comunicación con la Legación?".

—"Sí lo hice. Algún tiempo después le escribí a Don Carlos Gutiérrez".

"¿Y recibió alguna respuesta?".

— "No recibí respuesta".

Sir Charles Russell: "¿Influyó en usted el hecho de que el nombre de Don Carlos Gutiérrez apareciera en el folleto informativo y en la publicidad relacionada con este préstamo para que hiciera la compra?".

—"No, no su nombre de forma individual, pero el prospecto y su carácter como ministro me dieron confianza. Estoy hablando del préstamo de 1867 y del otro préstamo. Me dirigí a él como ministro, y al no recibir respuesta de esa carta intenté con el capitán Bedford Pim, y de él obtuve una respuesta verbal de que 'su Excelencia (creo que usó esas palabras) no podía ser responsable de haber escrito esa carta', y ahí terminó el asunto. Estoy seguro de esas palabras; se me quedaron muy grabadas. Me las dijo el capitán Bedford Pim".

Sir Henry James: "¿Cuándo fue eso?".

—"No puedo recordar la fecha, pero fue después de la carta. Le solicité que llevara consigo una carta, y puse en sus manos la carta que yo había recibido de Don Carlos Gutiérrez. Le dije que yo había respondido a esta, lo que, claro está, no diría yo que fue una insinuación, pero dejé la inferencia de que la declaración era o cierta o falsa, y dejé que él lo juzgara, y solicité verlo y saber cómo podía darme tal respuesta. La respuesta que recibí del capitán Pim fue 'Su Excelencia no puede ser responsable de haber escrito esa carta'".

Míster Whitbread: "¿Qué lo llevó a buscar al capitán Pim?".

—"Al saber su relación con Honduras y que estaba ubicado en la casa de donde se había escrito esa carta me dirigí a él. Me reuní con él en ese lugar y en su despacho en Crown Office-row".

Míster Kirkman Hodgson: "¿Pareció él tener un puesto oficial en Moorgate-street?"

— "El testigo pasado dijo que pasó a un cuarto interior para verlo; eso me hizo recordar. Yo recuerdo lo mismo".

Míster Ellice: "¿Se dirigió a propósito a ver al capitán Bedford Pim?".

—"En Crown Office-row, sí".

"¿Por qué fue a pedirle información al capitán Bedford Pim?".

—"Porque yo tenía una carta para Gutiérrez, a quien le había escrito sin obtener una respuesta. Sabía que el capitán Bedford Pim tenía una relación estrecha con Gutiérrez, y le dije: 'Aquí está una declaración que creo que un caballero no debería de haber hecho. ¿Cuál es la razón de esto?'"

"¿Cómo sabía que el capitán Pim estaba relacionado con Gutiérrez?".

—"Por su reputación, su posición en el asunto de París, y su propia posición en Moorgate-street, en donde lo había visto. Cuando pregunté por Gutiérrez me llevaron con el capitán Pim en su lugar. Perfectamente recuerdo haber sido llevado al cuarto interior en donde estaba el capitán Pim".

"Usted dijo 'su posición en París', ¿a qué se refiere con eso?".

—"Para explicar a lo que me refería con su reputación añadí las palabras 'su posición', es decir, 'su posición en el asunto de París', cuando fue echado en prisión o algo parecido, si bien recuerdo. ¿No fue así?"

"Según lo que usted sabe, ¿cuál fue la posición de él en relación al préstamo de París?".

—"Hubo algunos periódicos que decían que él estaba en París con algún propósito a nombre de los tenedores de bonos".

Después de esta evidencia el Comité hace el comentario: "No se ha dado explicación de cómo es que cartas dirigidas al ministro no fueron respondidas por él, y en varias instancias fueron respondidas por alguien que no tenía autoridad para hacerlo".

Se ha perdido bastante por la destrucción de algunas de las actas de los fideicomisarios de Honduras. El señor James Ford explicó que en su tiempo las únicas actas fueron agendas en hojas de papel folio que se cancelaron mientras los libros contables eran redactados. Por tanto, no hubo actas regulares, y una de las hojas de papel que él pudo encontrar se veía tan ridícula que no pudo presentarla ante el Comité. Los especímenes de los registros de los fideicomisarios que se leerán en el transcurso de la examinación del señor Leonard Davids, uno de los primeros fideicomisarios, son suficientes para dejarnos deseando tener más, especialmente en vista de las declaraciones del señor Kirkman Hodgson sobre la creciente liberalidad en el asunto de los salarios mientras los préstamos avanzaban.

El siguiente diálogo es de la examinación del señor Davids por Sir H. James el día 18 de marzo:

"Ahora le pido su libro de actas, si tiene uno, para el préstamo de 1867". (El testigo presentó el libro).

"Quiero que explique esto. ¿Podría decirme qué hizo el 17 de marzo de 1871? En ese día hubo 'una reunión de los fideicomisarios generales del Préstamo de la Vía Férrea del Gobierno de Honduras de 1870, llevada a cabo en 80, Lombard-street'. ¿De quién es esa oficina?".

—"Del Sr. Lefevre".

"Viernes 17 de marzo de 1871. ¿Recuerda usted quiénes estuvieron presentes en esa ocasión?".

—"Supongo que solo yo, ya que el señor Barnes estaba muerto".

"'Presente L. Davids. Las actas de la reunión anterior fueron leídas y confirmadas'. ¿Se hizo eso de forma unánime? 'Se recibió una carta del London and County Bank... se escribió una carta para el London and County Bank para confirmar la recepción de la ya mencionada. Se recibió una carta de los señores Bischoffsheim y Goldschmidt, junto con una cuenta de ventas por Magdala, un cargamento de madera, por £995 y 16 chelines, por el que incluyeron un cheque, y cuya carta fue reconocida... según reporta el secretario'. ¿Supongo que él se lo reportó a usted?".

—"Sí".

"'Que el saldo en el London and County Bank la mañana del 17 de marzo llegaba a £708 con 9 chelines y 9 peniques'. Después veo 'Los siguientes cheques fueron girados (Fideicomisarios generales), L. L. Barnes, tres meses de salario al 17 de marzo, £166 13s. 4d.; L. Davids, ídem, £166 13s. 4d.; R. Evans, ídem'".

"En todas estas reuniones, y no deseo hacer un chiste de esto, ¿usted fue la única persona presente por meses?".

—"Después de que el señor Barnes murió no tuvieron nuevos fideicomisarios".

"Veo que usted estuvo girando cheques para los fideicomisarios de las vías férreas, que eran Gutiérrez y usted de nuevo. ¿Era usted fideicomisario de la vía?".

— "Sí".

"£600 al año en esa capacidad, ¿no es verdad?".

—"Sí".

"¿Así que usted estaba recibiendo £1,200 al año durante este tiempo?".

—"Sí".

"¿Y era usted oficinista para Bischoffsheim y compañía?".

—"Sí".

"¿Qué tan seguido se reunían? ¿Una vez al mes?".

—"No, alrededor de una vez a la semana".

"¿Siempre que lo veía apropiado convocaba usted una reunión?".

—"Sí".

Durante el siguiente día de la reunión del Comité, Sir H. James hizo más referencias al libro de actas en examinación del mismo testigo:

"El día 12 de agosto de 1869 aparece esta acta: 'Los fideicomisarios del ferrocarril hicieron un reclamo de que, de acuerdo con su título, ellos tenían derecho a un 4%'. ¿Gutiérrez fue uno de ellos?".

—"Sí".

"¿Fue usted durante este tiempo un fideicomisario de la vía?".

—"¿Firmé yo esa acta?"

"¿Estoy leyendo del libro de actas de los fideicomisarios generales?".

—"Sí, entonces solo era fideicomisario de la vía férrea".

"¿Pero estaba usted presente?".

—"Sí".

"Los fideicomisarios del ferrocarril hicieron un reclamo de que, de acuerdo con su título, ellos tenían derecho a un 4% de todo el dinero recibido por los fideicomisarios generales, y por tanto no se declararon satisfechos con la resolución adoptada por los fideicomisarios generales en su reunión del 19 de julio de 1869. Este reclamo fue investigado por los fideicomisarios generales y se encontró que estaba en conformidad con ambos títulos de fideicomiso de las vías y general. Al mismo tiempo se presentó la objeción de que si todo en un medio porciento tuviera que dividirse entre los fideicomisarios de la vía, no se había hecho una provisión para los fideicomisarios generales, y por estos últimos, al no estar dispuestos a dar sus servicios de forma gratuita, se tomaron las siguientes resoluciones con el consentimiento del ministro de Honduras. ¿Supongo que este es el señor Gutiérrez?".

—"Sí".

"'Quien ha firmado dichas resoluciones como prueba de ello; se resuelve por la presente que los fideicomisarios de la vía tienen que regresarles a los fideicomisarios generales las cantidades recibidas por ellos como remuneración el día 19 de julio, y en cambio tienen que recibir ½ porciento de todo el dinero recibido hasta esta fecha; se resuelve que en el futuro los fideicomisarios de la vía tienen siempre que recibir un medio por ciento del dinero recibido por los fideicomisarios generales después de la deducción proporcionada en la siguiente resolución. Se resuelve que, en consecuencia de las anteriores resoluciones, al no haber remuneración proporcionada para los fideicomisarios generales, quedan por la presente autorizados para reembolsarse a sí mismos un medio por ciento del importe bruto de todo el dinero que pase por sus manos', y entiendo que no había remuneración proporcionada para usted si los fideicomisarios de la vía tomaban su mitad, ¿verdad?".

—"Sí".

"¿Entonces usted hizo la resolución de darse a usted mismo otra mitad?".

—"El ministro nos dio autoridad".

"Y lo que entiendo es que, con la autoridad de Gutiérrez, usted tomó un medio por ciento del importe bruto recibido, y después los fideicomisarios de la vía tomaron un medio por ciento del 99 ½ porciento, o sea, después de deducir su mitad".

—"Sí, supongo que sí".

Siguiendo con su examinación del testigo sobre el punto importante del salario, Sir H. James preguntó a continuación:

"¿Qué es lo que recibió bajo el préstamo de 1870 como fideicomisario general? Fue un salario anual, ¿no es así?".

—"Sí".

"¿Cuánto?".

—"Había £4,000 al año designado para los fideicomisarios".

"¿Cuánto recibió usted? Veo aquí que £166 13s. 4d., ¿por trimestre?".

—"Sí, como fideicomisario general".

"Usted recibió £166 13s. 4d.; el señor Barnes recibió £166 13s. 4d.; el señor Evans recibió lo mismo, y Gutiérrez recibió lo mismo como fideicomisarios de la vía, ¿verdad?".

—"Sí".

"¿Y usted recibió otros £166 13s. 4d.?".

—"Sí".

"Después puedo ver que poco antes del 15 de abril de 1871 Barnes murió, pues leo 'Se escribió una carta para el London and County Bank en la que se adjunta para su utilización el certificado de defunción de L. L. Barnes, mediante la cual se traspasan los poderes al fideicomisario que sobrevive'. ¿Es esto correcto?".

—"Sí".

"¿Fue usted muy allegado al señor Barnes durante su vida?".

—"Lo conocí en esas reuniones, pero en realidad no".

"Lo pregunto porque veo el último acto oficial que usted hizo el día 04 de julio de 1871, cuando le rindió homenaje a su memoria, usted ordenó que se girara un cheque 'Para L. Barnes, difunto, tres meses de salario hasta el 17 de septiembre, £166 13s. 4d.' Usted obtuvo el salario por adelantado para usted del 04 de julio de 1871 hasta el 17 de septiembre; y aquí está un cheque 'para L. Barnes, difunto'. ¿Qué pasó con ese cheque?".

—"No lo sé — el testigo vio el libro de actas—. Ahora recuerdo. Hablé con el señor Lefevre y el señor Evans sobre eso, y ellos me dijeron que, como yo hacía su trabajo, tenía derecho a obtener su parte del negocio".

"¿Veo que solía obtener su salario por anticipado generalmente?".

—"Eso no lo recuerdo".

"El día 25 de abril de 1871 —sabía que el señor Barnes había muerto a finales de marzo o a principios de abril—, veo que 'se giraron los siguientes cheques'; es una reunión en la que estaba presente 'Yo, Davids', y nadie más. 'Las actas de la reunión anterior se leyeron y confirmaron. Se giraron los siguientes cheques: L. Davids, salario de un trimestre hasta el 17 de junio como fideicomisario general, £166 13s. 4d.; L. Davids, salario de un trimestre hasta el 17 de junio como fideicomisario de la vía, £166 13s. 4d.; L. L. Barnes, salario de un trimestre hasta el 17 de junio como fideicomisario general, que en consecuencia de su muerte se le agrega a L. Davids, £166 13s. 4d.'".

—"Yo no redacté esas actas".

"'Que en consecuencia de su muerte se le agrega a L. Davids'; ¿esto sí lo dice?"

—"No recuerdo eso; sabía que había algo por el estilo".

El señor Ford, un fideicomisario, dio en su evidencia en una ocasión posterior algo de información sobre un tema similar. El día 24 de junio fue interrogado por Sir H. James de la siguiente manera:

"¿Cuánto recibieron usted y el señor Widdecombe por su servicio anual?".

—"£2,000 al año".

"¿Cada uno?".

—"Sí. De esa cantidad yo le pagaba a una media docena de oficinistas; lo pagaba yo mismo y, por tanto, esa cantidad incluía un gran desembolso por la inmensa labor que teníamos".

"¿Contribuía el señor Widdecombe a tal desembolso?".

—"Me parece que no".

"¿Hubo al final de todo esto otra cantidad pagada tanto a usted como al señor Widdecombe?".

—"Sí".

"¿Cuánto fue?".

—"£1,500".

"¿Por qué era esta cantidad?".

—"El ministro nos escribió y nos agradeció por todo el problema por el que habíamos pasado y nos pidió que aceptáramos eso, y por supuesto que lo hicimos".

"¿Qué problema había tenido Widdecombe?".

—"No me corresponde decirlo; sé el problema que tuve yo. Tal vez sea mejor que el señor Widdecombe hable por sí mismo".

"¿Fue usted fideicomisario por unos 13 meses?".

—"Mucho más que eso. Nos encargábamos de los nuevos fideicomisarios; les ayudamos hasta marzo de 1873".

"Veo este registro del 11 de octubre de 1872: 'contabilidad de salarios; salario del señor Ford, £1,500'".

—"Sí, esa es la cantidad".

"'Widdecombe, £1,500'".

—"Sí".

"¿Eso son £3,000 en conjunto?".

—"Sí".

"¿Eso es además de su salario de £2,000 al año?".

—"Sí".

"¿Y eso es 'por actas al 11 de octubre'?".

—"En realidad es por carta del ministro, la cual tengo".

"Hay otros pequeños elementos; por ejemplo, a usted se le permitió indemnización de alquiler, ¿pero es su punto de vista el que usted solo recibió £7,000, es decir, £4,000 por el salario de un año y los £3,000 después?".

—"Sí".

"¿Todos los fideicomisarios recibieron, por lo tanto, £3,500?".

—"Sí".

"Sobre lo que usted ha dicho acerca de su desembolso, ¿usted fundó el trabajo de los oficinistas?".

—"Sí".

"Pero, según entiendo, Widdecombe no lo hizo".

—"No, me parece que no".

"¿'11 de octubre, su excelencia, don Carlos Gutiérrez, por orden de su gobierno, £12,500'?".

—"Sí".

"¿Este fue casi el último registro?".

—"Sí, tengo la autoridad para eso".

"¿Para qué fue esto?".

—"No lo sé; era solo la autoridad del presidente de Honduras que dictó darle a su Excelencia tal cantidad. Tengo la traducción del español".

"¿Fueron los £3,000 que se les dieron a ustedes dos por orden del presidente de la República?".

—"No".

"¿Eso fue por orden de Don Carlos Gutiérrez?".

—"Sí".

"¿Usted siguió recibiendo su salario después de esta fecha?".

—"Sí".

"Porque aquí veo 'Sres. Ford y Widdecombe', ¿después de que usted les había pasado todo a los nuevos fiduciarios?".

—"No, no les habíamos pasado las cosas a los nuevos fiduciarios".

"¿El día 14 de octubre usted entregó un cheque e hizo el balance?".

—"Sí".

"Según sus registros aquí, hasta donde puedo encontrar, ¿los únicos registros que existen son 20 líneas, que van del 28 de octubre de 1872 hasta el 25 de abril de 1873?".

—"Ese es el periodo".

"28 de octubre a abril 26; ¿son esos todos sus registros?".

—"Sí".

"Por el trabajo que fue realizado y que se registra aquí, veo que los señores Ford y Widdecombe recibieron £150 por el 'servicio mensual' en octubre".

—"Sí".

"'Sres. Ford y Widdecombe, servicio mensual, £150, noviembre'".

—"Sí".

"'Sres. Ford y Widdecombe, servicio mensual, £150, diciembre".

— "Sí".

"Febrero, ¿£300?".

—"Sí".

"¿Qué estaba haciendo usted, en sustancia, durante este tiempo?".

—"Haciendo todo el trabajo por los nuevos fideicomisarios; encargándome de todos los cupones y todo el trabajo relacionado...".

—"Quiero saber qué es lo que hizo después de octubre".

—Después de octubre mantuvimos todos los bonos para los nuevos fideicomisarios; me refiero ahora a los bonos franceses. Tomamos los cupones, los transmitimos a Francia de acuerdo a sus instrucciones; de hecho, atendimos su fideicomiso. Virtualmente actuamos como sus agentes hasta que entregamos el balance de los bonos".

"¿Está hablando usted de los tres fideicomisarios, el señor Kerferd, el señor Hastewood y el capitán Pim?".

—"Sí".

"¿Estaba actuando usted bajo sus instrucciones?".

—"Yo simplemente me encargaba de los bonos por ellos".

El señor Kerferd, el señor Hastewood y el capitán Pim, por su parte, parecen haber recibido un pago al mismo tiempo. Por eso el capitán Pim fue interrogado por el señor Stephen Cave:

"Usted dijo que no era un fideicomisario de la vía".

—"No, simplemente un fideicomisario general para la administración de ciertos dineros".

"Usted dijo que recibió un salario de £1,500".

—"Sí".

"¿Eso fue por año?".

—"Sí".

"¿Y usted fue delegado por un año?".

—"Sí".

"Pero usted acaba de decir que en conjunto recibió £4,000. ¿Puede explicar eso?".

—"Los fideicomisarios tomaron su posición bajo el mismo acuerdo que los anteriores, los señores Widdecombe y Ford, o sea que recibirían £2,000 al año. Eso sería £3,500 para mí".

"¿Esos £2,000 eran independientes de su salario como delegado?".

—"Sí, lo sobrepasaba. Por ejemplo, yo había dejado mi puesto como delegado algún tiempo antes de que el fideicomiso fuera terminado".

Señor Whitbread: "¿Recibió usted algún salario por algún puesto aparte de como fideicomisario y delegado especial?".

—"Recibí un salario como fideicomisario y como delegado, y ningún otro; y no recibí ninguna otra cantidad excepto como resultado de esos dos puestos".

"¿Cuál era el salario de un fideicomisario?".

—"£2,000 al año, y yo tuve ese puesto por un año".

"¿Cuál fue el balance de los £4,000?".

—"Dije que, en números cerrados, eran £4,000 lo que yo había recibido".

"¿Entonces ahora dice £3,500?".

—"Sí".

El capitán Pim mencionó un punto al menos de interés filológico sobre su designación correcta en relación a los préstamos de Honduras. Sir Henry James lo describió como agente financiero del gobierno de Honduras, pero el capitán

Pim rechazó el epíteto. La palabra "financiero" sí se encontraba en el nombramiento firmado por el señor Gutiérrez; pero de acuerdo con el capitán Pim se colocó allí por error, y su oficio como delegado especial no tenía nada que ver con finanzas. Por tanto, le dijo a Sir Henry James: "Los caballeros en el despacho pueden usar ese documento que me nombra de esa manera; pero yo, como marinero, puedo decirle que no tenía ni idea de cómo ser un agente financiero".

Parece ser que él emitió desde París un documento impreso sobre un tema de finanzas, y que había ido a París para llevar a cabo, bajo las instrucciones de Don Carlos Gutiérrez, un préstamo, descrito en el panfleto del representante de Honduras como de por "£200,000 y acciones de diez por ciento", pero en realidad de £2,000,000. El documento impreso al que se hace referencia es el número 13 en el apéndice del libro azul. Fue entregado por el Sr. Hyde Clarke, secretario del Consejo de Tenedores de Bonos Foráneos, y establece lo siguiente:

"París, 12 de diciembre de 1872.

"Señor, es con gran placer que le informo que se han completado los arreglos finales mediante los cuales puedo creer que el gobierno de Honduras será capaz de cumplir con todas sus obligaciones y lograr la terminación rápida y exitosa del Ferrocarril Interoceánico.

"Ha sido mi mayor deseo el justificar la confianza depositada en mí por los tenedores de bonos.

"Les he dado atención incesante a sus intereses, y los felicito por la condición actual esperanzadora de los asuntos. Al mismo tiempo debo mencionar que los arreglos financieros que ahora se han hecho no afectarán de ninguna forma sus derechos adquiridos, excepto de forma benéfica.

"Los detalles de este arreglo se harán públicos en algunos días.

"Quedo, etc.

"Bedford Pim, Capt. R. N.

"Delegado especial de Honduras".

Esto fue después de que el prospecto del préstamo ferroviario para buques hubiera salido y fallara tan desastrosamente sobre las cabezas no solo de sus autores, sino de todos los interesados en las finanzas de las Repúblicas Sudamericanas; y el documento se refirió al intento de préstamo cuyo prospecto apareció el 15 de diciembre de 1872.

"Hasta donde usted sabe, ¿ese préstamo nunca se emitió?", le preguntó Sir H. James al Sr. Hyde Clarke.

—"La policía francesa lo frenó".

"¿No prefiere decir que lo detuvieron?".

—"Arrestaron a las partes que lo estaban emitiendo".

Juzgados de Revisión. — El número total de electores parlamentarios que ahora están en el registro, en este momento y en el transcurso de esta revisión, en Inglaterra y en Gales, es de 2,301, 206, de los cuales 840,360 están en condados, 1,448,779 en ciudades, y 12,067 en universidades.

**Fuente: The London Times**

## 1875-septiembre-25
# ¿CUÁNTA GANANCIA OBTUVIERON LOS OPERADORES EN EL PRÉSTAMO DE HONDURAS?

Una de las más extraordinarias declaraciones en el reporte del comité de préstamos foráneos se refirió a la alegada ganancia hecha por el señor Lefevre, operador en jefe en los préstamos de Honduras. En total, ellos dicen que, de una porción del préstamo francés de 1869 y el préstamo de 1870, "el señor Lefevre ha recibido en efectivo, o por remisión de sus contratos, 955,398£".

Estos recibos, de acuerdo a las declaraciones específicas del comité, fueron principalmente en efectivo. Ahora, de cierto modo, tememos que esta afirmación será desafortunada, ya que da una idea exagerada de las ganancias hechas por su propia cuenta por los administradores de tales transacciones. Se dirá ampliamente que Lefevre ganó un millón con Honduras. Y esta impresión puede alentar a futuras operaciones de este tipo, donde la moraleja real de la historia, sin duda, era que los principales operadores ganaron mucho menos de lo que parecía, y que el público perdió mucho más de lo que ganó. Han inventado una seguridad engañosa, que defraudó enormemente al público, pero la cantidad de su propia ganancia no está clara. Probablemente hicieron grandes ganancias en su asunto particular de Honduras, pero no, esperamos, en la escala colosal que las cantidades arriba mencionadas han hecho suponer al público. El comité insinúa esto cuando se refieren a los posibles gastos a los que Lefevre podría haberse sometido; pero pensamos, además, que ellos transmiten la impresión de que Lefevre recibió en efectivo mucho más de lo que hay en evidencia que realmente recibió.

Hay, en total, tres préstamos con los que lidiar. (1) El préstamo de 1867 por 1,000,000£, la totalidad del cual fue finalmente colocada y las cuentas del cual son tolerablemente claras. (2) Una porción del préstamo de 1869, emitido en Francia, por una suma nominal total de 2,490,000£, y del cual 977,100£ llegó a ser dispuesto por Lefevre y otros; y (3), el préstamo de 1870 por 2,500,000£ nominal. Los detalles de las últimas dos operaciones están mezclados después del 5 de agosto de 1871, y de lo contrario hay más oscuridad sobre ellos que sobre el préstamo de 1867.

En total, el stock nominal a tener en cuenta es aproximadamente de 4,500,000£, y ciertamente es asombroso, de ser verdad, que un hombre recibió algo parecido a un millón de aproximadamente 3,500,000£ de ello.

Primero, en cuanto al préstamo de 1867, la cuenta hasta ahora es muy clara. Su valor nominal era de 1,000,000£; y su precio de emisión 80£, reducible por descuento en cuotas pagadas por adelantado a 73£ 11s 10½d, por lo tanto, se calculó para obtener alrededor de 735,000£.

Por esta suma, el gobierno de Honduras se comprometió a pagar anualmente durante diecisiete años 130,000£ por interés y sorteos, además de 10,000£ por comisiones a los señores Bischoffsheim y Goldschmidt por pagar los cupones, un total de 140,000£ al año por 735,000£. Claramente debió haber sido una inversión muy productiva que pagaría tal cargo anual, el gobierno de Honduras, por hipótesis, sin ingresos disponibles propios.

Ni siquiera fue para recibir tanto como 735,000£. Una suma de 4,000£ sería aplicada por el salario de tres fideicomisarios y un secretario por dos años; una comisión de $1\frac{1}{2}$ por ciento, o 12,000£ fue permitido por los corredores y las firmas que recibirían las suscripciones; y los señores Bischoffsheim y Goldschmidt obtendrían una comisión del 5 por ciento, o 50,000£ por colocar el préstamo, mientras que su comisión por pagar los cupones por los primeros dos años, o 20,000£, también sería deducida de la inversión.

Estas sumas llegan a 86,000£, reduciendo los ingresos netos del préstamo al gobierno de Honduras a 649,000£, de los cuales queda una reducción adicional de 100,000£, o un año de interés, que al menos seguramente se pagaría entre el intervalo en el que los bonos se colocaron en manos del público y cualquier posible retorno de la inversión. Este acuerdo fue parcialmente modificado por una escritura de fideicomiso el 30 de junio de 1868; pero, en esencia, el resultado fue muy similar: el gobierno de Honduras se vio obligado a pagar un cargo anual de 140,000£ con respecto a un recibo de efectivo propuesto de poco más de medio millón.

Los resultados en la venta real del préstamo al público variaron de este programa para peor. De acuerdo a los detalles, la actual cantidad pagada en efectivo a los fideicomisarios del ferrocarril fue de 293,000£, además de 18,000£ para los ingenieros, y 200,000£ en bonos para los contratistas, que no pueden representar más que 120,000£ para el gobierno.

Así, el gobierno fue capaz de invertir unos 432,000£ a cambio de un cargo anual de 140,000£. Condensando y modificando la forma de la cuenta compuesta por los señores Price, Waterhouse y Co., contadores, e impresa en la página 45 del apéndice, creemos que lo siguiente mostrará con una precisión aproximada a qué precio vendió el gobierno los bonos, a qué comisiones, etcétera, lo que pagó, y lo que quedó para el ferrocarril—:

| El Gobierno de Honduras cuenta con el préstamo de 1867 | | | |
|---|---|---|---|
| **Recibidos** | | **Gastos** | |
| **DR** | **£** | **CR** | **£** |
| Capital cambiado por vale, 49,500£, a saber (diga 80). | **39,800** | Diferencias entre depósitos en la solicitud y asignación, y sumas pagadas para recomprar vales o bonos emitidos por vales. | **6,200** |
| Capital dado a Bischoffsheim y Goldschmidt por comisiones a ellos mismos y a Lefevre, 108,500 £ a saber (diga 700). | **75, 950** | Pago a Bischoffsheim y Goldschmidt por comisión a ellos mismos y a Lefevre, 16,850£ en efectivo, e ingresos de capital estimados en el lado opuesto. | **92,800** |
| Capital vendido por Lefevre, 631,200 £, a saber. | **469,450** | Pago a fideicomisarios del ferrocarril 293,000£ en efectivo, y 140,000£* a los contratistas en bonos, como en el lado opuesto, y 18,630£ a J. Brunlees, ingeniero | **432,000** |
| Capital dado a contratistas, | **140,000** | Interés | **100,200** |

| 200,000£, a saber (diga 70). | | | |
|---|---|---|---|
| Otros recibos | **4,500** | Interés | **99,500** |
| TOTAL | **730,700** | Total | **730,70** |

*Bajo este encabezado, los bonos solo cobra 120,000 £, el resto va a comisión que el gobierno tuvo que pagar por todo el préstamo.

Esta es una declaración aproximada del resultado del préstamo. La cantidad aparente realizada al gobierno puede ser tomada a 730,000£; pero cerca de 100,000£ fueron a comisiones, otros 200,000£ a otros pagos, incluyendo intereses, y todo lo que sobró para la inversión fue de unos 432,000£, lo que produciría una suma, será recordado, de unos 140,000£ anualmente. Hasta donde se puede ver, sin embargo, las ganancias para los manipuladores del préstamo, aunque excesiva, no alcanza la enorme suma arriba sugerida con respecto al préstamo de 1870. Tuvieron unos 100,000£ en comisiones, principalmente pagado en bonos, y ya sea que tuvieran más o menos en efectivo es imposible saber.

Sin duda, el precio del mercado siempre fue más alto que aquel con el cual los fideicomisarios se separaron de los bonos; y los contadores actuales calculan que, de esta manera, los operadores pudieron haber obtenido además una suma de 120,000£, siendo esa la diferencia entre el precio al que los fideicomisarios vendieron y el precio del mercado del día. Pero esto se constituye en un fondo que los operadores en el mejor de los casos solo podrían compartir con el mercado, y no sabemos en qué fechas pudieron vender los bonos que tomaron de los fideicomisarios, ni a qué precio. Que el público pudo haber perdido mucho se presume por la diferencia entre el precio del mercado y la suma obtenida por el gobierno de Honduras por el propósito declarando del préstamo; pero es imposible siquiera adivinar cuánto hicieron los operadores.

Segundo, en cuanto al préstamo francés de 1869 y al préstamo de 1870, estando parcialmente mezcladas las cuentas de esto, hay gran confusión. Los puntos importantes parecen ser: (1) que bajo el contrato original los señores Bischoffsheim y Goldsschmidt en junio de 1870, la emisión nominal de 2,500,000£ del préstamo de 1870 fue calculado para producir al precio de 80 unos 2,000,000£, que en la mayor parte sería dispuesto de la siguiente manera:

| | £ |
|---|---|
| Gastos de emisión | 7,000 |
| Comisión de 1 ½ por ciento para corredores, y 5 por ciento para contratistas del préstamo. | 162,000 |
| Fideicomisarios y secretarios, dos años | 8,000 |
| Interés, sorteos y comisiones para contratistas de 20,000 £ para pagar cupones, por dos años. | 670,000 |
| Pagos similares en el préstamo de 1867 | 340,000 |
| Propósitos generales del gobierno de Honduras | 100,000 |
| **Total** | **1,287,000** |

Esto dejó solamente 713,000£ aplicables para el ferrocarril, excepto cualquier cosa que debería venir de los bosques de Honduras, de hecho, casi nada viene, si es que algo realmente llegó. Añadiendo la cantidad a la suma gastada del préstamo de 1867, o sea, 432,000£, obtenemos un total de 1,145,000£ como la cantidad que el gobierno de Honduras planea aplicar en 1870 hacia inversión reproductiva, con el fin de lograr un cargo anual de 475,000£ en el que incurrió por las dos operaciones aparte del préstamo francés de 1869. Las comisiones que se propuso pagar, incluyendo las comisiones del pago de cupones de los préstamos de 1867 y 1870, aumentaron, en total, de este préstamo de 1870, a más de 200,000£, u 8 por ciento de la cantidad nominal de la emisión, y la necesidad de mantener arriba el interés en antiguos préstamos por supuesto disminuyó la proporción de efectivo real que se pudiera esperar aplicar al ferrocarril. Por supuesto, si el interés no se calculara de inmediato, sino solo en los bonos a medida que se colocaban, y permitiendo que estos bonos se colocaran gradualmente durante los dos años, la suma disponible para el gobierno de Honduras se habría incrementado por los intereses y sorteos de un año, que no se habrían requerido, o digamos 325,000£. Pero, (2) al momento de la emisión del préstamo, el gobierno de Honduras formaba parte de un acuerdo con el señor Lefevre, a quien los señores Bischoffsheim transfirieron sus intereses como contratistas, por el cual, según leemos, todos los intereses y sorteos del préstamo total fueron requeridos desde el principio. Mediante este acuerdo, el préstamo fue "firme" por el señor Lefevre, quien tenía derecho a solicitar los bonos en cualquier momento dentro de dos años, con todos los cupones adjuntos.

Si el señor Lefevre, por lo tanto, vendió los bonos de manera uniforme durante los dos años, esta estipulación le dio al menos un año de intereses y giros sobre el monto total, o 13 por ciento, reduciendo en gran medida el precio recibido por el gobierno de Honduras y haciéndolo 67 en lugar de 80. De cualquier modo, ya sea que se considere que el Gobierno emitió a 80 y luego le dio el 13 por ciento a Lefevre, o si el precio de emisión para él fue realmente 67, el acuerdo previo del contrato parece haber sido que el gobierno solo debe realizar alrededor de 700,000£ para su ferrocarril. Este punto es de interés, como veremos, con referencia a la pregunta de lo que realmente hizo Lefevre; pero, de hecho, cualquiera que sea la forma que tomó la operación, el acuerdo funcionó como lo describimos.

(3) Los términos del acuerdo con Lefevre se modificaron posteriormente mediante un acuerdo con fecha del 21 de abril de 1871, reduciendo el precio al que debía contabilizar los bonos a 75; mientras que, por un acuerdo posterior, debía contabilizar los bonos del préstamo de 1869 a 140f, o 5£ 12s 6d por bono, y también contabilizar cualquier exceso superior al 78 por ciento que pudiera recibir por los bonos de 1870, o más de 145f para los bonos de 1869. Esta última cláusula no parece haber estado operativa. La reducción a 75 redujo, hasta ese punto, la cantidad disponible para el gobierno de Honduras del préstamo de 1870 para el ferrocarril probablemente por 50,000£ o 60,000£ por lo menos, ya que más de la mitad del préstamo aún estaba en manos de los fideicomisarios.

(4) Por un subsecuente acuerdo, el 18 de junio de 1872, el señor Lefevre obtuvo otro descuento del 25 por ciento en los bonos de 1870 entonces en sus manos (cerca de 500,000£ nominal) con un descuento correspondiente en los bonos del préstamo de 1869, y "descuentos" adicionales, reduciendo en total cerca de 238,000£ la cantidad posiblemente disponible para el ferrocarril, dejando, de hecho, menos de medio millón disponible.

Ante tal arreglo, el actual resultado fue mucho peor. Aunque el balance del préstamo francés fue calculado de haber producido 408,000£, que se sumó a la cantidad anterior de aproximadamente 500,000£, la cantidad real pagada a los contratistas después del agotamiento del préstamo de 1867 parece ser solamente de 148,000£. Otra suma de 70,000£ es referida en una cuenta, pero no podemos rastrearla, y no hace ninguna diferencia material.

Se muestran los resultados en el siguiente resumen de esta cuenta—:

| Los préstamos de Honduras de 1869 y 1870 | | | |
|---|---|---|---|
| Recibos | | Gastos | |
| DR. | £ | CR. | £ |

| | | | |
|---|---|---|---|
| Balance de efectivo de los fideicomisarios del préstamo de 1867. | 7,588 | Anticipos para recomprar vales en exceso de vales y efectivo devuelto. | 64,389 |
| Cantidad recibida en 2,353,000£ bonos asignados y emitidos. | 1,619,745 | Cantidad pagada a los fideicomisarios del ferrocarril, etc. | 141,254 |
| Efectivo de Bischoffsheim y Goldschmidt por bonos de 1869. | 9,625 | J. Brunlees, ingeniero. | 6,675 |
| Cantidad recibida 977,100£ en bonos del préstamo de 1869. | 408,460 | Interés, sorteos y comisión en los préstamos de 1867, 1869 y 1870. | 1,339,753 |
| Ingresos del producto del gobierno. | 6,093 | Comisión en la colocación de bonos, pago de interés, etc. | 226,853 |
| | | C. J. Lefevre, reembolso de las sumas adelantadas por el al gobierno | 57,318 |
| | | Otros pagos y gastos | 111,417 |
| | | Efectivo para nuevos fideicomisarios | 103,852 |
| **Total** | **2,051,511** | **Total** | **2,051,511** |

Por lo tanto, el resultado final del préstamo de 1870, aunque está reforzado por parte de los bonos de 1869, es de hecho el pago de aproximadamente 150,000£ por el ferrocarril. Los ingresos de los bonos de 1869 parecen, cuando miramos en las cuentas, haber sido absorbidos principalmente en el pago de los intereses y cargos correspondientes —alrededor de 360,000£–– por lo que no benefició en absoluto al préstamo de 1870. Siendo este el caso, el préstamo de 1870 en sí mismo, en lugar de producir 500,000£ para el ferrocarril, solo ha producido 150,000£, la deficiencia se explica por la suma anterior de 100,000£ transferidos a nuevos fideicomisarios, mediante pagos de varios tipos que se han hecho, excediendo 100,000£, la cantidad de 100,000£ originalmente reservada para propósitos generales del Gobierno de Honduras, y por un pequeño saldo del préstamo que no ha sido dispuesto. La cuenta es ciertamente notable, pero aún no hay evidencia aparente de las ganancias colosales que el informe parece señalar.

Las comisiones que, según se afirma, se pagaron principalmente a Lefevre ascienden a 227,000£, incluido el préstamo de 1869, y aunque esta es una suma excesiva, no es de la magnitud colosal que sugiere el informe del comité. La observación también parece aplicable en el caso del préstamo de 1867, que incluso esta comisión debe haber sido pagada en bonos, habiendo sido contratado el préstamo completo para ser vendido a Lefevre a un precio determinado, y la comisión siendo una deuda para él que el Gobierno de Honduras pagaría hasta ese punto, dándole bonos a ese precio. No tenemos información para asegurar cuánto efectivo hizo Lefevre. En cuanto a cualquier diferencia entre el precio al que Lefevre tomó los bonos y el precio de mercado, también se aplica el comentario que se hizo en el caso del préstamo de 1867.

Esta diferencia constituyó un fondo que el mercado compartió con los operadores líderes, y estamos absolutamente sin información sobre los precios que obtuvieron estos operadores. Aparentemente, el mercado se sostuvo con más dificultades en el caso del préstamo de 1870 que en el caso de 1867, lo que sería una consecuencia necesaria de la mayor magnitud de la operación.

¿Cómo, entonces, llega el comité al total anterior de 955,000£ en lugar de la suma más modesta de 227,000£, respecto de la cual hay incluso alguna duda de si los operadores obtendrían el total en efectivo? Substancialmente, y omitiendo pequeñas sumas, ellos hacen su cuenta de la siguiente manera:

|     |                                                                                                                  | £       |
| --- | ---------------------------------------------------------------------------------------------------------------- | ------- |
| (1) | Comisiones, etc., como se afirma.                                                                                | 227,000 |
| (2) | Remisión del 25 por ciento el 18 de junio de 1872, incluyendo 50,000£ para repagar a Lefevre por apoyar al mercado. | 238,000 |
| (3) | Interés y sorteo en los bonos en manos de fideicomisarios, recibidos por el Sr. Lefevre para su propio uso.       | 417,000 |
|     | **Total**                                                                                                        | **882,000** |

Estos son los tres elementos principales del millón adeudado a Lefevre. Pasando por alto el primero, que ya hemos discutido, solo tenemos que lidiar con el segundo y el tercero, y en cuanto al segundo, prácticamente no hay dificultad. El comité mismo lo describe como una remisión del contrato del señor Lefevre, un descuento en la cantidad de capital que había recibido sin pagarlo, y que devolvió al precio de 75 y nuevamente recibió de ellos a 50. Una porción de la cantidad – –500,000£— se dice que fue un pago al señor Lefevre, pero como se ha endeudado con los fideicomisarios en ese momento, se puede suponer que no obtuvo dinero en efectivo sino solo un crédito adicional en los libros de los fideicomisarios. Incluso si recibió efectivo, sería solo una parte de lo que previamente había pagado a los fideicomisarios, y, por lo tanto, nos devuelve la pregunta sobre lo que él mismo recibió del público.

El tercer elemento —los pagos de intereses y los giros a Lefevre en bonos en manos de los fideicomisarios— tampoco se muestra como un elemento en efectivo. Estos pagos, como hemos visto, o algo similar, se contemplaron en los contratos de 1870 y fueron prácticamente una deducción del precio nominal al que Lefevre contabilizó los bonos.

Siempre se menciona en la evidencia del contador como pagos, como si el efectivo real hubiera sido pagado, pero por la naturaleza de la cuenta deben haber sido virtualmente meros créditos. Lefevre no debía obtener efectivo de los fideicomisarios, sino pagarles en efectivo. La naturaleza de la cuenta es que se le adeudan tantos bonos a un precio determinado, luego se le acredita el pago de ese precio y luego se le adeudan las sumas "debidas" a él. Es todo un asunto de entrada en el libro, y no se ha transferido efectivo a Lefevre. En la cuenta parece haber recibido o "pagado" tanto; pero, si los fideicomisarios le dieron cheques por la cantidad, debieron haber sido a cambio de los suyos, ya que todo el dinero realmente llegó a los fideicomisarios a través de Lefevre. Todo el efecto de la transacción sería que el precio de Lefevre para comprar la firma de préstamos se redujera mucho, pero ignoramos cuánto efectivo obtuvo para sí mismo.

El modo de tratar el préstamo al acreditar a Lefevre con los intereses y los giros en manos de los fideicomisarios, y antes de que los hubiera pagado, fue ciertamente sorprendente, pero el vicio, en nuestra opinión, se ve agravado por el acuerdo aparentemente arreglado de antemano por los contratos de junio de 1870. Casi nunca hemos leído documentos más atroces. Con un propósito deliberado, el gobierno de Honduras y sus confederados vendieron el préstamo de 1870 al señor Lefevre a un precio que hizo ridículamente imposible que la inversión de los ingresos netos produjera una fracción del interés que se habían comprometido a pagar. Al mismo tiempo, el comprador de la "firma" de préstamos debía solicitar los bonos a su discreción, de modo que no hubiera seguridad de que incluso este bajo precio neto se realizaría. Un préstamo emitido de esta manera solo podría emitirse por el bien de las comisiones y las selecciones a los interesados, y que este era el caso solo quedó más claro por las posteriores remisiones del contrato al comprador favorecido.

Solo las remisiones de contratos, o las concesiones de precios, o los llamados pagos del gobierno de Honduras al señor Lefevre, no justifican la noción de que este último recibió mucho dinero. Lo que los operadores líderes en realidad hicieron probablemente nunca lo sabremos. Sabemos con qué se adeudan, por el gobierno de Honduras, o sus fideicomisarios de préstamos, en las cuentas, pero eso no nos lleva muy lejos. Es posible que se hayan visto obligados a vender a precios mucho más bajos de lo que los precios de mercado nos dan una idea, y nadie puede decir cuánto quedaba en sus manos cuando se produjo el colapso, por supuesto, ya que el comité comenta muy correctamente, el gasto de hacer el mercado debe haber sido siempre muy grande.

La travesura de toda la transacción, como explicamos al principio, es de hecho esto: que se puso una garantía ficticia en el mercado de tal manera que causó una pérdida difusa y generalizada con la esperanza de que algunos operadores pudieran ganar, pero más allá del hecho de que a los principales operadores se les permitió comprar esta seguridad ficticia bajo los precios artificiales del mercado que ellos mismos crearon, que había un margen muy amplio, no tenemos idea de sus ganancias; y dudamos de la presunción de que ganarían todo, o casi todo, el margen. Los préstamos para el ferrocarril del gobierno de Honduras de 1869 y 1870.

Resumen de los recibos y pagos en efectivo de los fideicomisarios de Londres, hasta la fecha de la designación de los señores Pim, Kerferd y Haslewood (las cuentas de los señores Davids y Barnes y los señores Ford y Widdecombe se unieron).

| DR. | Recibos | £ | s | D |
|---|---|---|---|---|
| **Al saldo de efectivo de los fideicomisarios** | | 7,5688 | 8 | 8 |

| | | £ | s | D |
|---|---|---|---|---|
| anteriores del préstamo de 1867. | | | | |
| A la cantidad recibida en bonos de 223,900£ del préstamo de 1870, asignados al público. | £179,120 | | | |
| Al monto recibido de 2.129.400£ en bonos emitidos posteriormente. | 1,440,625 | | | |
| | | 1,619,745 | 0 | 0 |
| Al efectivo de Bischoffsheim y Goldschmidt, siendo el importe adeudado de ellos a cuenta de los bonos del préstamo de 1869. | £9,624 15 10 | | | |
| A la cantidad recibida en bonos de 977,100£ emitida subsecuentemente. | 408,460 8 0 | | | |
| | | 418,085 | 3 | 10 |
| Ingresos del producto del gobierno | | 6,092 | 16 | 2 |
| | | 2,051,511 | 8 | 8 |
| CR | Pagos | £ | s | D |
| Por anticipos para la recompra del vale del préstamo de 1870. | £417,000 0 0 | | | |
| Menos vales y efectivo devuelto. | 352,611 6 3 | | | |
| | | 64,388 | 13 | 9 |
| Por la cantidad pagada a los fideicomisarios del | | 141,254 | 0 | 0 |

| | | | | |
|---|---|---|---|---|
| ferrocarril, o los contratistas. | | | | |
| Por J. Brunlees, ingeniero. | | 6,675 | 0 | 0 |
| Por interés y sorteos pagables al préstamo federal, el préstamo de 1867, y en los bonos emitidos de los préstamos de 1869 y 1870. | | 923,184 | 13 | 8 |
| Por interés y sorteos pagables a los bonos de los préstamos de 1869 y 1870 al momento en manos de los fideicomisarios, pagó C. J. Lefevre: — | | | | |
| Antes del 5 de agosto de 1871. | £229,895 0 0 | | | |
| Subsecuentemente. | 186,673 0 0 | | | |
| | | 416,568 | 0 | 0 |
| Por comisión, en la colocación de bonos y pago de interés, etc. | | 226,852 | 11 | 1 |
| Por C. J. Lefevre, al reembolso de sumas adelantadas por él al gobierno | | 57,318 | 5 | 10 |
| Por pagos declarados a cuenta del gobierno de Honduras | | 58,930 | 8 | 7 |
| | | | | |

|  |  |  |  |
|---|---|---|---|
| **Por un costo de 15,000£ acciones federales, compradas a J. Hart and Co.** | | 6,000 | 0 | 0 |
| **Por remuneración de los fideicomisarios** | | 16,374 | 9 | 4 |
|  |  |  |  |
| **Por sellar los bonos, el costo de intercambio de las remesas francesas, los gastos legales y de oficina, menos intereses recibidos de los banqueros.** | | 30,112 | 11 | 5 |
| **Por efectivo pagado a nuevos fideicomisarios (Pim, Kerferd y Haslewood): —** | | | | |
| **14 de octubre de 1872.** | £100,000 0 0 | | | |
| **Subsecuentemente.** | 3,852 15 9 | | | |
|  | | 103,852 | 15 | 9 |
|  | | 2,051,511 | 8 | 8 |

Fuente: The Economist

## 1875-octubre-02
# UNA COMISIÓN LEGÍTIMA SOBRE PRÉSTAMOS DEL ESTADO

Es una de las ventajas del gobierno constitucional el que los arreglos comerciales y transacciones con aquellos interesados que naturalmente no tienen deseos de que se proclamen por todo el mundo, al ser considerado un asunto privado, tengan que ser explicados completa y públicamente para que el mundo exterior obtenga acceso legítimo a la información. La declaración dada por el ministro de Finanzas de Nueva Zelanda sobre las condiciones con las que se emitió el préstamo reciente contiene información de este tipo, que puede ser útil en la actualidad cuando se han escuchado tantas cosas sobre las comisiones extravagantes cobradas en el caso de Honduras y otros préstamos parecidos.

En el caso de Honduras, como mostramos la semana pasada, los contratantes habrían de obtener 5 por ciento de la cantidad nominal, que equivalía a 6 ½ por ciento o más sobre el monto realizado al gobierno, mientras hubo comisiones adicionales para corredores y otros, haciendo que la reducción fuera de un total de alrededor de 10 porciento, muy aparte de cualquier beneficio dado a los principales operadores en la forma de venderles el préstamo a ellos "firme" a un precio muy bajo. Pero en este préstamo de Nueva Zelanda, aunque también fue tomado en firme por los contratantes, las condiciones son muy diferentes. El ministro de Finanzas declara:

El contrato, como se verá, contiene, aparte de las estipulaciones habituales, una garantía de los señores Rothschild de la venta inmediata de tres millones, y la venta del cuarto millón en un plazo de un año; el precio de venta sería de 94, del que una comisión de 2 porciento se les pagaría a los señores Rothschild. El precio neto recibido por la colonia, después de deducir los intereses acumulados en la cuota diferida del dinero de compra, fue 90£ 19s 7d. Por las condiciones de este contrato, los honorables miembros verán que sea que el préstamo haya sido exitosamente flotado o no por los contratantes, la colonia habría obtenido los medios necesarios para continuar sus trabajos públicos e inmigración. Yo particularmente encomiendo este hecho a la consideración del comité... El total del préstamo fue colocado por los señores Rothschild, y 3,167,571£ 12s 4d del dinero de compra han sido pagados en el Banco de Nueva Zelanda a crédito de la cuenta pública a la fecha (31 de mayo) de nuestros informes más recientes.

Así que, un préstamo que se ha emitido al público a 94, o al deducir intereses de los plazos a una figura baja, se realiza al gobierno a alrededor de 91, aunque el gobierno les debe pagar a los contratantes que lo hacen firme. La diferencia entre estas condiciones y las de los contratantes para el préstamo de Honduras parecen marcar la diferencia entre buenos negocios y negocios mediante los cuales se pone en riesgo al público inversionista. No decimos que no haya casos en los que el contratante pueda obtener de manera legítima una ganancia mucho mayor que en el caso del préstamo de Nueva Zelanda. Por ejemplo, cuando un contratante toma un préstamo mucho tiempo antes de su emisión pública, y realmente ha cedido su dinero durante ese tiempo mientras espera por un mercado, claramente tiene derecho al mejor precio que pueda obtener, igual que cualquier otro comerciante. Pero cuando no hay circunstancias especiales, el negocio debe ser malo o dudoso cuando la emisión al público está en cualquier avance mayor sobre la suma que se le realizó al gobierno a diferencia de lo que hemos visto que se requiere en el préstamo de Nueva Zelanda.

**Fuente: The Economist**

## 1875-octubre-08
# EL PRÉSTAMO DE HONDURAS

Don Carlos Gutiérrez, el ministro de Honduras en Londres, quien, como se recordará, participó en la conspiración de préstamos de Honduras que fue completamente examinada el otro día por un comité de la Cámara de los Comunes, está pasando un mal momento por eso justo ahora. Cuando los escándalos salieron a la luz por primera vez, él puso una cara valiente al respecto y aseguró su integridad perfecta y aprovechó al máximo su posición ministerial. Hizo alarde en todas las recepciones reales, mientras que su esposa fue igualmente infalible en su asistencia a los salones, y aunque, por supuesto, todos los rechazaron y se les quedaban viendo, los funcionarios no pudieron negarles la admisión. Al final de la sesión casi parecía que el asunto iba a darse por terminado, ya que, aunque el libro azul que contenía las notas breves completas de la evidencia y todos los documentos en blanco y negro aún no habían llegado, había una buena posibilidad de que un volumen tan voluminoso escapara del análisis al estar en la época de vacaciones del año. Sin embargo, estas esperanzas se probaron erróneas, ya que el *Times* se ha puesto a trabajar valientemente para evidenciar al Don y para imponerle la responsabilidad de las prácticas fraudulentas con las que él y su Gobierno estaban identificados. Es, por supuesto, imposible que una persona así de contaminada pueda ser recibida con capacidad oficial, y si no renuncia, el Ministerio de Asuntos Exteriores, supongo, tendrá que asumir la responsabilidad de cancelar su exequátur. Por cierto, el *Economist* de hoy tiene un artículo interesante, mostrando que los estafadores líderes ganaron mucho menos de lo que parecía, aunque sin duda el público perdió mucho más de lo que ganó. La estimación del saqueo de Lefcore adoptado por los comisionados parlamentarios lo acerca a un millón; pero el escritor en el *Economist* calcula que £227,000 estaría más cerca de la marca, y que incluso hay alguna duda de si los operadores obtendrían todo en efectivo. Se resalta que no hay información sobre qué precios obtuvieron los operadores, y que todo lo que se sabe positivamente es la pérdida pública. Probablemente nunca se sabrá hasta qué grado los ladrones lograron llevarse su botín. El *Economist* astutamente sugiere que la idea de que la estafa pagó considerablemente bien sería peligrosamente tentadora para la parte más ladrona de la comunidad, y que, por lo tanto, es bueno que la cantidad no se exagere.

**Fuente: The New York Times**


### 1875-octubre-13

Informes desde Panamá indican que Nicaragua, Guatemala y El Salvador se han involucrado en un contrato con el objetivo de formar un único gobierno nacional. Parece existir la posibilidad de que Honduras y Costa Rica entren a este movimiento. Separadas, estas repúblicas centroamericanas logran muy poco y nunca han disfrutado de nada mejor que una existencia precaria. Desde el tiempo en que eran dependencias coloniales españolas y hasta ahora, realmente han tenido muy poco progreso. Les ha faltado la estabilidad que se desea de los países al sur del istmo; han tenido la abundancia de ignorancia e intolerancia que caracteriza a sus vecinos. Unidas, con ideas mayores de libertad religiosa, educación para todos, y un gobierno liberal, puede que obtengan una posición respetable entre las naciones.

**Fuente: Philadelphia Inquirer**

### 1875-noviembre-12

El proyecto para consolidar las repúblicas centroamericanas, que ha sido agitado durante generaciones de vez en cuando, ha sido traído nuevamente con el objetivo de obtener seria consideración. Los países incluidos en la actual proposición son Guatemala, Honduras, San Salvador, Nicaragua y Costa Rica. Para asegurar integridad territorial, los límites deberían incluir a Yucatán, Tabasco y Chiapas, provincias de México, en el norte, y Panamá en el sur. Esto abarcaría un área de unas 230,000 millas cuadradas, extendiéndose desde el istmo de Tehuantepec hasta el istmo de Panamá, cubriendo toda la región que pueda ser propiamente llamada Centroamérica. Como esta región incluye dentro de sus límites todas las posibles líneas de comunicación interoceánica entre Norte y Sudamérica, todo el mundo, y particularmente nuestro país, está interesado en el establecimiento y mantenimiento allí de una autonomía política capaz de preservar la paz y de mantener una posición respetable entre las naciones de la tierra.

**Fuente: Philadelphia Inquirer**

### 1875-diciembre-09
# GRAN BRETAÑA Y LOS MOSQUITOS

Lord Derby, en una entrevista con el ministro Schenck y en respuesta a un cuestionamiento de este último, dijo que no había intenciones, y que nunca las ha habido, de revivir el protectorado británico en el territorio mosquito, y que Gran Bretaña no tenía deseos de interferir en los asuntos de la costa, pero dado que los dos gobiernos de Nicaragua y Honduras están obligados por un convenio a realizar ciertos pagos a los mosquitos, que no se han hecho en su totalidad, el gobierno británico mantiene, y está preparado para ejercer, el derecho de hacerlos cumplir con sus compromisos.

**Fuente: Philadelphia Inquirer**

# CAPÍTULO II: LA ERA DEL DOCTOR SOTO (1876–1883)

**26 de enero de 1876**
# HONDURAS
Un nuevo puerto en la costa de Mosquitos, llamado Iriona, ha sido declarado abierto.
**Fuente: The New York Times**

**1876-enero-26**

Noticias de Centroamérica confirman el informe de una ofensiva en contra del presidente Leiva, de Honduras, por un levantamiento en Gracias liderado por el General Medina.
**Fuente: Philadelphia Inquirer**

**1876-marzo-14**
# HONDURAS: EL PROGRESO DE LA REVOLUCIÓN
Panamá, 4 de marzo. —El caído presidente Leiva sigue batallando para recuperar su puesto. Se dice que sus fuerzas han obtenido éxito en algunos lugares, pero el revolucionario presidente Medina parece ser lo suficientemente fuerte para poder triunfar. El congreso nicaragüense ha autorizado un préstamo de $70,000 y un ejército de cinco mil hombres.

El ejército de observación en la frontera de Honduras ha aumentado en gran medida.
**Fuente: Philadelphia Inquirer**

**1876-abril-26**
# LAS ÚLTIMAS NOTICIAS DE HONDURAS
Los 300 exiliados hondureños que estaban en Nicaragua han cruzado hacia Honduras, bajo el General Xatruch, armados con rifles Remington, para ayudar a Leiva. Copica fue atacado por el General Emilio Delgado, uno de los últimos oficiales revolucionaros de Medina, con 500 hombres, pero fue repelido y derrotado. El General Solacos luego envío 1,000 hombres, quienes quemaron el lugar. Estas son las versiones salvadoreñas.
**Fuente: The New York Times**

## 1876-agosto-15

# SE HA DERROCADO AL PRESIDENTE

Tenía inclinaciones pacíficas. El gobierno nacional probablemente interferirá. Nicaragua está reduciendo su ejército a un conjunto de paz. Crescencio Gómez es el presidente provisional de Honduras y Rafael Zaldívar presidente constitucional de El Salvador. Se espera que el presidente Prado, de Perú, renuncie pronto.

**Fuente: Philadelphia Inquirer**

## 1876-agosto-17

Don Crescencio Gómez es ahora presidente provisional de Honduras con el consentimiento de todos los partidos.

**Fuente: Philadelphia Inquirer**

## 1876-agosto-26

Un grupo de tenedores de bonos de Honduras estableció, un tiempo atrás, una demanda por daños en contra de los señores Herrán y Pelletier, el primero ministro y el otro cónsul general, en Francia, por el gobierno de Honduras, y los señores Bischoffsheim y Scheyer, banqueros, como comisionados por ese préstamo, con la base de que negaron su deber al permitir que los fondos fueran empleados para otros propósitos que para los que fueron destinados, es decir, la construcción del ferrocarril interoceánico. La causa no se ha escuchado aún, pero el tribunal civil, primero, y ahora el tribunal de apelación, han dictado un fallo sobre la incompetencia de los tribunales franceses, con la oposición de los señores Herrán y Pelletier. Ambos son franceses, pero mantenían que estaban privilegiados por las funciones que tenían de un gobierno extranjero. El tribunal civil admitió la objeción en cuanto al ministro, el señor Herrán, sosteniendo que no era responsable ante los tribunales franceses ni siquiera por actos realizados como particular.

**Fuente: Philadelphia Inquirer**

## 1876-octuber-12

Tiburcio Hernández ha sido reconocido como cónsul general de la República de Honduras en Nueva York, y Antonio Greppi como vicecónsul de Italia en Nueva Orleans.

**Fuente: Philadelphia Inquirer**

## 1876-noviembre-13
# LAS ÚLTIMAS NOTICIAS DE HONDURAS

No se recibieron periódicos de Honduras en el último barco a vapor. El *Regeneración*, de San Salvador, dice que las perspectivas de la república de Honduras son muy prometedoras; se ha restaurado la paz en todos lados y prevalece un sentimiento unánime a favor del gobierno del señor Soto, el actual presidente de Honduras.

**Fuente: The New York Times**

## 1877-augusto-27

El asunto de una confederación de los cinco países de Centroamérica está de nuevo prominentemente ante el público, con el presidente Barrios, de Guatemala, como líder. Guatemala, El Salvador y Honduras ya se han declarado a favor de la confederación. Aún se espera escuchar de Nicaragua y Costa Rica. Se considera improbable que acepten este proyecto.

**Fuente: Philadelphia Inquirer**

## 1877-octubre-13

Las noticias de Centroamérica son favorables, y las perspectivas de una paz permanente están más fuertemente indicadas. Nicaragua se ha unido a las repúblicas de Guatemala, El Salvador y Honduras en el plan para una confederación o una unión más estrecha entre los diferentes países. Ahora solo falta que Costa Rica agregue su nombre para completar la unión. Se espera que así lo haga.

**Fuente: Philadelphia Inquirer**

## 1878-enero-12

El señor Vicente Dardón, que por algún tiempo ha representado a Honduras en este país como ministro residente, ha sido reemplazado por el señor Don Jacob Baiz en el puesto de encargado de asuntos. El señor Dardón seguirá representando a Guatemala y El Salvador como ministro.
**Fuente: Philadelphia Inquirer**

## 1878-marzo-02

Una demanda hecha por algunos tenedores de bonos de Honduras está pendiente ante el tribunal civil de París. Los acusados son los señores Herrán y Pelletier, antiguo ministro y cónsul general, respectivamente, para Honduras, los señores Bischoffsheim, Scheyer y Dreyfus. Estos últimos son traídos a la acción como comisionados del préstamo; los señores Scheyer y Dreyfus también como banqueros del gobierno peruano.

El señor Herrán obtuvo un juicio el año pasado declarando que él estaba cubierto por su privilegio diplomático, pero como ya no es ministro, ha sido incluido nuevamente en el proceso. Los demandantes culpan a los acusados en diferentes grados con mal uso de los fondos que fueron prestados para propósitos del ferrocarril, con falsas representaciones en cuanto a los recursos del país y con maniobras ilícitas para engañar a los suscriptores para los préstamos. La demanda probablemente durará algún tiempo ya que el tribunal solo dedica un día a la semana para la audiencia.
**Fuente: The Economist**

## 1878-marzo-30

El tribunal civil de París ha emitido juicio en la demanda presentada por un número de tenedores de bonos de Honduras en contra del ministro de ese gobierno en París, y la comisión para la emisión del préstamo de 1869, sin satisfacer a todos los demandantes. El tribunal mantiene que, aunque era de lamentarse que los miembros de la comisión de vigilancia no ejercieron, en interés de sus compatriotas, la influencia moral que por su posición pudieron haber empleado, no pudieron ser hechos responsables por el prejuicio sufrido por los tenedores de bonos por la depreciación en el valor de los bonos o el cese del pago de intereses. El tribunal, en resumen, también dijo que era difícil suponer que los demandantes pusieron fe en cualquiera de las garantías ofrecidas por el gobierno de Honduras, o que las diferentes garantías mencionadas en el folleto o en las revistas los indujeron a suscribirse a los bonos, cuando se veía que algunos de ellos, después de haber comprado a 220f, 214f, 192f y 162f, no dudaron en comprar después a 118f, 72f, e incluso a 48f. Al colocar sus fondos en tales condiciones, ellos debían tener en cuenta los grandes intereses que esperaban recibir, y no pudieron haber sido engañados en cuanto a la seguridad de tal inversión.

**Fuente: The Economist**

### 1878-agosto-30
# IMPORTACIÓN DE GANADO DE HONDURAS

La importación del ganado de Honduras ha comenzado a gran escala. Muchos barcos a vapor están navegando entre La Habana y Trujillo en ese comercio. El ganado hondureño se considera mejor adaptado a este clima y hay una gran demanda de ganado en los distritos desolados por la insurrección. Se reportan fuertes lluvias en Sagua, Santa Clara y Remedios. El clima en La Habana es sofocante y lluvioso.

**Fuente: The New York Times**

### 1878-diciembre-21

Una petición curiosa llego hace unos días ante el comité de la cámara de diputados. Un banquero, de nombre Hiegelmann, cumpliendo ahora una larga sentencia en prisión por fraudes, ofrece, en una petición dirigida desde la prisión de Poissy, hacer revelaciones concernientes a actos fraudulentos de magistrados y funcionarios públicos en conexión con la emisión de préstamos contratados por el gobierno de Honduras y el crédito suizo hipotecario. Alega que su condena se debió a los organizadores y deshonradores de esos dos asuntos, y exige una investigación sobre los actos arbitrarios y corruptos de los que ha sido víctima. El comité de la cámara remitió el documento al ministro del interior, con una recomendación de que el peticionario debería ser escuchado para que se pueda formar una concentración del valor de las revelaciones que propone hacer.

**Fuente: The Economist**

## 1879-enero-14
# TELÉGRAFOS Y FERROCARRILES EN C.A.

Las líneas de telégrafo de Nicaragua y Honduras se han unido recientemente por la terminación del enlace faltante en el territorio de Nicaragua entre Chichigalpa y los límites entre los dos países en Río Negro. Así se completa la comunicación telegráfica entre las cuatro Repúblicas de Costa Rica, Nicaragua, Guatemala y Honduras, desde San Juan del Sur hasta México. Se impondrá una tarifa moderada por los mensajes. En Honduras se están haciendo más extensiones del sistema de telégrafo, y 150 millas de nuevo cableado están por terminarse en adición a las 500 ya existentes. Esta República está dando más evidencia de su deseo de avanzar al organizar una "exhibición" de escala modesta que fue abierta por un pequeño periodo de tiempo al final del año pasado.

El gobierno de Costa Rica está alentando la introducción de inmigrantes con el propósito de construir vías férreas en la costa del Atlántico y mejorar la comunicación entre la terminal en Pacuare y el interior por medio de carreteras de transporte. La carretera de transporte desde San José hasta Las Palmas y el Río Sucio está avanzando rápidamente. De la longitud total de unas 80 millas solo 29 son requeridas para completar el trabajo, mediante las cuales se efectuará un ahorro de 20 millas en comparación con el viejo ferrocarril de Cartago. Se está construyendo un nuevo puerto en la costa del Pacífico, en Cocos, en la Bahía Culebra. La construcción de oficinas

públicas y otras obras ha sido ordenada por el gobierno, y el puerto estará, por lo menos, completamente libre de cuotas de puerto, señalización, fondeo y otras cuotas.
**Fuente: The London Times**

### 1879-marzo-05

La señora Doña Celestina de Soto, esposa del presidente de Honduras, está en Nueva York, acompañada por un numeroso grupo que incluye al General Toledo y a Don Enrique de Soto, ministro plenipotenciario.
**Fuente: Philadelphia Inquirer**

### 1879-abril-04

Don Marco A. Soto, presidente de la República de Honduras, es un milagro del patriotismo. Al momento de su elección encontró a un país en bancarrota, y usó una gran porción de su propia gran fortuna para mejorar su condición. Además, se niega a recibir un salario por sus servicios.

Una gran cantidad de tabaco hondureño y mexicano recientemente llegó a Cuba, pero la mayor parte fue capturada.
**Fuente: Philadelphia Inquirer**

### 1879-mayo-19
# HONDURAS

Grandes cargamentos de armas se dirigen a Honduras, aunque no se sabe para qué necesidad en particular se requieren en este momento.
**Fuente: Philadelphia Inquirer**

### 1879-mayo-24

En 1869 había un temor general de que la tasa bancaria avanzaría al 5 por ciento, pero ese movimiento no tuvo lugar, y un incremento de más de medio millón en la reserva hizo que el mercado externo fuera más fácil. Se emitió un segundo préstamo de Honduras por dos millones en el continente.
**Fuente: The Economist**

## 1879-octubre-17
# LA COSTA MOSQUITO
## Al editor de The Times

Señor William Clarence, rey de los Mosquitos, murió el 12 de mayo a la temprana edad de 21 años, y se supone que fue envenenado. El diario oficial de las misiones Moravian da la siguiente declaración de este pequeño Estado nativo americano:

"En 1860 Inglaterra hizo un tratado con Nicaragua y Honduras, el cual dio parte del territorio Mosquito a cada uno de estos Estados, pero aseguró la soberanía a Nicaragua con la condición de que los indios debían tener su propio rey y gobernarse con sus propias leyes mientras que estas no chocaran con las del Estado soberano. Por el territorio adquirido cada Estado aceptó pagar $30,000 a los indios mosquitos. De esta cantidad Nicaragua ha pagado unos $20,000, Honduras $2,500, y todas las representaciones al cónsul británico sobre el tema de este incumplimiento no han dado resultado. También ha habido dificultades por la fijación inexacta de los límites de la reserva Mosquito. De hecho, desde la conclusión del tratado no ha habido paz en el país. Nicaragua dice que sus derechos soberanos no son respetados y desea anexar la reserva. Ha hecho todo lo posible por medio de agentes para inducir a los nativos a someterse, ya que una cláusula en el tratado establece que 'si los indios se deciden voluntariamente al respecto, no hay objeción a que sean anexados a Nicaragua'. Pero, hasta ahora, todos los esfuerzos para producir esto han fracasado".

La conducta financiera de las Repúblicas Centroamericanas Hispanas no les ha hecho merecedoras del respeto británico, y es de desear que Inglaterra use su influencia moral en apoyo de un pequeño Estado nativo del que una política cuestionable nos indujo a retirar nuestro evidente protectorado. Su obediente servidor,

F.S. May.

**Fuente: The London Times**

## 1880-marzo-13

El tribunal de apelación de París ha emitido juicio, después de alegatos que ocuparon seis sesiones, en la apelación hecha por un grupo de tenedores de bonos de Honduras en contra del juicio del tribunal civil del 21 de marzo de 1878 en cuanto a la demanda de los señores Herrán, antiguo ministro de Honduras en París, Pelletier, agente consular, Bischoffsheim, Scheyer y Dreyfus, responsables por el pago del capital y los intereses de los bonos. Los apelantes ahora exigieron que el tribunal ordene un examen de los libros de los demandados en relación con la cuestión de los préstamos en Francia y el uso de los ingresos, también para ser admitidos a presentar pruebas de acusaciones relacionadas con cargos de fraude y malversación de fondos. Los apelantes, entre otras peticiones, acusan al señor Herrán de haber enviado a su hijo a Honduras para fomentar una insurrección, mediante la cual, los archivos nacionales, que contenían documentos condenatorios para los demandados, fueron quemados. El tribunal de apelación ahora emitió juicio, el cual virtualmente abre de nuevo la cuestión de responsabilidad, al permitir que los apelantes presenten pruebas de las siguientes seis acusaciones, siendo rechazadas el resto de las demandas: (1), que los préstamos fueron objeto de una vasta operación dirigida por un cierto número de personas, entre los que estaban los demandados, quienes, teniendo como objeto ganancias personales, participaron en las dos fases de la operación, la emisión de los bonos en 1867, 1869, y 1870, y la posterior colocación, en 1871 y 1872, de los bonos no suscritos; (2), que en realidad solo había una sola caja en la que se confundía el producto de los tres préstamos; que Lefevre, quien estaba encargado de la negociación de los títulos, actuó a nombre de los demandados y de otras partes interesadas y a su conveniencia; (3), que durante la colocación de los bonos en los años 1870, 1871 y 1872, Herrán, Pelletier, Bischoffsheim, Dreyfus y Scheyer estaban en comunicación directa y constante con los cambiadores y los banqueros en París y las provincias encargadas de vender los bonos no vendidos entre sus clientes;

(4), que aparte de una comisión abusiva permitida a los intermediarios, se estipuló de antemano un compromiso de que cierta cantidad de los bonos colocados por ellos entre sus clientes debería salir en los sorteos, y que los sorteos fraudulentos después fueron llevados a cabo; (5), que durante tres años se mantuvieron precios falsos mediante sobornos y la creación de un mercado ficticio en París y Londres; (6), que en 1871 y 1872 especialmente, Neymarck, director del periódico *Rentier,* fue encargado por Herrán y sus coasociados de colocar en el mercado francés los bonos no vendidos del préstamo de 1869; que él los recibió directamente del sindicato, de las manos de Dreyfus y Scheyer, y actuó con el conocimiento y consentimiento de Herrán. El tribunal seleccionó a un juez para recibir evidencias que apoyan las alegaciones anteriores y evidencia para refutar de los demandados.

**Fuente: The Economist**

### 1881-febrero-18
# VAPOR ENTRE FILADELFIA Y HONDURAS

El comercio entre Estados Unidos y Honduras está por desarrollarse aún más gracias a la nueva línea para barcos a vapor entre esta ciudad y Belice. Dos barcos a vapor ya han sido puestos en la línea, el *D. J. Foley* y el *Arcadia.* El primero, en su primera llegada a Belice fue recibido de la manera más alentadora por los comerciantes y el gobernador de Honduras británica y el presidente de Honduras hispana. El cónsul de Estados Unidos en Roatán también ha mostrado interés en la nueva línea, y promete resultados exitosos. El cargamento del *D. J. Foley* era variado, consistiendo, en parte, de medicamentos, botas y zapatos, telas, ferretería, harina, carne, puerco, etc. Los correos estadounidenses y británicos para ese país han sido enviados hasta ahora desde Nueva Orleans, pero el director general de correos los ha dirigido para ser enviados por la línea de Filadelfia de ahora en adelante. Las importaciones de Belice son caoba, pieles, frutas, cedro, etc., a lo cual se cree que se puede añadir café y gutapercha y hierba de seda centroamericana. Livingstone, el principal puerto marítimo de Guatemala, es el puerto de salida de un país rico y bien establecido y se puede crear una gran demanda interior de bienes de fabricación estadounidense a través de puestos establecidos en Livingstone, así como en Belice. Se dice que los gobiernos de estos países ofrecen incentivos liberales para la inmigración.

**Fuente: Philadelphia Inquirer**

## 1881-abril-23
## TERREMOTOS EN HONDURAS

Nueva Orleans, 23 de abril.

Un pasajero que llegó el día de hoy en el buque de vapor Wanderer desde Belice, Honduras británica, cuenta que allí, y a lo largo de la costa de Honduras hispana, varios terremotos han ocurrido recientemente. Uno que ocurrió hace unas tres o cuatro semanas fue tan severo que una porción de la cornisa de la oficina aduanal de Belice se separó y cayó, y varias personas que se encontraban cerca apenas pudieron escapar. Durante estos momentos se sintieron otros dos o tres temblores, y desde entonces varios terremotos severos han ocurrido sobre la costa de Honduras hispana, con efectos que se han sentido de forma perceptible en Belice y en las Islas de la Bahía.

**Fuente: The New York Times**

## 1881-abril-11

Se ha dado juicio en la demanda de algunos tenedores de bonos de Honduras en contra de los grupos a los que se les emitió el préstamo. Este asunto había estado muchas veces ante los tribunales franceses, y los veredictos fueron expresados cada vez en mis cartas, pero, como se extienden por varios años puede ser adecuado recapitular las diferentes etapas de los procedimientos. Una primera demanda fue presentada en 1878 en contra del señor Herrán, ministro de Honduras, señor Pelletier, cónsul, señor Bischoffsheim, banquero, y los señores Dreyfus y Scheyer, banqueros, para que la suscripción se declarara nula, habiéndose obtenido por representaciones falsas, pero se dictó un veredicto para los acusados. Luego, los tenedores de bonos apelaron exigiendo ser admitidos para presentar pruebas de ciertas acusaciones de sorteos fraudulentos, ventas ficticias y cotizaciones de precios, etcétera. El tribunal de apelación, en febrero de 1880, emitió juicio a favor de los apelantes, exceptuando en lo concerniente a los señores Herrán y Pelletier, manteniendo el tribunal que como ellos eran agentes diplomáticos no tenía jurisdicción sobre ellos.

Desde ese entonces se llevó a cabo la investigación, y se ha emitido un juicio final. El tribunal decidió que las acusaciones concernientes a Dreyfus y a Scheyer fueron probadas, y los condenaron a reembolsar con intereses los bonos a su precio de compra, como se prueba por los recibos de los agentes de cambio o por otros documentos. Sin embargo, Bischoffsheim fue absuelto de la demanda. El veredicto puede servir como una advertencia para futuros promotores de préstamos, pero puede ser de poco uso para los tenedores de bonos, ya que la firma de Dreyfus y Scheyer está en bancarrota y en liquidación; e incluso los tenedores de bonos fueron admitidos como acreedores ordinarios del patrimonio, y el pequeño dividendo sería absorbido por cuatro quintas partes de los costos que deja el tribunal a cargo de los apelantes.

**Fuente: The Economist**

## 1881-julio-21
## HONDURAS Y CUBA: UN CABLE PARA UNIRLOS: RUFIANES Y LADRONES EN LA HABANA.

Una carta con fecha de 16 de julio proveniente de La Habana dice: "Un periódico hondureño anuncia que el gobierno español le ha dado a don Vicente Mestre y Amábile, como representante del señor John A. Braun, de Inglaterra, permiso para tender un cable desde Cabo San Antonio, Cuba, hasta Belice, Honduras británica. La concesión se otorga bajo la condición de que el concesionario deberá atender la conexión del cable con las líneas terrestres, deberá hacer un depósito previo de $4,000 como garantía, y de que la tarifa no deberá sobrepasar las tarifas adoptadas por compañías que han tendido cables bajo circunstancias similares. Si el servicio de la línea se ve interrumpido por más de un mes debido a negligencia o mal manejo de parte de la compañía, el gobierno español puede tomar el manejo del cable, enviando los ingresos del servicio a la compañía después de deducir todos los gastos de administración, construcción y reparación. El gobierno inglés aprobó el proyecto y concedió todas las peticiones de la compañía.

El presidente de Honduras, Marco Aurelio Soto, se ha interesado en gran medida en este proyecto. La línea terrestre de Honduras se extenderá desde Puerto Cortés hasta Belice, en donde se conectará con el cable; muy pronto toda Centroamérica estará comunicada con Cuba. Dado que la garantía requerida ya ha sido depositada y que la compañía ya hizo los arreglos con una compañía inglesa fabricante de cables cuyo contrato establece terminar y tender el cable desde Belice hasta Cuba dentro de cinco meses, puede darse por sentado el que el proyecto no seguirá siendo una simple propuesta.

Todavía nadie sabe con certeza cuáles son los objetivos y cuál es la razón de la existencia de la asociación de negros asesinos llamada Ñáñigos. Todo lo que se publica en relación a esto es mera especulación. Se dice que cuando un nuevo miembro es admitido en la sociedad, en cuya ocasión hay un gran despliegue de ceremonias y simbolismos, este queda obligado a matar o herir a la primera persona con la que se encuentre al salir a la calle después de la ceremonia, para lo cual obtiene valor al beber la sangre de gallos sacrificados sobre un altar. Esta suposición se ha despejado gracias a la captura de unas 35 personas blancas en el acto de ser juradas como nuevos miembros, entre los que había jóvenes de las mejores clases de La Habana. No eran asesinos. Seis fueron enviados a la fortaleza Cabañas, pero se dice que ya han sido puestos en libertad; por eso se cree que todo el asunto de la asociación Ñáñigo no es más que charlatanería, aunque su programa primitivo era uno de asesinato y venganza.

El capitán general Blanco está determinado a acabar con los robos en la administración que por tanto tiempo le han traído desgracia al país y han sido una fuente de infortunio para la isla. Su proceder a este respecto es de encomiarse, y ahora es apoyado por un director general de la Tesorería cuya honestidad está por encima de la sospecha. Aparte de una gran conspiración para defraudar de nuevo a la tesorería a gran escala, lo que se descubrió hace solo dos días, también se ha iniciado una investigación sobre los supuestos fraudes que se cometieron durante el periodo de mandato del difunto director general, Lope Gispert. Se dice que el entonces subdirector, el señor Novelles, es buscado por los tribunales, pero que se fue a Nueva York y luego a Brasil. También se dice que el ex inspector de muelles, Dionisio Molina, fue enviado a la fortaleza Cabañas por su participación en las mismas transacciones.

**Fuente: The New York Times**

## 1881-NOVIEMBRE-06
## INUNDACIONES EN HONDURAS: VILLAS, GANADO Y LA VÍA FÉRREA ARRASTRADOS POR EL AGUA — PÉRDIDAS DE $20,000

*Filadelfia, 5 de noviembre.*

Un comerciante de Honduras hispana arribó el día de ayer a esta ciudad en el buque frutero D. J. Foley. En relación a las inundaciones en Honduras hispana, inundaciones en unas 200 millas del territorio y que se extendieron hasta Puerto Cortés, el señor Yates dice: "Cayeron lluvias intensas por varios días antes del 20 de octubre, lo que causó grandes inundaciones que arrastraron puentes y gran parte de la única vía férrea el país, que sale desde Puerto Cortés hasta 36 millas al interior. Esta vía fue construida por el gobierno a un costo de $42,000,000 y arrendada a una compañía. El daño a la vía se calcula en

$10,000,000, y se teme que el gobierno no sea capaz de reconstruirla. Dado que la vía era elemento importante en el comercio frutero, cargando frutas desde la parte trasera del país y entregándola en Puerto Cortés, que es el único puerto en el país, el desastre y la improbabilidad de la reparación de la vía interfieren seriamente con las operaciones fruteras del lugar".

Se dice que el número de personas que perdieron la vida en las inundaciones es de 500, aunque no se había confirmado esta información para cuando el caballero zarpó. Sin embargo, sí se sabía que pueblos, villas y todo el distrito frutero fueron destruidos y parcialmente arrastrados. La pérdida de ganado también es considerable. La pérdida total, incluyendo el daño a las vías, se estima en $20,000,000.

**Fuente: The New York Times**

### 1881-noviembre-07

Las embarcaciones que han llegado a puerto desde Honduras británica e hispana traen informes de grandes pérdidas por las inundaciones en el país. Se dice que se han perdido unas quinientas vidas y los daños a la propiedad alcanzan los $20,000,000.

**Fuete: Philadelphia Inquirer**

### 1881-noviembre-29
## UN ULTRAJE EN HONDURAS

NUEVA ORLEANS, 28 de noviembre. El gobierno ha recibido una notificación de W. C. Burchard, cónsul de los Estados Unidos en Roatán, de la captura por parte de autoridades hondureñas en Utilla de la goleta norteamericana May Eveline, de esta ciudad y del encarcelamiento del capitán por un supuesto defecto en el manifiesto en el tercer viaje anterior. El cónsul considera esto como un *casus belli*. Los documentos han sido enviados por los propietarios en este lugar al congresista R. L. Gibson en Washington.

**Fuente: The New York Times**

## 1882-abril-20
# LA VÍA PROPUESTA DESDE HONDURAS
*Albany, 19 de abril.*

Los artículos de asociación de la Compañía del Ferrocarril Interoceánico del Atlántico y Pacífico fueron registrados anoche con el secretario de Estado después de haber sido aprobados por el gobernador. La vía férrea y las líneas de telégrafo irán desde un punto en la Bahía de Honduras, cerca de Puerto Cortés, en la República de Honduras, hasta un punto en la Bahía de Fonseca, en la costa del Pacífico, y las líneas navieras conectarán las varias partes de los Estados Unidos con las de Honduras y otras en Centroamérica. El capital social es de $7,000,000 dividido en acciones de $100 cada una. Los directores son John I. Waterbury, Joseph L. Hance, Charles J. Canda, Henry W. Curtiss, Washington S. Valentine, George W. Smith, Eugene T. Lynch, Conrad Jordan. Nathaniel P. Banks, John J. Kiernan, y John B Woodward. De las acciones tomadas, a John I Waterbury se le acreditan 34,365 y a Joseph L. Hance la misma cantidad.

**Fuente: The New York Times**

## 1882-octubre-21
# OFICINA DE RELACIONES EXTERIORES

La Reina ha tenido el honor de aprobar al señor Guillermo Binney como cónsul general en Londres para la República de Honduras; al Sr. Enrico Burnley Heath como cónsul general en Londres, con jurisdicción sobre la costa de Inglaterra desde Land's End, incluyendo las islas Sorlingas, hasta el río Humber, exclusivo del puerto de Grimsby, y sobre la isla de Bermuda, para Su Majestad el Rey de Italia; al señor W. J. Knight como cónsul en el cabo de Good Hope, y al Sr. A. Brown como cónsul en Newcastle, Australia, para Su Majestad el Rey de los Belgas; al señor Albert Gerdes como cónsul para la costa de Coromandel, desde Madras hasta Cabo Comorin, para residir en Madras, para el Imperio Alemán; al señor Ruggiero Wella como cónsul para la isla de Malta, para Su

Majestad el Emperador de todas las Rusias; al señor John Worthington como cónsul en Malta para los Estados Unidos de América; y al señor Guillermo Morán como vice cónsul para Hull y Great Grimsby, y al señor Enrique Kelway como vice cónsul en Milford Haven para la República Oriental de Uruguay.

**Fuente: The London Times**

### 1882-octubre-21
## DEL LONDON GAZETTE, VIERNES 20 DE OCTUBRE

*Oficina de relaciones exteriores, 17 de octubre*

La Reina ha tenido el honor de aprobar al señor Gillermo Binney como cónsul general en Londres para la República de Honduras…

**Fuente:  London Times**

### 1883-enero-24
## EN RELACIÓN A LA COMPAÑÍA FERROVIARIA INTEROCEÁNICA DE HONDURAS (LIMITADO)

Una vez aprobadas las resoluciones para la liquidación voluntaria de esta compañía, se ordenó la continuación de la liquidación bajo la supervisión de la corte.  El señor Ince, C.R., el señor Romer, C.R., el señor Whinney, y el señor Tennant fueron los abogados que se presentaron.

**Fuente:  The London Times**

### 1883-enero-24
## NOTICIAS DEL FERROCARRIL

Un comunicado de Londres dice que se ha emitido una orden para la liquidación voluntaria de la Compañía del Ferrocarril Interoceánico de Honduras.

**Fuente: Philadelphia Inquirer**

## 1883-abril-06
# EMPRESA NORTEAMERICANA EN HONDURAS

*Panamá, 27 de marzo.*

El presidente Soto abrió el congreso de Honduras el día 19 de febrero. En su discurso, la declaración más interesante fue que, en relación al Ferrocarril Interoceánico, se había realizado un contrato con J. J. Waterbury y J. L. Hance, de Nueva York. Bajo este contrato se otorga un privilegio para la construcción de una vía férrea a través de la república desde la bahía de Honduras hasta la bahía de Fonseca. Los contratistas acordaron que tendría una buena construcción y que se le pondrían sus muelles y otras añadiduras necesarias. El privilegio es por una duración de 99 años, pero después de 30 años el gobierno tendrá la libertad de otorgar otras concesiones. Al fin de los 99 años la vía, junto con todas sus anexidades, se volverá propiedad del Estado.

El trabajo deberá empezar en marzo próximo y la vía se terminará dentro de cinco años. Por su parte, los contratistas se comprometen a arreglar el pago de la deuda incurrida en Francia e Inglaterra. Grandes porciones de tierra y permisos para trabajar en Opoteca y otras minas, así como permiso para conectar sus líneas con las de El Salvador y Tegucigalpa, son incentivos que Honduras les ofrece a los contratistas. Los señores Waterbury y Hance han organizado una compañía en Nueva York que llevará a cabo las estipulaciones del contrato.
**Fuente: The New York Times**

## 1883-julio-04
# EL PRESIDENTE DE HONDURAS VISITARÁ ESTADOS UNIDOS.

*Chicago, 3 de julio.*

Marco A. Soto, presidente de Honduras, llegará a Chicago la semana siguiente y será huésped de Warren Leland. Desde allí partirá hacia Nueva York y luego a Europa. Su viaje tiene el objetivo de familiarizarse con formas locales y europeas de gobernación.

**Fuente: The New York Times**

### 1883-julio-14

Don Marco Antonio Soto, presidente de Honduras, Centroamérica, llegó a Chicago el día de ayer acompañado de los miembros de su gabinete. Un comité de la Junta de Comercio recibió al grupo un poco después de su llegada, y les dieron una recepción informal en la sala de la Cámara de Comercio.

**Fuente: Philadelphia Inquirer**

### 1883-julio-23

Don Marco Aurelio Soto, presidente de la República de Honduras, y J. Rosa, su ministro de relaciones exteriores, llegaron a Nueva York hace algunos días y se han quedado en el Windsor Hotel. Es su primera visita a los Estados Unidos, así como a esta ciudad.

El presidente Soto dijo el día de ayer: "Mi intención es ir a Europa el 1 de agosto para ver el país. A mi regreso, probablemente conferiré con capitalistas sobre el ferrocarril y los proyectos mineros en Honduras, en los que los estadounidenses están interesados. El señor Rosa está capacitado para negociar la renovación del tratado entre nuestra república y los Estados Unidos, y para negociar también un tratado con España. Después de nuestro viaje a Europa, regresaremos a este país y nos dirigiremos a Washington con este propósito".

"¿A qué proyecto de un ferrocarril se refiere, presidente Soto?", preguntó el reportero.

"Al ferrocarril interoceánico de Honduras. Fue empezado hace quince años por capitalistas estadounidenses, ingleses y franceses, pero hubo algunos contratiempos y solo se han completado unas setenta millas de la vía. Empieza en Puerto Cortés, en la bahía de Honduras, y se extenderá al completarse hasta Amapala, en el Golfo de Fonseca, con una distancia de doscientas cuarenta millas. Esta vía fue incorporada en la ciudad de Nueva York.

"Cuando la vía quede completada, Honduras servirá como puerto de entrada para facilitar la comunicación entre los puertos de los Estados Unidos en los océanos Pacífico y Atlántico. El mercado para nuestros productos es de forma manifiesta Estados Unidos, y es igual de cierto que Centro y Suramérica ofrecen los mercados más favorables para los productos de este país".

El día de ayer por la mañana, el presidente Soto y el alcalde Edson se conocieron en el hotel.

**Fuente: Philadelphia Inquirer**

### 1883-julio-31

El presidente Soto, de Honduras, saldrá hacia Saratoga el día de mañana. No irá a Europa. Recientemente tuvo una entrevista que duró varias horas con el general Treviño, de México, con relación a los intereses de México y Centroamérica.

**Fuente: Philadelphia Inquirer**

### 1883-agosto-11
# LA LLEGADA DEL PRESIDENTE SOTO

El presidente Soto, de Honduras y los señores Ramón Rosa y J. J. Palma y el señor T. R. Lombard, de Nueva York, el cónsul de Honduras, llegaron a esta ciudad desde Nueva York el día de hoy. Fueron recibidos en el depósito por el comodoro Stevens y el jefe Hogg, del departamento de la marina, quienes los escoltaron hasta el hotel Arlington. Ellos pasarán el día de mañana como turistas y partirán mañana por la noche hacia el oeste.

**Fuente: Philadelphia Inquirer**

### 1883-agosto-13

El presidente de Honduras y su equipo acudieron al Departamento de Estado el sábado y fueron recibidos por el secretario en funciones Davis.

**Fuente: Philadelphia Inquirer**

### 1883-septiembre-04
## RIÑA PRESIDENCIAL

El presidente Barrios de Guatemala y el presidente Soto de Honduras han roto relaciones.

**Fuente: Philadelphia Inquirer**

### 1883-noviembre-03
## OTRO VISITANTE PRESIDENCIAL

*San Francisco, 2 de noviembre.*

El presidente Soto, de Honduras, salió de aquí esta mañana hacia Denver, en donde procederá hacia el este por medio del ferrocarril de Chicago, Burlington y Quincy.

**Fuente: Philadelphia Inquirer**

# CAPÍTULO III: BOGRÁN, ENEMIGOS Y MINERÍA

## 1883-noviembre-12
## UN NUEVO PRESIDENTE PARA HONDURAS
*Nueva Orleans, Luisiana, 12 de noviembre.*

Informes de Centroamérica señalan que el Congreso de Honduras se reunió y aceptó con prontitud la renuncia del presidente Soto y ordenó la elección de su sucesor. Hay cuatro candidatos en el campo, que son: el general Bográn, don Mónico Córdova, don Céleo Arias, y el general Delgado. El *Guardian* colonial dice que los dos últimos mencionados son supuestos instrumentos de Barrios y probablemente reciban su apoyo. También declara que, si se lleva a cabo una elección justa, sin lugar a dudas Bográn sería elegido; la cuestión es si Barrios permitiría el resultado de una elección justa que tal vez no esté en línea con sus maquinaciones ambiciosas. En general, el horizonte político en Honduras, y quizá de toda Centroamérica, se ve sombrío.

**Fuente: The New York Times**

## 1883-noviembre-27
## HONDURAS
*Nueva York, 26 noviembre.*

Información privada recibida aquí reporta que el señor Bográn ha sido elegido presidente de Honduras.

**Fuente: The London Times**

## 1884-mayo-09
## LUCHA ENTRE BRITÁNICOS Y HONDUREÑOS
*Nueva Orleans, 8 de mayo.*

El buque de vapor Raleigh del capitán Littlefield, proveniente de Bonacca, una de las islas de la bahía de la costa de Honduras hispana, arribó a puerto esta mañana trayendo las noticias de un alboroto que ocurrió el domingo 26 de abril que, aunque solo dos personas murieron y cuatro quedaron lastimadas, tiene casi la consecuencia de un problema internacional. Siempre ha existido una animosidad latente entre los hondureños hispanos y los súbditos británicos de la isla, quienes solo necesitaron una complacencia libre con el licor para provocar violencia. La narrativa del oficial del Raleigh es la siguiente:

En el día ya mencionado, de 60 a 75 hondureños se reunieron en uno de los pequeños cayos propiedad de la señora Connell, una súbdita británica. El ron fluyó con abundancia y los hispanos se pusieron borrachos y escandalosos. La señora Connell salió de su casa y le dijo a la multitud que o guardaran silencio o se fueran de su propiedad, después de lo cual fue atacada y golpeada severamente. Pronto llegó ayuda de sus compatriotas de cayos adjuntos, pero los hondureños se les abalanzaron con sus machetes o cuchillos. Algunos de los británicos estaban armados y lanzaron un vigoroso ataque en contra del enemigo, durante el cual dos hondureños fueron asesinados y cuatro resultaron heridos, y dos del grupo británico recibieron cortes de consideración. Entonces los súbditos británicos se retiraron y se refugiaron a bordo del Raleigh y de otras embarcaciones que estaban en el puerto esperando cargamentos de bananas, etc.

El lunes, los británicos se reagruparon en una gran fuerza y retomaron posesión de sus casas, muchas de las cuales habían sido destruidas o vaciadas durante su ausencia. Varios hondureños fueron arrestados y se les quitó el despojo que llevaban.

El lunes por la tarde, los principales alborotadores habían sido sentenciados a encarcelamiento y se había restaurado la paz. Sin embargo, los nativos han apelado a los oficiales británicos para recibir protección inmediata.

**Fuente: The New York Times**

## 1884-julio-21
## UN NUEVO PUERTO EN HONDURAS
*Del San Francisco (Cal.) Post.*

El buque norteamericano Ranger, del comandante Clark, ha regresado después de un viaje de 10 meses en aguas sudamericanas durante el cual se ha dedicado a un reconocimiento costero. El buque inspeccionó el gran río de marea, el Estero Real, que desemboca en el Golfo de Fonseca, y descubrió que es navegable para barcos grandes por 35 millas. Aparte de este útil reconocimiento, el Ranger realizó un trabajo de gran importancia para el Estado de Honduras. Actualmente, Honduras tiene una sola salida en el Océano Pacífico en Amapala. En este punto toda la mercancía debe ser llevada a los cargueros por barcos más ligeros por muchas millas. El Ranger exploró la Bahía de San Lorenzo y encontró un canal a unas cuantas millas del pueblo de San Lorenzo. Se cree que esta es la primera vez que un barco ha logrado navegar por el tortuoso canal. Hace cincuenta años, el almirante Belcher de la marina inglesa puso la bahía en el mapa, pero se descubrió que su mapa fue erróneo tanto en contorno como en alrededores. Así que es probable que el almirante nunca haya entrado a la bahía, sino que dibujó el mapa con observaciones tomadas desde las montañas. Cuando este canal se acondicione adecuadamente, permitirá enviar mercancía desde San Lorenzo con menos problemas y gastos que desde Amapala. Hace algún tiempo se hablaba mucho en esta ciudad sobre establecer una colonia en las cercanías de San Lorenzo. La intención era cultivar azúcar en las tierras bajas, excavar en las montañas y criar ganado en los valles altos. Si este plan llegara a ser una realidad, el descubrimiento del canal de San Lorenzo será de gran ayuda. De cualquier forma, el descubrimiento de un nuevo puerto es un asunto de gran importancia para la gente de Honduras.

**Fuente: The New York Times**

## 1884-agosto-08
# UNA RAZA DE GENTE PEREZOSA: VISITA A LA METRÓPOLIS DE HONDURAS
### Placer, el objeto de la vida; el cortejo, un asunto simple; esclavitud de las mujeres; una ciudad sin proyecto.

*Trujillo, Honduras, 22 de julio.*

Esta es una ciudad encantadora situada en la costa este de Honduras hispana, la cual goza de la reputación de ser el puerto marítimo más grande del país. No hay mucha gente en toda

Honduras hispana, y sus ciudades grandes son en realidad pequeñas en comparación con aquellas de sus repúblicas vecinas. Trujillo tiene 4,000 habitantes -o eso te dirán al aterrizar- pero es dudoso que puedas encontrar a tantos. No sería una tarea difícil contarlos tampoco, ya que el trabajo es algo desconocido aquí. Si deseas ver a un hombre no hay riesgo de que esté afuera. Invariablemente será encontrado sentado afuera de su mansión, una cabaña de techo de paja o tejas un poco más larga que un corral de cerdo, y con un número limitado de cuartos. Los días calurosos a veces generan la suficiente energía en los trujillanos para arrastrarse hacia la costa y observar a los botes llegar a través de las olas. Los niños de la familia estarán jugando en el pequeño patio frente a su cabaña, bajo la sombra de una palma cocotera, y las mujeres estarán adentro, así que no llevaría mucho tiempo contar a los habitantes.

Llaman a Trujillo una ciudad, y, de hecho, es el lugar más importante en la república. Es un lugar muy viejo, fundado por los indios. Mientras te acercas a la costa, casi el primer objeto que llama la atención es una vieja pared construida por Cortez, quien pensó mucho en la ciudad. El viejo pueblo apenas y ha cambiado desde que ese valiente soldado estuvo allí y construyó sus ligeras, pero suficientemente fuertes, fortificaciones. Hay una nueva porción de la ciudad que está ocupada por algunos escoceses y norteamericanos que hacen todos los negocios del lugar. La parte más vieja de la ciudad yace al lado de una colina elevada, y los techos de las casas se alzan uno por encima de otro en líneas regulares dándole una apariencia muy pintoresca desde el mar. Justo a lo largo de la orilla hay filas de árboles de cocos, palmeras y cedros, mientras que a lo largo de la colina algunos parches de verde son pequeñas plantaciones de banana que mantienen a una familia mestiza. Algunas piñas están intercaladas, y de vez en cuando un grupo de árboles de naranjas.

Más arriba de la colina se encuentran claros de pasto, y éstos, de un tono diferente, ayudan a que la ladera de la montaña destaque al sol una abigarrada masa de verde. La parte superior está cubierta con mucha madera, y más atrás las montañas se apilan una encima de la otra. Era mediodía cuando anclamos un poco frente a la costa, y la palidez veraniega y la languidez descansaban sobre el pueblo. El silencio que impregnaba cada parte del lugar era doloroso. Nadie se movía en la costa, y las miserables chozas de los indios parecían desiertas. Una ligera brisa soplaba sobre las hojas de las palmeras de aquí para allá, y la rica vegetación se inclinaba en elegantes curvas. Banderas ondeaban desde el barco para hacerles saber a los comerciantes que teníamos carga para ellos. Pero no hacía ninguna diferencia. Nadie estaba cerca para manejar las canoas en las que las cosas debían ser llevadas a tierra.

Nuestro capitán farfulló en italiano, inglés y español, aunque lo mismo había sucedido 30 veces antes. El comerciante de Trujillo se sentó en silencio fumando un cigarro en una inmensa pipa de espuma de mar, sobre la cual se diseñó a Washington cruzando el Delaware. Cuando el cigarro estaba en su boca su cara permanecía oculta, y no parecía tener ninguna prisa en ir a tierra. Me subí en el bote del contador, y en la cima de un gran rodillo fui lanzado al mar de una manera que me dejó sin aliento. Un soldado que usaba botas de infantería, pantalones rojos de artillería, y el abrigo y capa de un soldado de caballería, nos saludó con los brazos abiertos mientras bajábamos a tierra, y pronto dos norteamericanos, que tuvieron la mala suerte de estar ubicados en el viejo pueblo, bajaron a la playa.

Después de encontrar a un caribe para que cargara una bolsa de dinero que el contador había traído consigo, comenzamos a ir por la amplia calle que conduce a la propia ciudad. Es la calle de negocios del lugar; en cada lado había tiendas de comerciantes escoceses que dirigen el pueblo. Nos detuvimos en la aduana, pero estaba cerrada. Es un edificio en forma de cuadro, que parecía una miniatura de las tumbas. Los oficiales de la aduana estaban fuera, y la primera cosa que teníamos que hacer era encontrarlos. No tomó mucho. Estaban en un "molino de ginebra" más adelante en la calle. El molino de ginebra de Trujillo merecía su nombre, pues muy pocos licores, además de la ginebra, son vendidos.

Los oficiales de aduana estaban sentados en una mesa cuadrada, con una gran jarra de agua colgando sobre sus cabezas y un frasco de ginebra y un paquete de cartas españolas ante ellos. Habían estado jugando monte con el dinero que recibieron del último barco que llegó. Sonrieron cuando vieron la bolsa de dinero y empezaron a servir más ginebra. Los salones de Trujillo están en su mayoría detrás de tiendas de comestibles o productos secos. Pasas a través de los mostradores, deambulas por pasillos, y finalmente llegas a un cuarto pequeño, donde las tapas se guardan en jarras de piedra. Sin embargo, no hay razones por las que no deberían estar abiertos, pues las leyes de impuestos especiales de Honduras no son muy estrictas. El gobierno profesa que no se permiten la venta de licores que no sean elaborados en Honduras. No obstante, se ha traído mucho, y la destilería del gobierno no está ganando tanto dinero como debería. Sucede lo mismo con los cigarros. Solo cigarros hondureños se pueden comprar en Trujillo. No cuestan mucho, y son los peores cigarros jamás hechos. Si fumas uno, jamás lo olvidarás.

Tomó bastante tiempo poder alejarnos de los oficiales de aduana, aunque no tenían que examinar ningún equipaje. Grandes cargamentos pudieron haber sido descargados mientras ellos estaban en ese salón. Al pasar la colina, la plaza y el fuerte pronto estuvieron a la vista. El fuerte ocupa un lado de la plaza, mientras que del lado opuesto están las residencias de muchos españoles y uno o dos norteamericanos. La plaza abarca cerca de 8 acres de terreno, y desde allí uno tiene una vista esplendida del mar. El fuerte es un gran asunto. En la puerta hay un guardia todo el día. Es uno de veinte soldados que el gobierno ha colocado en Trujillo. No hay dos que usen el mismo tipo de uniforme y parece haber más oficiales que hombres. Su labor principal es vigilar a los convictos, quienes están colocando césped en la plaza. Miré a cinco convictos trabajando.

Durante la tarde cada uno coloco tres piezas de césped de alrededor de un pie cuadrado cada una. Cinco soldados los observaban mientras que un capataz maldecía. Derramaban sudor en torrentes de tal modo que refrescaba el césped y este no necesitaba agua. Cuando dieron las 6 en punto cada soldado colocó a su convicto a punta de bayoneta y los llevaron marchando a cenar. El gobierno no alimenta a sus convictos, y, después de su trabajo, deben ir de puerta en puerta a rogar por algo de cena con un soldado siempre detrás de ellos. Es una duda quién tiene la mayor dificultad, el soldado o el convicto. Después de que los convictos hubieron obtenido su cena, que es, generalmente, una muy ligera, son encerrados en una vieja ruina de cárcel, dónde cada uno de ellos, con el menor esfuerzo, podría escapar.

Los soldados de Honduras están locos por la música, y todo el día uno escucha las cornetas sonando una y otra vez, mientras el golpeteo del tambor es incesante. Al amanecer, al mediodía y al atardecer marchan por el pueblo con bastante música, y el patio de armas se mantiene muy ocupado con reclutas aprendices o con otra cosa. Los soldados no duermen en el fuerte en épocas de paz, sino que bajan a la orilla del mar y duermen en hamacas que se balancean debajo del cobertizo. El indio de honduras no es un buen soldado. Es difícil de enseñar y tan perezoso que le toma una hora cambiar su arma de "hombro derecho" a "levantar", y mientras la levanta para ponerla en un "soporte" el espectador se queda dormido. El comandante, general o coronel, o cualquier cosa que sea, proviene de España, y sabe cómo se debe disciplinar a una compañía, pero ha renunciado a los soldados hondureños como incorregibles.

Debido a que no hay hoteles, posadas u hostales de ningún tipo en Trujillo, es una tarea difícil conseguir dónde comer y dormir. Un minero norteamericano se encargó de mí, quién había traído a su esposa con él. Se instalaron en las habitaciones superiores de una casa frente a la plaza y con vista al mar. El minero tuvo muchas dificultades para encontrar un lugar para su esposa. Algunas veces tuvieron problemas para conseguir suficiente alimento, y, en una o dos ocasiones, pasaron hambrunas. Era un hombre de recursos considerables y tenía suficiente dinero, pero había una escasez de provisiones en el lugar. Los nativos crían lo suficiente para mantenerse con vida, y no venderán lo que tienen. Comimos pollo como nuestra primera cena, que, afortunadamente, un caribe había encontrado en algún lugar.

Tuve el placer de asistir a una gran cena en Trujillo. Fue un gran asunto por el estilo usado, en lugar de por la abundancia de platos. Había un sirviente por cada plato, y ese plato era todo lo que él debía atender. De hecho, este es el modo de los sirvientes de Trujillo. Ellos se sentirían ofendidos si fueran llamados a hacer cualquier otra cosa que no fuera su peculiar labor. El sirviente que coloca los manteles no hará ninguna otra cosa hasta que la siguiente comida llegue, y el sirviente que barre se toma un descanso hasta el siguiente día. Si uno no puede mantener cien sirvientes en Trujillo, de igual modo puede arreglárselas sin ellos. Los hombres especialmente son muy cuidadosos con lo que hacen. Si a uno se le ordena juntar palos para hacer un fuego él hará que una mujer vaya detrás de él. Nunca debe de ser visto trayendo algo. Gastaría todo su salario en contratar a alguien en lugar de hacerlo el mismo. Las mujeres no son particulares y harán cualquier cosa.

La parte vieja de Trujillo solo tiene cabañas, y los residentes de la parte nueva rara vez visitan la parte vieja. Estas cabañas están llenas de pulgas, y son los hoyos más sucios de la tierra. Al pasar por la casa de un caribe lo escuchamos golpear a su esposa adentro. Los caribes mantienen disciplina, y sus esposas la reciben a menudo. A veces se digna a decirle por qué la golpea, pero se supone que ella debe saber, y generalmente lo hacen. Ella debe de hacer todo el trabajo, cultivar las bananas y batatas, mantener la pequeña plantación despejada, tener los alimentos listos, y atender a los niños, mientras él se sienta en la entrada todo el día. Sus únicos agradecimientos serán unos golpes con la correa. Día tras día ellas aguantan estas golpizas sin murmullar.

Trujillo debería ser una ciudad grande y próspera. Su puerto es profundo, bien protegido y espacioso; pero no hay vida en el lugar. Todos los negocios del interior se hacen aquí, y los productos son llevados adentro en las espaldas de mulas. Estas carreteras –o más bien, caminos– al interior son extremadamente peligrosos; sin embargo, el gobierno no puede ser inducido a construir una buena carretera. No hay muelle aquí, una necesidad que ha existido por años. Todo tiene que ser llevado a la orilla del mar en canoas, y, si la marea es alta, la pequeña embarcación no puede salir. El Oteri estuvo anclado por ocho horas antes de que cualquier hombre pudiera ser contratado para llevar el cargamento a tierra. Después trabajaron toda la noche y finalmente lo llevaron a la orilla de la playa. Cuando los productos llegaron a tierra cada caja y barril fueron cargados o rodados un tercio o media milla hasta las tiendas cuesta arriba. Hay un carro en el lugar, pero está descompuesto y nadie tiene el interés de arreglarlo. Yace a un lado del camino; probablemente permanecerá allí hasta que un norteamericano quiera usarlo y lo repare. Alguna empresa norteamericana aún puede hacer prosperar a la ciudad, y se habla de una carretera del gobierno hacia Tegucigalpa. Esta, junto con un buen muelle, harían de Trujillo el puerto de distribución del país. La fruta crecería bien en Trujillo, pero se ha hecho poco al respecto.

Hay una cosa que está despertando a los ciudadanos. Ellos han decidido tener obras de agua en el pueblo. Esto fácilmente puede conseguirse y de una manera muy barata, pero lograr que los trabajadores dejen sus pipas es lo complicado. El gobierno tendrá que colocar a los convictos del país en el trabajo y obligar a otros hombres a trabajar a su lado. Si esta mejora se consigue, otras probablemente la seguirán. Si los pronósticos de los residentes norteamericanos tienen algún valor, Trujillo será grande y próspera. William Walker, quien intentó introducir la esclavitud de un modo pequeño en Centroamérica, fue ejecutado en Trujillo y, tratándose del único evento que ha ocurrido en la ciudad, la gente está muy feliz cuando encuentran a un nuevo hombre sobre el cual infligir la historia. Me lo dijeron antes de llegar a la ciudad y en el camino a través de ella se señaló el lugar. El asunto no reflejó un gran crédito entre los soldados trujillanos. Colocaron a Walker en una silla y una fila de soldados a poca distancia dispararon. Walker fue alcanzado por dos balas, pero no murió, transcurrieron algunos minutos hasta que finalmente fue eliminado. Solo queda uno de sus hombres viviendo en Centroamérica y está viviendo como ermitaño camino arriba de las montañas. No hay nada que mirar en la ciudad. Tiene una iglesia católica que no está bien cuidada. La religión no avanza en Trujillo. No hay demanda de escuelas, y aquellas que han sido iniciadas por norteamericanos han fracasado por falta de patrocinio. Los niños crecen sin aprender a leer y simplemente aprenden inglés y español de lo que escuchan en las calles.

El cortejo en Trujillo es una cuestión simple. Un joven se acerca a una muchacha de 14 años y le hace un regalo y después la invita a vivir con él. Ella acepta si está atraída por él. Si el joven le da regalos ella permanecerá con él. Si la descuida en ese asunto, ella lo abandonará por otro joven más atento y atractivo. Los Trujillanos adinerados encuentran placer en la equitación. Los caballos son pequeños pero rápidos y fuertes. Hay algunos cadetes escoceses en el lugar que intentan despertar un poco de emoción, pero lo encuentran difícil y terminan cayendo en la vida indolente de los nativos. El negocio va lento para ellos en esta época del año. Entré en la tienda más grande para comprar un carrete de hilo y cinco jóvenes me atendieron. Por la noche ellos se bañan en la bahía y, para las 9 de la noche, ya están en cama. El siguiente día es igual al anterior, sentándose cerca de una tienda todo el día, tomando una siesta al mediodía y leyendo novelas sencillas. De vez en cuando se improvisa una caza de un jaguar para variar, pero está demasiado caliente para cazar algo con excepción de las mañanas. Estos hombres jóvenes ganan $25 a la semana y piensan que están aprendiendo a hacer negocios. En dos años desde el momento en que llegan, cada uno está de regreso en el viejo país, un poco más rico en dinero y millonario en escalofríos.

**Fuente: The New York Times**

## 1884-octubre-31
# LA UNIÓN POSTAL

*Para el editor de The Times.*

Señor, permítame por medio de *The Times* preguntar por qué la República de Honduras no ha sido incluida en la unión postal. Seguramente este país rico y altamente productivo puede solicitar ser colocado, al menos, al mismo nivel que los países circundantes de Guatemala, San Salvador, Nicaragua, etc. La tarifa de franqueo para estos países es de 4 peniques por ½ onza, mientras que en Honduras es de 1 chelín por el mismo peso. Esto parece excesivo al compararlo con los Estados ya mencionados estando estos en el lado del Pacífico de Centroamérica, mientras que el país más floreciente, Honduras, está sobre la costa del Atlántico y, por supuesto, mucho más cerca que cualquiera de los otros; y aun así paga el triple por la cantidad de franqueo por carta.

¿Es que acaso no puede nuestro excelente administrador postal general encontrar la forma de cambiar este asunto?

Una reducción en el franqueo para esta república haría que la tarifa fuera la misma en toda Centroamérica, y esto resultaría, estoy seguro, en que se multiplicara la correspondencia que ya existe entre Gran Bretaña y la República de Honduras.

Rogando que pueda presentar esto ante el público, quedo, señor, a su completa disposición.

Ricardo Gutiérrez

10 Leade hall-street, E.C., 28 de octubre.

**Fuente: The London Times**

## 1884-noviembre-04
## LAS NOTICIAS MÁS RECIENTES DE HONDURAS

*Panamá, 25 de octubre.*

La reunión entre los presidentes de Honduras, El Salvador y Guatemala concluyó de forma amigable, pero todos parecen convencidos de que los resultados obtenidos no han promovido la muy deseada formación de la Federación Centroamericana. Los intereses de los estados pequeños están en conflicto con los del estado más grande, Guatemala, y hasta que esa república se divida en facciones, la unión parece ser imposible. Esta declaración puede parecer contradictoria, pero la verdad es que todos los demás temen la forma en que Barrios ejerce el poder de forma individualista.

**Fuente: The New York Times**

## 1884-NOVIEMBRE-04
# PANAMÁ: EL FRACASO EN LOS ESFUERZOS PARA FORMAR UNA FEDERACIÓN CENTROAMERICANA

*Panamá, 25 de octubre.*

La reunión de los presidentes de Honduras, El Salvador y Guatemala terminó de forma amistosa, pero todos parecen convencidos de que los resultados obtenidos no han promovido la muy deseada formación de la federación centroamericana. Los intereses de los países pequeños están en conflicto con los del mayor (Guatemala), y hasta que esa república se divida en fracciones, la unión parece ser una imposibilidad. Esta declaración puede parecer contradictoria, pero la verdad es que todos los demás tienen temor de un poder soberano en manos de Barrios.

**Fuente: Philadelphia Inquirer**

## 1884-noviembre-14
# LAS NOTICIAS MÁS RECIENTES DE HONDURAS

*Panamá, 5 de noviembre.*

Se llevaron a cabo las elecciones para el Congreso de 1885 en todo Honduras durante el pasado sábado de octubre. Dos quintales de dinamita explotaron en Valle de los Ángeles el 12 de octubre. Tres casas fueron destruidas y muchas otras recibieron daños. Dos hombres murieron y 12 más quedaron heridos de gravedad.

**Fuente: The New York Times**

## 1885-MARZO-13
# CENTROAMÉRIC: LA PROCLAMACIÓN BOMBÁSTICA DEL PRESIDENTE BARRIOS EQUIVALE A NADA

*Libertad, San Salvador, 12 de marzo, vía Galveston.*

El día 5 de marzo, el presidente Barrios de Guatemala declaró en la asamblea de ese país que Centroamérica debería constituir una república, y, al mismo tiempo, anunció

174

públicamente que él asumiría el mando de todas las fuerzas militares de los distintos países. Esta declaración fue aceptada por Honduras, pero rechazada por San Salvador, Nicaragua y Costa Rica. Las fuerzas de Guatemala empezaron a marchar contra San Salvador inmediatamente. La gente de esta última república se levantó como un solo hombre para resistir la invasión, y ayer Guatemala paró las hostilidades.

Sin embargo, el presidente Barrios envió una petición al presidente Zaldívar, de San Salvador, pidiendo que esta república nombrara a dos comisionados que deberían ir a Guatemala con el poder para tratar la actual crisis. Aún no se sabe si esta petición recibirá alguna atención.

Mientras tanto, el presidente Zaldívar telegrafió detalles de la situación al general Díaz, presidente de México, y le ha pedido que use su influencia para prevenir derramamiento de sangre. En respuesta a esto, el general Díaz le envió el siguiente telegrama al presidente Zaldívar: Su telegrama del día 7 de este mes es comprendido. Yo he tomado las precauciones necesarias en contra de cualquier contingencia que surja. He telegrafiado al presidente Barrios lo siguiente:

"Su telegrama del día 7 de este mes, que anuncia su determinación para declarar Centroamérica como una república y de asumir el mando de las fuerzas armadas del mismo ha sido recibido. Esta declaración ha sido hecha solamente por su asamblea, y ha sido rechazada enérgicamente por sus repúblicas hermanas. Estas circunstancias han creado tal antipatía hacia su curso entre los ciudadanos mexicanos que mi gobierno será obligado a tomar acción inmediata para prevenir la ejecución de su amenaza en contra de las naciones hermanas de este continente".

El pueblo de San Salvador es entusiasta en su determinación de preservar su independencia. El sentimiento patriota corre tan fuerte que el presidente Zaldívar tiene una dificultad extrema para contener a sus tropas. Se están haciendo esfuerzos extenuantes en Costa Rica para resistir a Barrios, y un gran número de soldados están listos para moverse con prontitud. Se manifiesta gran entusiasmo y confianza en el resultado final.

En la ciudad de San Salvador se tuvo una reunión masiva de nativos y comerciantes extranjeros esta tarde, y, debido a la acción del presidente Díaz en la actual crisis, se decidió unánimemente erigir una estatua en su honor.

El reconocido aborrecimiento de derramamiento de sangre por parte del presidente Zaldívar y la poderosa alianza con México levantó la esperanza de que se evite la guerra. Se cree que el presidente Barrios no intentará reforzar su presuntuoso decreto de una república centroamericana. Las repúblicas que se oponen a su plan confían que en alianza son lo suficientemente fuertes para derrotar cualquier fuerza que el presidente Barrios pueda convocar en Guatemala si él persiste con su propósito.

**Fuente: Philadelphia Inquirer**

### 1885-marzo-13

La proclamación del presidente Barrios, de Guatemala, declarando como unidos a los países centroamericanos, ha sido aceptada solo por Honduras. Los otros países se están preparando activamente para oponerse, y el presidente Díaz, de México, le ha advertido que desista de su plan.

**Fuente: Philadelphia Inquirer**

### 1885-marzo-14
# VETO POR EL PRESIDENTE DÍAZ

*Ciudad de México, 13 de marzo, vía Galveston.*

El gobierno mexicano ha tomado acciones decisivas en contra del general Barrios, presidente de Guatemala, quien ha asumido el mando militar de las cinco repúblicas centroamericanas, Nicaragua, Costa Rica, Honduras, San Salvador y Guatemala. El día 7 de este mes, el presidente Díaz fue notificado por Barrios de que la asamblea de Guatemala había declarado a la unión de los estados arriba mencionados en una república.

El día 9 y 10 el presidente Díaz recibió telegramas de los presidentes de San Salvador, Costa Rica y Nicaragua protestando en contra de este intento sobre su independencia, y más tarde él telegrafió a Barrios diciéndole que su pretensión era una amenaza en contra de la independencia y autonomía de las naciones de este continente. Se enviaron copias de este telegrama a los presidentes de San Salvador, Costa Rica y Nicaragua, y el contenido causó el mayor entusiasmo entre la gente de estas repúblicas, pues creían que la actitud del gobierno mexicano detendría a Barrios.

El ministro guatemalteco aquí se ha retirado de la posición que tenía como ministro para San Salvador.

El señor Ignacio Mariscal, ministro mexicano de relaciones exteriores, ha informado al ministro de Guatemala que el gobierno mexicano está obligado, debido a la determinación guerrera de Guatemala, a tomar medidas para proteger su frontera e intereses nacionales, como cada nación prudente lo debe hacer cuando sus vecinos están en un estado de guerra. El señor Mariscal también dijo que México no habría tenido ninguna objeción en ver a Centroamérica unida, si ese fuera el deseo de todas las repúblicas, pero como tal unión solo es deseada por una, y es rechazada por las otras cuatro, México no lo puede aprobar.

**Fuente: Philadelphia Inquirer**

### 1885-marzo-18

La acción rápida del gobierno en relación a los procedimientos prepotentes del presidente Barrios en Centroamérica pondrán a prueba la supuesta capacidad de nuestra marina y logrará mucho en indicar cómo debe fortalecerse en el presente. En muy poco tiempo tendremos un gran escuadrón de buques de guerra en La Unión, y el General Barrios sentirá el riesgo y la responsabilidad que ha asumido al declararse a sí mismo dictador de los países de Centroamérica por el efecto moral de la presencia de nuestra flota, además de la resistencia a su arrogancia y usurpación del poder por parte de la gente de todos los países excepto Guatemala y Honduras.

**Fuente: Philadelphia Inquirer**

# CARTA DEL SECRETARIO BAYARD SOBRE LOS MOVIMIENTOS DE BARRIOS

La siguiente carta fue enviada por el secretario Bayard al senador Miller, presidente del comité del senado de relaciones exteriores, el día de ayer:

Departamento de Estado, Washington, D.C., 16 de marzo de 1885. —Señor: Tengo el honor de reconocer la recepción de su carta del día 14 de este mes en la que se solicita, de parte del comité de relaciones exteriores, que se le presente la información que este departamento pueda poseer en relación al supuesto intento del General Barrios, presidente de Guatemala, "de capturar el territorio o destruir la integridad de las repúblicas de Nicaragua, Honduras, San Salvador y Costa Rica, y sobre qué pasos se han dado o se están dando por parte del departamento para la protección o mantenimiento, en base a los tratados actuales o pendientes con las repúblicas de Centroamérica, de los derechos ahí existentes de los Estados Unidos; también, cualquier información que pueda tener el Departamento de Estado sobre cualquier interferencia o participación en las dificultades informadas en dichas repúblicas centroamericanas por parte de potencias europeas"; y después declarando la buena disposición de su comité para considerar cualquier sugerencia en las premisas que pueda hacer en respuesta a su carta.

La correspondencia por telégrafo que ha sido intercambiada con este departamento sobre el tema, copias de las cuales se anexan, le dará a su comité toda la información que hasta el momento tiene este departamento, así como las acciones tomadas.

El primer informe recibido aquí en relación a este movimiento revolucionario fue un telegrama dirigido al presidente de parte del General Barrios recibido el día 7 de este mes, anunciando que "con el propósito de lograr una unión entre los países de Centroamérica y hacerlos una república", él había, "con la aprobación de la asamblea, asumido el título de jefe militar supremo", y que el ministro de relaciones exteriores de Guatemala vendría pronto a Washington.

Durante la noche del mismo día, el 7 de marzo, recibí un telegrama del señor Castellón, ministro de relaciones exteriores de Nicaragua, declarando que el decreto mediante el cual el General Barrios asumió el comando militar de Centroamérica fue aprobado por la asamblea de Guatemala la noche anterior, que Nicaragua estaba lista para repeler a toda costa este intento de absorción por la república, y que, para evitar la guerra, Nicaragua solicitó la interferencia del gobierno de los Estados Unidos.

El día 9 de este mes, el presidente recibió un telegrama del presidente Zaldívar, de San Salvador, informándole que las repúblicas de San Salvador, Nicaragua y Costa Rica habían tomado la determinación de resistirse enérgicamente al intento del General Barrios de forzar una unión centroamericana, y, en vista de los informes de que tropas guatemaltecas habían sido enviadas para atacar a San Salvador, se le pedía con prontitud a este gobierno el considerar este conflicto inminente mediante un "cablegrama".

Un comunicado del señor Hall, el ministro de los Estados Unidos en Centroamérica, recibido el mismo día, eliminó toda duda del carácter hostil y subversivo del movimiento del General Barrios al informar que el decreto de la asamblea de Guatemala fue adoptado sin ningún aviso y sin consultar previamente con los otros países. También parece ser que Honduras, el vecino de al lado y aliado político de Guatemala, simpatizaba con el movimiento, y probablemente tomaría parte activa en este.

Este departamento expresó con prontitud el punto de vista de este gobierno en oposición al proyecto revolucionario del General Barrios, y se le envió un telegrama al ministro Hall, en Guatemala, instruyéndole que este gobierno, aunque cree que una asociación voluntaria de intereses de los países centroamericanos es algo deseable, no condona ningún despliegue de fuerza por uno o más países para obligar a los otros, y Estados Unidos está listo para ejercer su influencia para evitar un conflicto y promover la paz.

Mensajes similares fueron enviados el día siguiente a los gobiernos de Nicaragua y San Salvador, de los cuales se habían recibido solicitudes directas de apoyo. También he tenido, desde entonces, una conferencia verbal con el ministro de Costa Rica, y le he comunicado una garantía similar con respecto a su gobierno.

Ninguna comunicación se ha recibido o enviado al gobierno de Honduras en este respecto.

El gobierno mexicano, tras la solicitud del gobierno de San Salvador, tomó de inmediato las medidas que, por ser contiguo su territorio con el de Guatemala y por la posible desconfianza de la amistad de Barrios, le han parecido prácticas, y tal vez una necesidad política, y ha anunciado su intención de prevenir la ejecución de la amenaza del general Barrios en contra de sus países hermanos.

El ministro mexicano en esta capital me ha informado sobre las acciones tomadas por México, y he tenido el placer de informarle al señor Romero que este gobierno protestará enérgicamente en contra, y usará toda su influencia moral y prestará sus oficios para prevenir la destrucción de la autonomía de los países centroamericanos, y que para este fin agradecería tener la cooperación de México.

Me han llegado más detalles de la situación por medio de la Compañía de Telégrafo de Centro y Sudamérica, que tiene una estación en La Libertad, San Salvador. Estos telegramas, aunque no oficiales, se le comunican aquí para informarle a su comité. De estos parece entenderse que el día 10 de este mes el movimiento expedicionario guatemalteco en contra de San Salvador fue detenido, y el General Barrios le ha pedido al presidente Zaldívar que envíe a dos comisionados para llegar a un acuerdo.

Puedo añadir que el ministro de Costa Rica me ha informado el día 14 que el gobierno mexicano ha cambiado su legación de Guatemala a San Salvador, y que el Sr. Batros, quien, además de representar a Guatemala y Honduras en esta capital, también fue acreditado ministro de San Salvador, ha sido privado de esta última misión debido a su asociación con el movimiento del General Barrios en Guatemala. Un telegrama recibido el día 14 de parte del ministro de relaciones exteriores de San Salvador, me informa que esa república enviará un nuevo ministro acá, y yo he respondido prometiendo una cordial bienvenida.

Tras mi solicitud, hecha cuando la situación en Centroamérica debido al movimiento del General Barrios se hizo clara, el secretario de la marina ha dirigidos los buques disponibles de los escuadrones del Atlántico y el Pacífico hacia aguas centroamericanas para responder a cualquier emergencia que requiera proteger los intereses estadounidenses.

Se supone que el *Swatara* ya ha llegado para estos momentos a Livingston, Guatemala. El *Galena* y el *Powhatan* están ahora en Aspinwall, en donde esperarán órdenes, ya que es poco probable que se necesite su presencia inmediata en la costa del Atlántico de Centroamérica, a menos que el gobierno de Honduras se torne agresivo, y su presencia en el istmo de Darien sea necesaria en vista de la formidable insurrección que ahora controla los puertos de Colombia en el Caribe hasta las fronteras de Panamá. El *Tennessee* (barco insignia), el *Alliance* y el *Yantic* están ahora en Nueva Orleans, con facilidad de llegada. En el lado del Pacífico, el *Wachusett*, ahora en camino a San Francisco, ha recibido órdenes de dirigirse a La Unión, San Salvador, para esperar más órdenes. El *Shenandoah*, que ahora está en la costa de Chile o Perú, ha recibido órdenes de ir a Panamá para recibir instrucciones. Si es necesario, el *Iroquois* también puede ser llamado a ese lugar.

Su carta pide información de los pasos dados o contemplados para proteger o mantener los derechos de los Estados Unidos en Centroamérica en base a tratados actuales o pendientes. Los únicos tratados que confieren derechos o imponen obligaciones que pueden verse afectados por la extinción de la soberanía independiente de los países contratantes son los que se han acordado con Honduras y Nicaragua.

El artículo quince del tratado de 1864 con Honduras tiene referencia especial al proyecto no realizado de una vía férrea a través del territorio hondureño, y garantiza la completa neutralidad de esa vía siempre y cuando Estados Unidos disfrute de los privilegios estipulados de tránsito, y, además, que los Estados Unidos, junto con Honduras, protegerán dicha vía de interrupciones o capturas desde donde vengan. Al todavía no haberse construido la vía y al ser Honduras parte del intento revolucionario de subyugar las libertades de las repúblicas hermanas, no es evidente que este gobierno tenga alguna obligación en base a ese tratado.

El tratado de 1867 con Nicaragua contiene estipulaciones de protección y garantía con respecto al tránsito terrestre y al proyecto de un canal a través del territorio de Nicaragua.

En el artículo 15, Estados Unidos acuerda proteger esas vías de comunicación y garantizar la neutralidad y el uso lícito de las mismas. El artículo 16 establece que, si se requiere una fuerza militar para la protección de personas o propiedad que transite por esa vía o por el canal, y si Nicaragua no puede otorgar esa protección, Estados Unidos, con el consentimiento o tras la solicitud de Nicaragua, podrá emplear la fuerza para este único propósito; y, además, este empleo de la fuerza se llevará a cabo acatando las leyes del congreso, leyes que todavía no han sido redactadas. El canal contemplado cuando se llevó a cabo el tratado de 1867 no ha sido construido, ni siquiera empezado, y la ruta de tránsito terrestre ha caído en desuso. En ausencia de la legislación requerida del congreso de los Estados Unidos regulando el empleo de la fuerza para la protección de tránsito, y en vista del abandono del tránsito mismo, no es fácil ver qué derecho u obligación de interferir puede ser ejecutable por este gobierno.

El tratado pendiente para la construcción de un canal de barcos, firmado el 1 de diciembre de 1884, estipula una alianza para proteger la integridad del territorio de Nicaragua y proteger el canal mismo. Ese tratado, que está pendiente de consideración por el senado, acaba de ser retirado por el presidente para su reexaminación.

Este departamento no tiene información de ninguna fuente de que alguna potencia europea haya interferido o participado, o contemple interferir o participar, en las dificultades actuales de Centroamérica.

En respuesta a la invitación de su comité de que envíe las sugerencias deseadas en vista de estos asuntos, solo puedo expresar mi convicción de que, aunque este gobierno está interesado en la asimilación de los objetivos de los países centroamericanos para que puedan actuar voluntaria y armoniosamente juntos en forma de república para alcanzar objetivos nacionales y continentales, de manera inflexible se rehúsa a consentir cualquier medida subversiva en contra de la autonomía libre de cualquier de los varios países. Los intereses y deberes de Estados Unidos en los asuntos de los países centroamericanos, y en lo que se refiere a obligaciones por tratados concernientes que ya he recitado, deben manifestarse de acuerdo con la política consistente e histórica de esta nación hacia los estados del sistema americano. Creyendo que la influencia moral y los oficios de los Estados Unidos pueden ser un buen agente para la preservación de la paz dentro de los límites de esta política, soy incapaz de sugerir cualquier acción de parte del senado.

Tengo el honor de quedar, señor, a su entera disposición.

T. F. Bayard

El honorable John F. Miller, presidente del comité de relaciones exteriores del senado.

A continuación, se presenta el telegrama del secretario Bayard al ministro Hall:

Departamento de Estado, Washington, 10 de marzo. — Hall, ministro, Guatemala: Se ha recibido su telegrama cifrado. Este gobierno, aunque cree que una combinación voluntaria de los intereses de los países centroamericanos es deseable, no da su consentimiento ante cualquier uso de la fuerza por uno o más países para obligar a los otros. Estados Unidos está listo para ejercer su influencia para evitar un conflicto y promover la paz.

Bayard

Los comunicados del señor Bayard al presidente Zaldívar, de Costa Rica, y al secretario de estado Castellón, de Nicaragua, son casi idénticos a los anteriores.

**Fuente: Philadelphia Inquirer**

## 1885-marzo-21
## (Por cables angloamericanos)
# CENTROAMÉRICA

*Filadelfia, 20 de marzo.*

Los oficiales navales estadounidenses y británicos están trabajando en armonía en Panamá.

Se reporta que Honduras está en un estado de insurrección. Las tropas de Nicaragua y San Salvador se están reuniendo en la frontera de Honduras y se amenaza con un ataque.

De acuerdo con telegramas mexicanos, el movimiento de tropas mexicanas a la frontera de Guatemala para abrumar al presidente Barrios es muy popular entre los habitantes.

**Fuente: The London Times**

## 1885-marzo-21
# CENTROAMÉRICA
## Inicio de hostilidades entre Barrios y los aliados.

*La libertad, San Salvador, 27 de marzo, vía Galveston.*

La guerra que se pensaba algunos días atrás como inevitable ya se ha hecho realidad. Las fuerzas de Honduras y aquellas de San Salvador ya han chocado, y han ocurrido varias escaramuzas. Los ejércitos de Guatemala y Honduras están actuando en armonía y se están enfrentado ahora a las fuerzas de San Salvador. Se están tomando medidas activas por San Salvador, Nicaragua y Costa Rica para protegerse en contra del plan revolucionario del presidente Barrios.

El día 25 de este mes, una alianza, tanto defensiva como ofensiva, fue formada formalmente por estos tres países, y se perfeccionaron los arreglos para poner a una fuerza efectiva en el campo de batalla. San Salvador, cuyo territorio es el más amenazado, toma la dirección de la alianza. San Salvador pondrá a todo su ejército en el campo de batalla. Nicaragua proveerá a cuatro mil hombres y Costa Rica enviará a dos mil. Costa Rica, al mismo tiempo, contribuye con $100,000 hacia los gastos de la guerra. El presidente Zaldívar, de San Salvador, asumirá el mando de las fuerzas aliadas. El presidente

Cárdenas, de Nicaragua, será segundo al mando, y el general Soto, de Costa Rica, probablemente tomará el tercer lugar.

**Fuente: Philadelphia Inquirer**

**1885-marzo-21**

# PROBLEMAS EN CENTROAMÉRICA

### Una llamada de auxilio a este país; se dice que Honduras está al borde de una revolución

*Washington, 28 de marzo.*

El secretario de Estado ha recibido un telegrama del presidente de la Compañía de Cable de Centro y Suramérica, con fecha del 27 de marzo, diciendo que el superintendente de la compañía en Panamá reporta lo siguiente: "El comandante del cañonero colombiano Boyacá arribó a la desembocadura del río Buenaventura el día de ayer, abrió por la fuerza la oficina del cable de la Compañía de Centro y Suramérica, y cortó el cable de la compañía, interrumpiendo las comunicaciones con Suramérica. Ya hemos reparado los daños". El presidente de la compañía dice: "¿Sería tan amable de informarle al comandante del barco naval de los Estados Unidos en Panamá? El cañonero colombiano sigue anclado en la desembocadura del río Buenaventura. No está claro si está de parte de las fuerzas nacionales de Colombia o de parte de la rebelión, pero tememos más atentados contra nuestros cables y la comunicación internacional." El comunicado fue referido al secretario de la Marina.

Se ha recibido información el día de hoy de que se ha levantado un movimiento para derrocar al gobierno de Honduras y formar una alianza de la gente de ese país con la gente de Nicaragua, Costa Rica y San Salvador en contra del general Barrios. Se dice que el movimiento se originó con Marco Aurelio Soto, antiguo presidente de Honduras, quien ahora está en la ciudad de Nueva York y solía ser amigo de Barrios. Desde el anuncio de Barrios sobre su intención de proclamarse el "supremo jefe militar" de los estados centroamericanos, se dice que Soto ha estado trabajando en secreto para romper la alianza entre Honduras y Guatemala. Sus negociaciones se han llevado a cabo mediante un general del primer país, con quien ha tenido una amistad íntima. Es sabido que la gente de Honduras está en contra de Barrios y solo esperan una oportunidad para poder deslindarse de él. Por lo tanto, están dispuestos a unirse a las fuerzas de Nicaragua para poder derrocar a su propio gobierno actual. Se afirma que las fuerzas de Nicaragua son de 5,000 hombres o más, y que cruzaran la frontera de Honduras para ayudar en la revolución. Con el apoyo de los oponentes de Barrios en Honduras, se dice que los estados aliados en la resistencia pueden levantar un ejército de 50,000 hombres para luchar contra el pretensioso presidente de Guatemala.

*México, 28 de marzo.*

*El Partido Libertad*, que se considera el órgano del presidente Díaz, declara su posición en una editorial titulada: "Firmeza, no guerra". Dice lo siguiente: "México no desea una guerra con un pueblo hermano, las víctimas de una implacable tiranía, a menos que sea inevitable. Aborrecemos la tiranía, no al oprimido." Esta es sin duda una declaración razonable sobre la posición del gobierno.

**Fuente: The New York Times**

## 1885-marzo-30
# CENTROAMÉRICA

*Washington, 29 de marzo.*

Información recibida aquí anuncia que un movimiento está en pie en Honduras para derrocar al gobierno y formar una alianza entre la gente de ese Estado y los habitantes de Nicaragua, Costa Rica y San Salvador en contra del presidente Barrios, a quien se dice que el pueblo de Honduras se opone.

**Fuente: The London Times**

## 1885-marzo-30
# LA GUERRA CENTROAMERICANA

*Filadelfia, 29 de marzo.*

En el conflicto centroamericano, Guatemala y Honduras están actuando juntos bajo el presidente Barrios. San Salvador, Nicaragua y Costa Rica formaron una alianza el 25 de este mes en contra de él, enviando una fuerza de 20,000 hombres. La guardia de avanzada del presidente Barrios está en la frontera de San Salvador; varias escaramuzas han ocurrido. El presidente (Dr. Zaldívar) de San Salvador está comandando la alianza. Muchos oficiales mexicanos aquí se han ofrecido voluntariamente para servir en el ejercito aliado.

**Fuente: The London Times**

## 1885-marzo-30
### HONDURAS Y SAN SALVADOR

Un comunicado de Tegucigalpa, recibido por el *Herald*, afirma que un tratado formal de paz y amnistía entre Honduras y San Salvador ha sido firmado. — *Reuter*.

**Fuente: The London Times**

## 1885-marzo-30
# MOVIMIENTO ANTIBARRIOS EN HONDURAS

*Washington, 28 de marzo.*

Hemos recibido información hoy de que está en pie un movimiento para derrotar al gobierno de Honduras y formar una alianza de la población de ese país con la población de Nicaragua, Costa Rica y San Salvador en contra del Gral. Barrios. El movimiento, se informa, se originó con Marco Aurelio Soto, ex presidente de Honduras, quien está ahora en la ciudad de Nueva York.

Se entiende que la gente de Honduras se opone a Barrios, y solo están esperando una oportunidad para liberarse de él. Por lo tanto, están deseando unirse a las fuerzas de Nicaragua en un intento por derrotar a su propio gobierno actual. Se asegura que las fuerzas de Nicaragua ascienden a 5000 o más, y cruzarán la frontera de Honduras en ayuda de la revolución. Junto con los oponentes de Barrios en Honduras, se dice que un ejército de 50,000 puede ser reunido por los países que son aliados en la resistencia a las pretensiones del presidente de Guatemala.

**Fuente: Philadelphia Inquirer**

## 1885-abril-01
# CENTROAMÉRICA
*Nueva York, 31 de marzo.*

El presidente de Nicaragua ha telegrafiado que él marcha ahora con las fuerzas combinadas de Nicaragua y Costa Rica hacia Honduras con el objetivo de prevenir que las fuerzas de dicho Estado se unan al ejército del presidente Barrios en San Salvador, en el cual entraron las tropas guatemaltecas ayer.

**Fuente: The London Times**

## 1885-abril-02

Las noticias del interior indican que las tropas de Nicaragua y San Salvador se están reuniendo en la frontera de Honduras, y que probablemente pronto se hará un ataque. Se reporta que Honduras está en un estado de insurrección.

**Fuente: The London Times**

## 1885-abril-07
# THE TIMES, MARTES 07 DE ABRIL DE 1885

Centroamérica, aunque es una región considerable que abarca unos quince grados de latitud, no llena una gran porción en los pensamientos de las personas de este país. Hasta Sudamérica es vagamente concebida por muchos, y algunos hombres que en general son considerados respetables han cometido el error de confundirla con los Estados Sureños de la Unión Americana. Esta desatención es de lo más deplorable ya que en Centroamérica se encuentran Estados que han disfrutado por mucho tiempo de los beneficios de un gobierno mucho más avanzado y democrático que el nuestro. Se trata de repúblicas puras, y no se encuentran impedidas por ninguna de las instituciones decadentes que entre nosotros siguen imponiendo controles a la ejecución instantánea de cada capricho del pueblo soberano.

Reclaman nuestro interés sobre una base aún más práctica. Son nuestros deudores, han tenido el honor de haber sido cotizados en la bolsa, sus recursos naturales y las magníficas cualidades de sus poblaciones han sido presentadas por promotores casi con fervor poético y fuerza de palabras, y algunos de ellos, al haber caído en dificultades, han demostrado una simplicidad republicana al idear medios de alivio. Hace algunos años (demasiados, desafortunadamente), cuando los ingresos avanzaban a pasos agigantados, cuando se obtenía una gran reputación financiera por el simple proceso de deshacerse con buen tiempo de la mayoría de los dispositivos antiguos para responder a un día tempestuoso, cuando, en pocas palabras, hubo una gran "explosión" universal en el progreso, los inversionistas británicos prestaron una cantidad considerable de dinero a estas repúblicas centroamericanas.

Muchas personas deben tener curiosas y costosas memorias de esos tiempos felices en la forma de bonos con su buena gama de cupones que no muestran la dilapidación habitual del tiempo. Honduras fue especialmente afortunado en esos días, ya que hay una Honduras Británica en sus proximidades; a los promotores se les olvidó explicar la diferencia y los relajados inversionistas no se preocuparon por hacer una investigación geográfica. Probablemente no se sepa mucho más ahora sobre Centroamérica que en aquellos tiempos, excepto que los préstamos a los gobiernos en ese cuadrante no siempre son pagados, e incluso esta verdad tangible es prácticamente familiar solo para algunos pocos experimentados.

Sin embargo, las repúblicas centroamericanas recientemente han hecho el esfuerzo por hacerse notar ante un mundo indiferente. Guatemala ha producido a un hombre cuya alma se ha sentido inconforme con un confinamiento tan estrecho. El presidente Barrios concibió la grandiosa idea de convertirse en el Bismarck o el Cavour del nuevo mundo. La unificación de Centroamérica, ahora una simple expresión geográfica, ha sido su objetivo, y no se retrajo de las medidas severas que la experiencia había presentado como requisito para el trabajo de la creación de una nación. Empezó atacando San Salvador, quizá porque es la más pequeña de estas repúblicas centroamericanas o quizá porque es la más cercana.

Al parecer Honduras, después de un problema interno, se ha unido en una causa común con Guatemala, mientras que, por otro lado, Nicaragua, San Salvador y Costa Rica han formado una liga defensiva. México, principalmente conocido entre la generación actual como el poseedor de unas vías férreas famosas y emisor de un préstamo igualmente famoso, es el vecino de Guatemala al norte. Tal vez la circunstancia más edificante en el presente disturbio es que México se ha esforzado en su capacidad de amigo de la paz, la civilización y los derechos de los demás. Ha realizado demostraciones en la retaguardia del agresivo Barrios, quien, sin embargo, parece haber descubierto por sí mismo que los aliados eran demasiado para él.

Ha sido derrotado con una pérdida muy grande después de diez horas de pelea, y hasta se dice que ha sido asesinado. Se rumorea que su espada con empuñadura de oro ha sido encontrada rota en el campo de batalla de Chalchuapa, pues tal es el nombre sonoro del lugar en el que tan tremenda lucha se llevó a cabo. Se debe admitir que la evidencia no es totalmente concluyente, y su ministro en Washington (pues, al igual que otros mandatarios, tiene a un ministro ("en el extranjero para el bien del país") declara su completa incredulidad de todo el rumor. Tal vez no sea de mucha importancia, pues la asamblea legislativa de Guatemala es aparentemente intolerante de los fracasos y ha anulado el decreto por el que Barrios declaró la unión de Centroamérica con él mismo como dictador. Se ha realizado un armisticio por un mes, y en general hay razón para creer que Guatemala y Honduras abandonarán sus designios sobre sus vecinos sureños.

Pero hay otro centro de agitación en la región del istmo. El sí está relacionado con el proyecto del ambicioso Barrios y, si es así, en qué forma, sería precipitado pronunciarlo sin antes dedicar algo de estudio sobre la política interna de Centroamérica. Al sur de todas las repúblicas involucradas en el asunto de Barrios se encuentra el Istmo de Panamá, la estrecha porción de tierra que es atravesada por una vía ferroviaria que forma un enlace en el comercio internacional y que está a punto de verse cortado por el nuevo canal de M. de Lesseps. Esta porción del territorio le debe lealtad a Colombia, el Estado que ocupa la esquina noroeste de Sudamérica, y en este está en apogeo una insurrección que, como a veces pasa en las repúblicas civilizadas, parece tener cierto respaldo de las autoridades que se supone que deben ser desafiadas. En todo caso, el comandante Kane, de la marina de los Estados Unidos y que ahora se encarga de proteger los intereses estadounidenses en el istmo, ha atrapado a un par de insurgentes y no los ha entregado, ya que es de la idea de que los oficiales colombianos permitirían su escape.

Aspinwall, la estación terminal de la vía de Panamá en la costa este, ha sido completamente arruinada por los insurgentes. Hay muchos ciudadanos estadounidenses en el lugar, a cuya energía y empresa le debe, sin duda, la mayor parte de su importancia. Muchos de ellos están completamente arruinados, y todos han quedado reducidos a una gran angustia inmediata. Unas 10,000 personas han quedado sin hogar. Se envió ayuda rápidamente desde Panamá, y cuando las noticias se recibieron en Washington se convocó a un consejo de ministros y se decidió tomar medidas energéticas.

Los Estados Unidos no se preocupan por las insurrecciones o guerras civiles en Centroamérica, pero sí se ha garantizado por tratado un tránsito libre e ininterrumpido a través del istmo. Por el momento esto está llegando a su fin, ya que, a pesar de la derrota de los insurgentes con gran pérdida en Aspinwall, sus bandas merodeadoras están saqueando los lugares sobre la vía y constantemente cortan los cables del telégrafo. Debido a la falta de carácter o consentimiento de las autoridades colombianas parece que la tarea de restaurar el orden y cuidar las comunicaciones se delegará totalmente a los Estados Unidos.

Ellos ya tienen en Aspinwall cinco buques de guerra con 48 cañones y una fuerza de 1,200 hombres, a los que se les suman cada vez más. Nuestra propia fuerza naval en estas aguas probablemente no es grande, pero sea como fuere está prestando toda la ayuda posible en su capacidad. El almirante Jouett, quien tomará el mando del escuadrón estadounidense, tiene instrucciones de dedicarse a restaurar el tránsito libre por el istmo y proteger a los ciudadanos estadounidenses. Si y cuando las autoridades colombianas sean capaces de mantener el orden, su trabajo habrá terminado. Sin embargo, no se puede suponer que los Estados Unidos simplemente ignoren los

ultrajes permitidos por la debilidad o mala intención del gobierno colombiano. La importancia del istmo como ruta comercial aumenta cada día, y no se debe suponer ni por un momento que tal afectación a los intereses comerciales como la que acaba de ocurrir no resulte en que se tomen medidas efectivas para evitar que se repita. A Colombia se le exigirá que presente garantías sustanciales para mantener la seguridad, y si no son convincentes el gobierno de los Estados Unidos no dudará en tomar las riendas. A las repúblicas de Centro y Sudamérica se les permitirá pelear según les plazca entre ellas, pero no se les permitirá interrumpir el tránsito a través del Istmo de Panamá o poner en peligro la ruta del canal de Nicaragua.
**Fuente: The London Times**

## 1885-abril-08
Un telegrama recibido desde San Salvador afirma que Honduras se ha unido a la alianza en contra de Guatemala.
**Fuente: The London Times**

## 1885-abril-10
## CENTROAMÉRICA
*Nueva York, 9 de abril.*

El buque de guerra estadounidense *Shenandoah* ha desembarcado a 150 hombres en Panamá para proteger intereses estadounidenses.

El barco a vapor *Colon* ha sido liberado por los revolucionarios, y ha dejado Aspinwall.

Un telegrama recibido del comandante del buque de guerra estadounidense en La Libertad afirma que las tropas nicaragüenses entraron a Honduras y derrotaron a las fuerzas de ese Estado, quienes se retiraron en desorden.
**Fuente: The London Times**

# 1885-abril-13
## UNA ALIANZA CENTROAMERICANA.
### Honduras se une a otros Estados en contra de Guatemala

*La Libertad, 12 de abril, vía Galveston.*

Se ha firmado un tratado de paz entre los gobiernos de San Salvador y Honduras, y esta última república se ha unido a la alianza en contra de Guatemala. Hasta el momento no se ha llegado a ningún acuerdo con Guatemala. Los ejércitos de San Salvador y sus aliados están avanzando en la ciudad de Guatemala desde varios puntos y en todas partes son bienvenidos por el populacho. Muchas de las tropas guatemaltecas desmanteladas se están uniendo a las fuerzas aliadas.

*Washington, 12 de abril.*

No se ha recibido información en las legaciones centroamericanas de esta ciudad en relación al tratado de alianza que se dice fue firmado entre San Salvador y Honduras. Sin embargo, el señor D. Peralta, ministro de Costa Rica, ha recibido un aviso del ministro costarricense en la Ciudad de México en el que le dice que el problema en Centroamérica ya ha quedado resuelto. El aviso no da detalles, pero el señor Peralta supone que el hecho de que Honduras se haya unido a la ya de por sí fuerte alianza entre los estados de Costa Rica, Nicaragua y San Salvador, y la actitud firme de parte del gobierno de México en contra del proyecto de Barrios de una unión de los estados centroamericanos, han convencido al gobierno de Guatemala de que lo mejor para ellos es detener sus esfuerzos para obligar a los estados a formar una unión.

**Fuente: The New York Times**

## 1885-ABRIL-13
# HONDURAS ABANDONA A GUATEMALA Y SE UNE A LOS ALIADOS

*La Libertad, 12 de abril, vía Galveston.*

Se ha firmado un tratado de paz entre los gobiernos de San Salvador y Honduras, y esta última república se ha unido a la alianza en contra de Guatemala. No se han hecho arreglos aún con Guatemala. Los ejércitos de San Salvador y sus aliados están avanzando hacia la ciudad de Guatemala desde varios puntos, y en todos lados son bien recibidos por el pueblo. Muchas tropas disueltas guatemaltecas se están uniendo a las fuerzas aliadas.

**Fuente: Philadelphia Inquirer**

## 1885-abril-13
# EL EXTRANJERO.

Honduras se ha unido a las fuerzas aliadas, que ahora están marchando en Guatemala.

**Fuente: Philadelphia Inquirer**

## 1885-abril-26
# LA DUPLICIDAD DE ZALDÍVAR
## Oficial hondureño afirma que esta es la causa de la muerte de Barrios

*Nueva Orleans, Luisiana, 25 de abril.*

El *Times-Democrat* tiene una carta de San Pedro Sula, Honduras, con fecha del 16 de abril, que contiene lo siguiente: Un oficial hondureño que estaba en una misión hacia el cuartel general guatemalteco cuando Barrios fue derrocado da la siguiente información: "Cuando el presidente Barrios emitió su famoso decreto de unión el 28 de febrero, estaba seguro de la alianza de El Salvador y Honduras. Su amigo, Zaldívar, de El Salvador, amenazó al general Bográn, de Honduras, y, en contra de su voluntad, este último se vio obligado a adherirse al decreto. Cuando Barrios emitió este decreto, Zaldívar le envió un comunicado que declaraba su total y completo asentimiento con el decreto y lo felicitaba por la certeza de la rápida realización de sus aspiraciones patrióticas. Es posible que, hasta este momento, Zaldívar intentara ser sincero, pero pronto descubrió que la parte adinerada de sus conciudadanos estaban en contra del movimiento de unión. Este entonces retrocedió y se preparó para la guerra. Enlistó la solidaridad de México y formalizó una alianza con Nicaragua y Costa Rica. Mientras tanto, congestionó las comunicaciones con mensajes de amistad para Barrios, y ese jefe, confiando en la integridad y honor de su viejo amigo, esperó con tranquilidad la información sobre cómo recibía su decreto el mundo exterior, Nicaragua y Costa Rica.

En lo que respecta a las dos últimas potencias, pronto se desengañó. Estas se negaron con indignación a apoyar su movimiento y le declararon la guerra a Guatemala. Entonces Barrios ordenó el avance de sus tropas hacia la frontera con El Salvador; pero hasta el 9 de marzo seguí confiando en Zaldívar. Mientras se preparaba para unir fuerzas, Barrios recibió el amenazador telegrama del presidente de México. Se quedó estupefacto. Aplastó el telegrama antes de meterlo en el bolsillo de su chaleco y escribió un mensaje, que inmediatamente fue enviado a Zaldívar. Mientras esperaba la respuesta de este último, no dejaba de caminar en círculos por la habitación mientras sus oficiales y ministros lo observaban con respeto, sin que nadie se atreviera a dirigirle la palabra.

Finalmente llegó la respuesta de Zaldívar; fue una desafiante. Barrios sostuvo el mensaje por un momento, después lo arrojó al suelo, lo pisó y dijo: 'Caballeros, Zaldívar se ha vuelto un traidor. Ha realizado una alianza con México, Nicaragua y Costa Rica. Su deserción ha complicado el problema. Necesito tiempo para deliberar conmigo mismo qué hacer ahora. Por favor, déjenme solo por un momento.' Los oficiales y ministros lo dejaron solo, y se quedó a solas por dos horas con Barrundia, su ministro de guerra. Por el momento, es probable que hasta el movimiento de unión sea una consideración secundaria para él, mientras el vengarse de Zaldívar se vuelve el sentimiento dominante de su corazón."
**Fuente: The New York Times**

## 1885-abril-27
# VIOLACIÓN DE NEUTRALIDAD
## Otro barco a vapor estadounidense en problemas con las autoridades centroamericanas

*San Francisco, 26 de abril.*

Los hechos con respecto a los problemas experimentados a manos de las autoridades de San Salvador y Costa Rica por el capitán Connolly, del barco a vapor *Granada*, que llegó a este puerto el miércoles pasado, se han hecho públicos recientemente. Parece ser, por detalles publicados en *La estrella de Panamá*, que el capitán Connolly se comprometió a transportar desde San José de Guatemala a Amapala, Honduras, $10,000. El capitán Connolly no podía llegar a Amapala sin violar las leyes de seguros. Él llevó a bordo un pequeño bote y cinco remeros, a quienes planeaba dejar en la Bahía de Fonseca, enfrente de Amapala.

Esto llegó a oídos de las autoridades de San Salvador, quienes detuvieron al *Granada* en La Libertad e informaron al capitán Connolly que había violado las leyes de neutralidad al transportar material de guerra a Honduras, ya que, según se decía, el dinero pertenecía al gobierno guatemalteco, que lo estaba enviando al gobierno de Honduras. En un intento de obligar a la entrega del dinero, los hombres y el bote fallaron, y el barco a vapor partió a salvo. En su llegada a Punta Arena, en Costa Rica, se experimentaron problemas similares.

El dinero no se entregó en Amapala y ahora está en manos de la Pacific Mail Steamship Company, en esta ciudad. El superintendente de la Pacific Mail Company dice que se hizo objeción al transporte del bote, hombres y dinero, pero no se hizo ningún intento para obligar al capitán a entregarlos.

**Fuente: Philadelphia Inquirer**


## 1885-mayo-25
# CENTROAMÉRICA

*Nueva York, 23 de mayo.* Información de La Libertad afirma que los esfuerzos de Honduras, con el objetivo de mediar un acuerdo para las dificultades entre San Salvador y Guatemala, han fallado.

Los rebeldes bajo el general Menéndez han sido conducidos de vuelta a Santana.

Cuatrocientas tropas guatemaltecas cruzaron la frontera hacia San Salvador hoy. Se considera que esta invasión complica las cosas, y, se espera, reabrirá la entera cuestión centroamericana. Se espera que la alianza original en contra de Guatemala sea renovada.

**Fuente: The London Times**

### 1885-mayo-25

Una vez más las repúblicas centroamericanas están en condiciones normales. El Salvador y Guatemala están peleando con furia nuevamente, y esta vez no se puede culpar a Barrios de esto. Los soldados de Guatemala empezaron la pelea al cruzar nuevamente la línea de El Salvador. Los salvadoreños, pensando en tomar un descanso después de la muerte de Barrios, regresaron a sus granjas, pero de repente han sido convocados para reemplazar el gancho de poda con la espada. Cuánto tiempo durará la guerra o hasta dónde llegará permanecerá incognito por un tiempo, pero es muy probable que se le unirán a El Salvador varias de sus repúblicas hermanas en contra de Guatemala y Honduras, y, si esto pasa, puede haber una guerra civil importante. Quizá Barrios era sabio, después de todo, en su plan para la consolidación de estos países pequeños, pues parece ser que no pueden estar un mes sin buscar pelear con el otro, y esto a la menor provocación.

**Fuente: Philadelphia Inquirer**

### 1885-mayo-25
## Probabilidades de otro conflicto general en Centroamérica

*La Libertad, vía Galveston, 23 de mayo.*

La mediación de Honduras, que tiene como objetivo el arreglo de las dificultades existentes entre El Salvador y Guatemala ha fracasado. Las fuerzas revolucionarias dirigidas por Menéndez, quien ha sido armado y ayudado clandestinamente por Guatemala, han sido conducidas de regreso a la ciudad de Santana por las tropas de El Salvador. Cuatrocientas tropas de Guatemala cruzaron la frontera de El Salvador esta mañana. Esta invasión complica los asuntos y probablemente resultará en la reanudación de toda la cuestión centroamericana. Se espera que la alianza original en contra de Guatemala se renueve. El ejército de El Salvador está siendo reclutado por la fuerza.

**Fuente: Philadelphia Inquirer**

**1885-julio-01**
# LA EXTRAÑA HISTORIA DEL SEÑOR WORRALL
## Cómo se unió a una expedición revolucionaria hacia Honduras

*Nueva Orleans, LUISIANA, 30 de junio.*

Joseph M. Worrall cuenta una maravillosa historia. Él dice haber venido de California para ver la exposición. Él ha sido minero, y cuando se le dijo que podía unirse a una de las expediciones mineras en Honduras con buenas ganancias tomó la decisión de ir. Le presentaron al capitán Martin y entregó su solicitud para participar en el contemplado viaje minero. Partió de este lugar en el E. B. Ward el día 26 de mayo. El capitán Martin le había dicho que probablemente habría que pelear para poder obtener posesión de la mina. Worrall cuenta que encontró a otras 20 personas en el buque, y todas tenían lo necesario para viajar cómodamente.

El capitán Martin no los acompañaba. Después de dos días de navegación, E. James, quien encabezaba la expedición, se le acercó y le dijo que estaba decepcionado de que Martin no estuviera abordo. James dijo que le había dado a Martin un anticipo de $800. James entonces le contó a Worrall el verdadero motivo de la expedición. Le dijo que Soto, el antiguo presidente, deseaba recuperar su posición, y que la expedición se había formado con el propósito de apoyarlo. Se había preparado un buque en Nueva York con el mismo propósito, y la expedición de Nueva Orleans se le uniría en Roatán. James le dijo que, como él había sido hombre militar, se le había encomendado liderar a 16 hombres, y que dejaría a Worrall y a los hombres en la isla con dinero y que su misión sería conciliar a sus nativos y esperar al buque que ondearía un estandarte blanco. Esa noche se repartieron las armas. Cada hombre recibió un rifle Colt y uno o dos revólveres. Todo prosiguió con tranquilidad hasta la noche del sábado, cuando el Ward ancló en Roatán.

El domingo el grupo se dirigió a la costa y los oficiales de aduana realizaron una inspección; les quitaron sus rifles y municiones, dejándoles mantener sus revólveres, que eran inútiles sin balas. Se quedaron en Roatán todo el domingo y le preguntaron a James qué deberían hacer. Él le dijo a Worrall y a dos hombres que lo acompañaran a Trujillo. James contrató una balandra y el grupo de cuatro inició el viaje. Él les dijo que contrataría una goleta para sacar al resto de los hombres a la mar y encontrarse con el buque de Nueva York. James y los tres hombres llegaron a Trujillo sin problemas. Allí se encontraron con el grupo de Lee Johnson y Rector de Chicago. Estaban allí con una gran cantidad de dinero para contratar una goleta e ir a la costa para trabajar en minería.

Cuando James explicó la naturaleza de la expedición que encabezaba, el grupo de Chicago se atemorizó y abandonaron toda idea de su empresa. Dos o tres días después, James y varios amigos viajaron hacia la capital. Esta fue la última vez que Worrall lo vio. Antes de partir, James le dio $100 en la moneda de ese país y le dijo que buscara al grupo de Nueva York. Worrall dijo que no lo hizo, sino que regresó en el Oteri, acompañado de Lee y Johnson del grupo de Chicago, y Rector no subió al barco. El día de su partida de Trujillo, había excitación en el lugar debido a rumores de que la expedición de Soto había llegado a Roatán. Se levantaron barricadas y se proclamó ley marcial.

El señor Worrall es de Los Ángeles, California, y se considera a sí mismo fuera de juego. El contador del buque E. B. Ward Jr. respalda la veracidad de Worrall en el asunto del grupo que viajaba con James, la distribución de armas, etc., y

la llegada del grupo a Roatán. El resto de la historia la ha escuchado, pero no conocen los hechos de primera mano.
**Fuente: The New York Times**

## 1885-julio-10
# PARA EL DESARROLLO DE HONDURAS

Henry A. Blake, Stephen W. Fullerton y Charles E. Rushmore son los incorporadores de la Aguan Navigation and Improvement Company, cuyo certificado de incorporación ha sido registrado en la oficina del secretario del condado. La compañía tiene los objetivos de mejorar la navegabilidad del río Aguan en la república de Honduras, transportar pasajeros o cargamentos en este río por medio de buques de vapor y otros medios, la compra y venta de caoba, cedro y otras maderas, establecer y operar aserraderos, poseer y trabajar minas, construir y mantener almacenes, y cualquier otra actividad relacionada con sus intereses y que no esté en contra de sus normas legislativas bajo las que fue incorporada. Su capital es de $5,000,000, dividido en $100,000 acciones de $50 cada una. William Melhado y Crammond Kennedy están asociados con sus incorporadores como fideicomisarios por el año en curso. Trujillo, Honduras, y esta ciudad serán los cuarteles generales de la compañía.
**Fuente: The New York Times**

## 1885-julio-17
# PARA TRABAJAR EN LAS MINAS DE HONDURAS.
## Norteamericanos empiezan exploraciones de nuevas minas

NUEVA ORLEANS, 16 de julio. Un grupo de 21 personas, encabezadas por el capitán J. P. Imboden, hermano del general confederado del mismo apellido, llegó a la ciudad el día de ayer. El grupo está compuesto de ingenieros, molineros, mineros y otros con habilidades en el negocio de la minería, y su destino es el distrito minero de Honduras en El Paraíso. El capitán Imboden es el cónsul de Estados Unidos en Yuscarán, un pueblo en las montañas de Honduras a unas 300 millas de Puerto Cortés. Ellos zarparán en el buque de vapor Oteri el día de mañana y desembarcarán en Puerto Cortés en la costa del Golfo. El viaje hasta Yuscarán se completará a lomo de mula. Yuscarán es un antiguo pueblo minero situado a 4,000 pies sobre el nivel del mar. Se encuentra en medio de lo que probablemente es el distrito minero más rico de Centroamérica.

Está rodeado de minas de oro y plata, algunas de las cuales son muy antiguas y que ya han sido trabajadas por los nativos hasta el nivel de agua y entonces abandonadas. Se encuentran en operación varias compañías mineras organizadas bajo la protección del Sindicato Minero Centroamericano, que posee concesiones valiosas. Estas varias compañías están bajo una misma administración general, cuya sede se encuentra en la dirección No. 140 Nassau Street, Nueva York. El capital agregado de las compañías es de unos $8,500,000. Hay pagos de suficiente dinero para propiciar el extenso desarrollo de las minas.

A pesar de las dificultades para transportar maquinaria por el país desde la costa, en Yuscarán se encuentran aparatos muy modernos, como bombas, taladros, molinos y maquinaria de calcinación; de hecho, todas las anexidades necesarias para propósitos de minería. Un molino nuevo, construido en Cincinnati, se enviará el 1 de agosto.

Un sistema de caminos que conectan la costa con el interior ha sido contratado por el gobierno de Honduras, quien ha manifestado la mejor disposición hacia los norteamericanos y parece muy interesado en apoyar el proyecto para el desarrollo del país. Los nativos trabajaron las minas de forma tosca al no tener las herramientas mecánicas ni los conocimientos químicos suficientes para vencer las dificultades que encontraron. Al no poseer maquinaria de bombeo, las minas quedaron abandonadas en cuanto se llenaron de agua y, en consecuencia, los pozos hundidos son relativamente poco profundos. No se ha agotado la riqueza de ninguna de las minas.

El capitán Imboden tiene la opinión de que las nuevas exploraciones mineras que se han realizado tendrán un gran

impacto en la expansión de las relaciones comerciales de Honduras, especialmente con los Estados Unidos.
**Fuente: The New York Times**

## 1885-agosto-15
# MATERIAL BÉLICO PARA HONDURAS
*Nueva Orleans, 14 de agosto.*

Parte del cargamento del buque de vapor Kate Carroll, que salió el día de hoy de este puerto hacia Belice, consistió en 100 estuches de rifles Remington y 100 estuches de cartuchos para el gobierno de Honduras.
**Fuente: The New York Times**

## 1885-agosto-15
# HONDURAS CONSIGUE ARMAS
*Nueva Orleans, 14 de agosto.*

Parte del cargamento del barco a vapor *Kate Carroll*, que partió de este puerto el día de hoy hacia Belice, consistía en 100 estuches de rifles y 100 estuches de municiones para el gobierno de Honduras.
**Fuente: Philadelphia Inquirer**

## 1885-septiembre-18
**Lima, Perú**. —El gobierno ha cancelado el exequatur de St. Pedro Seignera como cónsul general de Honduras. Se ha dicho que confesó ser el agente principal de Cáceres en esta ciudad.
**Fuente: Philadelphia Inquirer**

## 1885-octubre-02
# SIN RIESGO PARA HONDURAS
*Washington, 01 de octubre.*

El secretario del Tesoro le ordenó el día de hoy al Recaudador de Aduanas en Nueva York emitir documentos de autorización para el buque de vapor City of Mexico, que hará el trayecto entre ese puerto y Honduras, el cual ha estado bajo vigilancia en Nueva York por varias semanas debido a la sospecha de que estaba siendo preparado para una expedición filibustera en contra de Honduras. Las acciones del secretario, que fueron aprobadas por el secretario de Estado, se basan en un informe del Recaudador de Aduanas en Nueva York en el que declara que no hay evidencia de intención de parte de los propietarios u oficiales del buque de violar las leyes de neutralidad.

**Fuente: The New York Times**

### 1885-octubre-02

El Secretario de Estado Bayard ha recibido un comunicado del señor Hall, ministro de Estados Unidos para los países de Centroamérica, con fecha del 16 de septiembre de 1885, reenviando una nota del ministro de relaciones exteriores de Honduras y una carta del señor D. Lynch Pringle, cónsul de este gobierno en Tegucigalpa, dirigida al presidente de Honduras, refutando ciertas imputaciones serias arrojadas sobre el gobierno de Honduras por sus enemigos, y asegurando que la administración actual está extremadamente ansiosa por promover todas las industrias que se están trabajando con capital estadounidense.

**Fuente: Philadelphia Inquirer**

### 1886-enero-26
# DESTROZOS EN LA COSTA DE HONDURAS
*Nueva Orleans, LA, 25 de enero.*

El buque de vapor City of Dallas, capitán Read, de Puerto Cortés, vía Livingston y Belice, Honduras, con un cargamento de productos tropicales, arribó este medio día. Este informó que el fuerte viento del norte que prevaleció en la costa de Honduras el día 8 de este mes destruyó miles de bananos y condujo a tierra a muchas pequeñas embarcaciones de cabotaje, entre las que estaban la Mississippi and Cold Stream, que pertenece a la American Fruit Company en Tela. El buque de vapor norteamericano City of Mexico, desde Nueva York, arribó a Belice el día 12 de este mes y abordó a varios refugiados políticos de las repúblicas americanas españolas y zarpó hacia el este. El informe del arribo del City of Mexico con una tripulación filibustera alarmó a las personas en las costas de Guatemala y Honduras y causó una suspensión general en los negocios, mientras los trabajadores negros de los bananos y los taladores de caoba huyeron hacia los montes para evitar ser reclutados al servicio militar.

**Fuente: The New York Times**

### 1886-enero-27
# DESCUBRIMIENTO DE ORO EN HONDURAS.
## Excavaciones en yacimientos reportan riquezas extraordinarias

*Chicago, Illinois, 26 de enero.*

Un periódico local publicó esta mañana el siguiente artículo:

Ha habido una gran cantidad de excitación reprimida entre los hombres en Chicago durante los últimos días sobre informes recibidos de parte del agente de un sindicato de norteamericanos que buscan oro en Honduras. Hace aproximadamente seis meses, James Rector, un señor Milligan, el coronel Pat Donan, de Dakota, y otros tres caballeros de Indiana hicieron un consorcio y enviaron a Rector y a otro hombre, un viejo explorador californiano, a Honduras a examinar un informe sobre un nuevo campo de oro que presuntamente se encontró en la parte sureste de la pequeña república.

Desde noviembre ha habido rumores sobre la supuesta confirmación del descubrimiento y de que ha probado ser uno muy importante, pero que los promotores domésticos de la expedición no quieren decir nada al respecto. Ahora, sin embargo, se ha levantado la imposición de silencio, y con el arribo de los detalles completos tanto por telegrama como por correo, además de recibir una pequeña bolsa de una muestra valorada en $22, la importancia del descubrimiento ya no está oculta. Ya el señor Milligan, de Fargo, Dakota, se ha ido a Honduras; el coronel Donan se le unirá en unas semanas, y otros grupos de hombres de occidente que han llegado a saber del secreto se están preparando para salir hacia el nuevo El Dorado.

El señor Rector, quien ha estado en el territorio desde el verano pasado, y quien es conocido como un hombre prudente y cuidadoso y poseedor de un sentido extraordinariamente fuerte, les escribe a sus amigos que se encuentran aquí y les informa que el descubrimiento será probablemente tan importante como los yacimientos en los distritos de California. El nuevo campo se encuentra en la parte oriental de la república de Honduras, y a unas 150 millas de la costa del Atlántico. Los yacimientos están en (y junto), a las cabeceras del Río Guayape, que es una de las corrientes tributarias del Río Patuca, una región muy conocida por sus recursos minerales.

El señor Rector, acompañado de un grupo, han explorado la corriente junto con su fondo gravoso por unas 50 millas, y han encontrado numerosos yacimientos en donde la grava rinde de 10 a 80 centavos por sartén. Sin embargo, han empezado una explotación regular en un yacimiento en el que, después de mucho esfuerzo, tuvieron éxito en desviar el río de su lecho nativo. Excavaron en este lugar y encontraron el fundamento a 6 pies de profundidad en un estrato de arcilla y grava. Ellos están escurriendo desde $7 hasta $10 por yarda cúbica; ganancia completamente igual a la de las mejores excavaciones de yacimientos en California. El lecho del río que han recuperado abarca muchos acres, y según las leyes de la república pueden reclamarlo todo. Las facilidades para la minería de yacimientos son insuperables. El oro que fue enviado al norte se puso en exhibición para un grupo selecto en Chicago el día de ayer.

Se dice que el gobierno de Honduras es muy liberal con los mineros, sin importar de dónde provengan. No se requiere ciudadanía para trabajar en terrenos minerales, y se permite un margen muy grande en cuanto a la extensión de la tenencia. La minería de oro y plata ha sido una industria bien establecida desde hace mucho tiempo en la región del Río Patuca, pero la inercia de las personas, la aparente lejanía del país, y la falta del capital adecuado han sido obstáculos para un trabajo sistemático. Los mineros de occidente que están presentes en

Chicago observan con interés especial los desarrollos de Honduras. Si las noticias enviadas de parte del grupo de Rector se confirman, sin duda habrá una estampida hacia la nueva región. El país se describe como saludable, completamente libre de malaria, y la temperatura en las estribaciones de las cadenas montañosas varía, en la ubicación de los yacimientos, entre los 45° y los 75° durante todo el año.

**Fuente: The New York Times**

# CAPÍTULO IV: UNA NUEVA REBELIÓN (1886-1890)

# ORO EN HONDURAS

Chicago, 26 de enero. —James Rictor y un antiguo explorador de California salieron hacia Honduras hace unos seis meses interesados en una masa de agua para examinar los campos de oro. El señor Rictor informa que han encontrado varios lugares en donde la grava tiene una producción que va desde los diez hasta los ochenta centavos por charola. Sin embargo, han empezado una extracción general en un lugar en el que, después de mucho esfuerzo, tuvieron éxito en desviar el río Guayape de su lecho nativo. Aquí han excavado y han encontrado el lecho de roca a seis pies de profundidad en un estrato de arcilla y grava. Están lavando desde $7 a $10 por yarda cúbica, producción que iguala en su totalidad a la de los mejores yacimientos de California.

**Fuente: Philadelphia Inquirer**

## 1886-enero-27

Un grupo de exploradores estadounidenses dicen haber descubierto oro en Honduras y están empezando allí operaciones mineras. Sin duda se esperará que la doctrina Monroe proteja sus intereses.

**Fuente: Philadelphia Inquirer**

## 1886-febrero-01
# ARMONÍA RESTAURADA

*Amapala, Honduras, 27 de enero.*

Un congreso de representantes de El Salvador, Nicaragua, Guatemala, Costa Rica y Honduras, que ha estado en sesión aquí desde el 3 de enero, ha concluido. La convención se reunió por la invitación del presidente Bográn con el propósito de organizar las relaciones entre las repúblicas centroamericanas, que habían sido perturbadas por los designios ambiciosos de Barrios. La tarea principal de la convención era el restablecimiento de las relaciones diplomáticas entre El Salvador y Nicaragua. Como resultado de las deliberaciones, la armonía ha sido restaurada entre todos los países centroamericanos.

**Fuente: Philadelphia Inquirer**

## 1886-febrero-03

Se dice que algunos exploradores enviados por capitalistas occidentales para buscar tesoros escondidos en el país han descubierto un gran yacimiento de oro en Honduras. Se encuentra en la parte oriental de la república, a unas 150 millas de la costa del Atlántico, y se dice que la producción igualará a cualquiera de los viejos yacimientos de California.

**Fuente: Philadelphia Inquirer**

## 1886-febrero-09
# FILIBUSTEROS EN HONDURAS
## Los informes de reclutamiento en Nueva York no son acreditados

*Nueva York, 8 de febrero.*

A pesar de los informes contrarios presentados por los vendedores de periódicos y lustrabotas de la cuarta división, es bastante seguro el que Marco Aurelio Soto, expresidente de Honduras que ahora reside en la quinta avenida, no ha establecido un centro de reclutamiento en la calle Cherry, Roosevelt o Pearl, ni, de hecho, en cualquier otra calle, avenida o callejón de esta ciudad. Se ha dicho que él ha planeado varias expediciones desde esta ciudad y Filadelfia con el propósito de apoyar al general Delgado, el líder del actual movimiento revolucionario en Honduras, que se dice es para el restablecimiento de Soto. Soto niega que aceptará honores gubernamentales ganados con el filo de la espada. El cónsul general Báez, de Honduras, el agente de los barcos de vapor Clyde, y otras personas que tienen las mejores fuentes de información tratan como mito y falsedad la noticia publicada por el *Sun*, que da detalles de un supuesto cargamento de hombres y armas que salió el pasado jueves en el barco *San Domingo*.

El sábado pasado, el buque *Fram* zarpó de este puerto hacia St. Austin, en la costa de Nicaragua. Entre los artículos y municiones bélicas que aparecieron en su manifiesto estaban:

"Ocho cajas de tripiés para metralletas, 5 cajas de rifles y cartuchos, 4 cajas de camisas y otros artículos de vestimenta, 4 cajas con ruedas y cajas de alimentos, 1 caja de mechas, 20 cajas de proyectiles, 606 cajas de cartuchos, 50 cajas de rifles, 38 cajas de estuches, cornetas y espadas".

Estos artículos fueron enviados a nombre de la empresa Lord & Austin, de Bowling Green, pero no se dan los nombres de los consignatarios. El gobierno de Honduras ha alquilado un barco para interceptar al *Fram* y también para vigilar al barco *City of Mexico*, que ahora está en aguas centroamericanas esperando, según Báez, para entregar hombres y armas a los agentes de Delgado.

**Fuente: Philadelphia Inquirer**

### 1886-febrero-20
# HONDURAS

*Nueva York, 19 de febrero.*

El buque de guerra estadounidense *Galena* ha capturado al barco a vapor *City of Mexico* en el Golfo de México, del cual se dice que fue preparado en Nueva York para una expedición filibustera hacia Honduras. El *Galena* está llevando el barco a vapor hacia Key West.

**Fuente: The London Times**

### 1886-febrero-20
## LA CAPTURA DEL CITY OF MEXICO
# Fuerzas navales de los Estados Unidos interfieren con planes filibusteros

Anoche, un mensaje proveniente de Washington informó que el contraalmirante Jouett había telegrafiado al secretario de la Marina desde Aspinwall diciendo que el buque de vapor norteamericano Galeana había zarpado hacia Key West, Florida, con el buque de vapor City of Mexico como premio. El City of Mexico tiene notoriedad considerable como buque filibustero. Hace alrededor de un año, su capitán fue arrestado bajo el cargo de haber zarpado desde este puerto en una expedición ilegal. El barco fue detenido, pero el cargo no procedió, y el buque zarpó del puerto aparentemente en otra expedición de la misma categoría.

El buque fue comprado en 1885 por amigos de Marco Aurelio Soto, quien fue presidente de Honduras de 1876 a

1883, y que ahora vive en el número 854 de Fifth Avenue, en esta ciudad. Después de renunciar a la presidencia de Honduras en 1883, vino a Nueva York. Su sucesor fue apoyado por Barrios, presidente de Guatemala, quien estaba ansioso por consolidar las repúblicas sudamericanas. Soto no estaba a favor de esta idea, y cuando Barrios intentó consumarla en 1885, Soto se preparó para oponérsele. Sin embargo, fue innecesario el completar sus planes, ya que Barrios fue asesinado. Se rehusó a regresar a Honduras para derrocar al gobierno del presidente Bográn, pero prometió ayudar a sus amigos en cualquiera de sus maquinaciones. La compra del City of Mexico fue una de estas.

El buque zarpó hacia Sudamérica hace algún tiempo bajo el comando del general Delgado, quien tenía a 20 hombres a su mando para luchar. El buque hizo escala en Progreso, en donde dejó un cargamento de maíz que había sido enviado como "pretexto". Después arribó en Belice, Honduras británica. Los jefes revolucionarios establecieron su cuartel en Belice, y desde ese lugar hicieron sus planes para perturbar la paz de personas que no eran revolucionarias. Ni el cónsul inglés ni el español en Belice trataron con mucha consideración a los oficiales del barco.

Después de tomar a bordo a 17 hombres, que supuestamente estaban deseando pelear, el City of Mexico se dirigió hacia Bluefields, en la costa de Mosquitos. Dado que a las personas de este lugar no les agradó la apariencia de la tripulación del barco, no se les permitió desembarcar. Esta fría recepción desarregló los planes del Gen. Delgado, ya que su propósito era establecer su cuartel en Bluefields hasta que las cosas estuvieran listas para su ataque a Honduras. El capitán decidió navegar sobre la costa hasta que se encontró con el buque de vapor de Clyde Santo Domingo, de Nueva York, con un contingente del ejército insurgente reclutado en Nueva York. Las últimas noticias de estos últimos es que estaban en las Islas Turcas esperando abordar el City of Mexico.

El señor Soto se miró muy sorprendido anoche cuando se le informó de la captura del City of Mexico, pero negó enfáticamente saber algo sobre el buque, y dijo no creer que había armas abordo. Dijo que no podía entender con qué derecho Estados Unidos había detenido a la embarcación.

**Fuente: The New York Times**

## 1886-marzo-12
# FILIBUSTEROS PACÍFICOS
**Diez hombres que no pelearían para conquistar Honduras. El regreso de hombres contratados para recoger caucho y a quienes no les importaba la gloria de la vida militar.**

El buque de vapor Santo Domingo, que salió de aquí el 4 de febrero con un pequeño ejército de filibusteros con el propósito de apoyar la conquista de Honduras del general Soto, regresó a este puerto anoche y ancló en Quarantine. En su entrepuente había diez hombres que admitieron haber salido con el grupo filibustero, pero negaron tener la expectativa de pelear cuando zarparon. Estos hombres son casi todos de Fourth Ward. Sus nombres y direcciones son: James Bogan, No. 7 East Broadway; Christopher Dunegan, No. 33 James Street; James Gleason, No. 98 Monroe Street; William Doran, No. 456 Pearl Street; John Connor, No. 456 Pearl Street; Thomas O'Connor, No. 134 Cherry Street; William Williams, No. 147 Cherry Street; Joseph Miller, No. 147 Cherry Street; Alexander Dicks, Howard House; y John Whittle, Boston.

Los hombres declaran que fueron reclutados justo antes de la salida del Santo Domingo por un corredor llamado W. E. Gould. Él les dijo que iban a recoger caucho, inspeccionar para un nuevo canal, y ser obreros en general en alguna parte de Guatemala. Ellos recibirían $30 al mes y alojamiento. Firmaron un acuerdo a este efecto en documentos que parecían estar en forma y, pensaron, tenían el nombre de Gould. Un encargado de tripulaciones llamado Jones fue esencial para acercarse a varios de los hombres.

Se les dieron boletos de abordaje y, dentro de una o dos horas después de haber firmado el acuerdo, ellos, junto con otros 11, abordaron el Santo Domingo, que estaba a punto de zarpar. Los otros, según dicen, eran David Wallace, amante de Marion Ray; James F. Holliday; Thomas Connors, de Orange; Thomas Loftus; Charles Perry, de Brooklyn; Henry Ball, un inglés con residencia en Hoboken, quien se presentó a sí mismo como reportero; Daniel Mahoney; Andrew Bouchafslon, de Bangor, Maine; Daniel H. Austin, de Oliver Street; J. Alexander; y otro hombre. Los hombres declararon no saber que se trataba de una expedición filibustera cuando salieron.

Durante el segundo o tercer día de viaje, Holliday y Wallace, quienes asumieron el liderazgo del grupo, les informaron a los hombres que habían sido contratados para pelear y no para el cultivo de caucho, etc. Se les dijo que había cierta cantidad de armas, incluyendo varias ametralladoras, en el compartimiento de carga, la cual, con ayuda de la tripulación, sería transferida a otra embarcación en las Islas Turcas. Este anuncio no fue del agrado de todo el grupo. De hecho, esto lo separó en dos facciones. Una facción, compuesta de 11 hombres, estaba dispuesta a luchar, pero los otros 10 hombres, los que habían llegado la última noche, buscaban la paz.

Se llegó a las Islas Turcas el 10 de febrero. Entonces se les dijo a los hombres que su trabajo era apoyar al Gen. Soto en la conquista de Honduras, y que pronto serían llamados por un buque que los transferiría al City of Mexico. Stanley Jones prometió alimentar a los hombres hasta que llegara dicho buque, pero se vieron obligados a estar en las calles la mayor parte del tiempo. Dos o tres días después de haber arribado, llegó el buque de vapor noruego Fram, y Holliday les ordenó que subieran a esta embarcación. Sin embargo, los 10 miembros del grupo pacífico se rehusaron a abordar a pesar de la fuerte presión de parte del Sr. Jackson, el comisionado británico en la isla. Holliday, Wallace y los otros del grupo guerrillero abordaron el Fram, que partió con prontitud.

Los diez hombres pacíficos prácticamente se convirtieron en mendigos. Un maestro de hospedaje norteamericano llamado Myers les daba algo de comer. Otras personas con espíritu caritativo también les ayudaron. Algunos en el grupo contaban con algunos talentos, y los hombres establecieron un espectáculo de juglares que les dejó algunos dólares. Sin embargo, esto no fue suficiente para evitar que pasaran hambre la mayor parte del tiempo. El Santo Domingo arribó a las Islas Turcas el 4 de marzo, y las autoridades, de forma respetuosa pero firme, solicitaron que los 10 filibusteros pacíficos regresaran a Nueva York en el navío que los había traído. El capitán Kelly y el sobrecargo Duane, del Santo Domingo, dijeron no sospechar que los pasajeros fueran filibusteros. Cuando se les compraron sus boletos, los filibusteros fueron presentados como hombres contratados para recoger caucho, etc. No hubo conversaciones sobre pelear cuando el navío partió, y los hombres no hicieron saber sus planes durante el viaje hacia las Islas Turcas. El Santo Domingo no traía armas y no dejó nada más que harina y un poco de carga general en las Islas Turcas.

**Fuente: The New York Times**

### 1886-mayo-15

Centroamérica. —Las legislaturas de Guatemala, Honduras y El Salvador han aprobado el tratado de paz, amnistía y unión concluido entre las tres repúblicas el pasado mes de septiembre. Las principales provisiones de este tratado son: que los ciudadanos de cada estado recibirán un trato nacional en los otros; la validez de documentos legales es mutuamente reconocida; se adopta el libre comercio en productos de cada país, excepto en cuanto a cualquier monopolio; y los impuestos de exportación en productos nacionales enviados a cualquiera de los otros estados son eliminados.

La moneda de cada Estado debe ser de curso legal en los demás. Se harán arreglos para el establecimiento de líneas de barcos a vapor nacionales, a lo cual el comercio de cabotaje de las repúblicas será confirmado. También se contempla formar un consejo para el manejo adjunto de cuestiones extranjeras. Las diferencias serán arregladas por arbitraje. Se puede esperar que este tratado dará mayor estabilidad al gobierno de estos países.

**Fuente: The Economist**

## 1886-junio-18
# CIUDADES ANCESTRALES DE HONDURAS
*Del New-Orleans Times—Democrat.*

Mientras Guatemala se jacta de más ciudades aborígenes arruinadas, Honduras Central alguna vez fue el escenario de una alta condición de civilización. Cerca de la fuente del devanado Chamelecón, en el margen izquierdo del río, se sitúan las ruinas de Copán, la capital de un grande y poderoso reino aborigen. Los muros del templo están derribados, pero las rocas que los componen están esculpidas con elegantes jeroglíficos muy diferentes de los toscos símbolos que cubren los antiguos obeliscos y muros de templos de las famosas ruinas en las ciudades de Egipto. Las investigaciones recientes han probado que la una vez majestuosa capital india de Copán debió haber sido fundada hace miles de años, poco tiempo después de que el mundo medio destruido se recuperara de ese terrible cataclismo que lo cubrió de desolación en el periodo de deriva.

En verdad, es probable que, como Uxmal, haya sido reconstruida varias veces, ya que las ruinas dejan ver rastros de diferentes estilos de arquitectura que se apegan a diferentes épocas de civilización. Pero las historias contadas por las esculturas en los muros y en el obelisco cubierto de jeroglíficos siguen siendo un profundo secreto para los eruditos actuales.

No se ha descubierto una Rosetta Stone que revele las historias misteriosas que cuentan, ni podemos esperar llegar a saberlas. El idioma de los constructores ha desaparecido junto con aquellos que edificaron estos maravillosos monumentos.
**Fuente: The New York Times**

## 1886-julio-21
# UN BANCO PARA HONDURAS
## La concesión que el coronel Donan afirma haber recibido.
*Chicago, 20 de julio.*

El coronel P. Donan, el improvisador de Dakota, está aquí y cuenta la historia de una concesión que ha obtenido para el establecimiento de un banco nacional en Honduras. De acuerdo con el hombre de Dakota, el derecho para establecer el Banco Nacional de Honduras ha sido otorgado absolutamente a un grupo de capitalistas de Nueva York, Chicago, Nueva Orleans y Minneapolis. Los únicos capitalistas nombrados son el Cnel. Donan, de Dakota, y F. H. Hilder, M. G. May, y C. A. Thiel, de Nueva Orleans. El capital accionario del banco es de $1,000,000, del cual el coronel Donan dice que los $250,000 necesarios para empezar a trabajar ya han sido suscritos. El hombre de Dakota describe los planes para la institución con estas palabras:

"El banco procederá a emitir $500,000 en papel moneda en denominaciones de $5 y $10, que el gobierno garantizará. La oficina principal estará en Tegucigalpa, la capital de Honduras, con sucursales en Amapola, Puerto Cortés y Trujillo. En la capital, se depositarán $125,000 antes de emitir la moneda y una cantidad similar en la oficina de la sucursal que se establecerá en Chicago. El gobierno limita su derecho de tomar prestado del banco a $100,000 anualmente, y por tal suma acuerda pagar 10 porciento de interés por año. Como garantía para tales préstamos, el gobierno le paga al banco todos sus derechos arancelarios de sus puertos. Cada tres meses, el banco y el gobierno liquidarán. El banco tiene el derecho de adquirir propiedades, tanto personales como bienes raíces, de prestar dinero por garantías bajo sus propios términos, de estar libre de impuestos de todo tipo, y de importar todos los artículos necesarios sin impuestos. Los billetes del banco se recibirán a la par en pago de todas las clases de aranceles e impuestos y todas las recaudaciones a cuenta del gobierno, y en pago de todo el dinero o deudas de parte del gobierno. De hecho, el banco tiene toda esa sección de la tierra descrita por las fronteras de Honduras, y es lo que los muchachos llaman algo de primera".

**Fuente: The New York Times**

## 1886-julio-22
# LA MAQUINACIÓN DEL BANCO DE HONDURAS

*Nueva Orleans, 21 de julio.*

El comandante F. F. Hilder, de St. Louis, ha visitado dos veces a Honduras en los pasados seis meses. La primera vez, el presidente Bográn le otorgó una concesión para un banco nacional. Durante la segunda visita del comandante Hilder la concesión se hizo más favorable. Él se propuso interesar a capitalistas de Nueva Orleans en el proyecto, pero finalmente decidió que sería muy pesado para este mercado. El Cnel. Pat Donan participó en obtener la concesión, y actuó como agente en el norte. Capitalistas de Chicago y Nueva York han tomado acciones, y se ha suscrito el capital de medio millón de dólares. Donan y otros han ido de Chicago a Nueva York, en donde se tendrá una reunión y los oficiales serán seleccionados. S
e ha propuesto iniciar operaciones inmediatamente después de la organización. El plan es operar tres o más bancos en Honduras hispana, uno en Honduras británica, y uno en los Estados Unidos. El comandante Hilder se muestra reticente sobre el tema, y dice que tanto él como Donan les hicieron una promesa de discreción a los principales accionistas. Se entiende que las concesiones del gobierno de Honduras han sido muy liberales.

**Fuente: The New York Times**

## 1886-agosto-21
# EL PLAN CENTROAMERICANO

Puede ser que México esté siendo afectado por la fiebre de anexión. Considerando cómo la república ha sufrido de la misma enfermedad que en cierto punto fue virulenta en los Estados Unidos, se puede suponer que la población de ese país se opondría más patrióticamente a cualquier proposición para "ampliar el área de libertad". El periódico de San Louis, que tiene noticias especiales sobre que los presidentes y ex presidentes de las repúblicas centroamericanas de El Salvador, Nicaragua, Honduras, Costa Rica y Guatemala estaban en la ciudad de México organizando un plan para la confederación de esos estados bajo un gobierno central, añade que la idea es anexar los países a la república mexicana. Esto podría ser importante si se hubieran cumplido todas las condiciones necesarias. Los ex presidentes de los estados centroamericanos no están en el poder ahora. Si hay algún presidente real entre ellos probablemente fueron sin la autoridad de la gente a la que pretenden representar. En algún punto, estas repúblicas estaban bajo un gobierno confederado, pero el pacto federal fue disuelto en 1840. Barrios, presidente de Guatemala, quien se declaró a sí mismo como dictador con la intención de asumir la autoridad sobre toda la confederación, fue derrotado y asesinado en la batalla de Chalchuapa en marzo de 1885. Desde ese momento no se ha escuchado nada de una confederación.

Si hay algún fundamento para la historia a través de San Louis, esto indica algún argumento incómodo para un nuevo juicio. Si los mexicanos son sabios no se complicarán con estos planes. Díaz tiene suficiente por hacer para mantener las distintas porciones de sus estados unidos en orden. Él estaría en un mar de problemas si su gobierno aceptara a media docena más de estados, traídos sin la autorización de su pueblo, y, probablemente, después sería intensamente problemático.
**Fuente: Philadelphia Inquirer**

## 1886-agosto-23
# REVOLUCIÓN REPORTADA EN HONDURAS
*Nueva York, 22 de agosto.*

De acuerdo a los reportes recibidos aquí, ha surgido una revolución en Honduras bajó el liderazgo de Delgado y Sierra.
**Fuente: The London Times**

## 1886-agosto-24
# REVOLUCIÓN EN HONDURAS
*Nueva Orleans, 23 de agosto.*

El buque de vapor City of Dallas arribó el día de hoy a Puerto Cortés, Honduras hispana, con un cargamento de frutas tropicales. Este trae informes de una revolución que se ha desatado en contra del gobierno del presidente Bográn, pero que los revolucionarios se han topado con un serio revés. Se dice que Soto, Delgado y Morey, tres hombres influyentes, el primero siendo un expresidente o dictador, están a la cabeza del movimiento. Recientemente juntaron una fuerza de unos 150 hombres y cruzaron el Río Choluteca, en donde se toparon con un grupo de tropas del gobierno y fueron derrotados y dispersados. Los revolucionarios perdieron a varios prisioneros, quienes sin duda serán tratados como traidores y rebeldes

El cónsul general Baiz, de Honduras, recibió ayer lo siguiente del presidente Bográn, de Honduras, sobre la invasión de ese país por un grupo de revolucionarios: "Invasión conquistada, Morey y varios jefes muertos. Paz completamente restaurada."

**Fuente: The New York Times**

## 1886-agosto-24
# LA REBELIÓN EN HONDURAS HA SIDO SUPRIMIDA

*Nueva York, 23 de agosto.*

El cónsul general Baiz, de Honduras, recibió hoy lo siguiente del presidente Bográn, de Honduras, con respecto a la invasión de ese país por un grupo de revolucionarios: "Invasión conquistada. Morey y varios jefes murieron. Paz completamente restaurada".

**Fuente: Philadelphia Inquirer**

## 1886-agosto-25
# LA INSURRECCIÓN EN HONDURAS

*Nueva York, 24 de agosto.*

Noticias recibidas aquí desde Honduras afirman que el movimiento insurreccional ha sido suprimido. Morey y muchos otros líderes insurgentes han sido asesinados, y la paz ha sido restaurada.

**Fuente: The London Times**

## 1886-agosto-27
# LA REBELIÓN DE HONDURAS

*La Libertad, 26 de agosto, vía Galveston.*

Algunas personas influyentes y bien informadas de este lugar informan que la revolución en Honduras, encabezada por el general Delgado, es un fiasco y resultará en fortalecer la posición del presidente Bográn todavía más. San Salvador se encuentra tranquilo y su prensa disfruta de absoluta paz. La elección presidencial empezará muy pronto. El partido de oposición es muy fuerte.

El cónsul general Jacob Baiz, de esta ciudad, ha recibido comunicados del presidente Bográn y del general Leiva, ministro de Guerra, que confirman los informes de que la llamada rebelión en Honduras ha sido completamente aplastada, e informan que un máximo de 100 hombres, armados con rifles Winchester, estuvieron interesados en la sublevación. Se dice que estos hombres actuaron en apoyo a los intereses del expresidente Soto, quien ahora está en Costa Rica. Los gobiernos de El Salvador, Guatemala y Nicaragua todos han ofrecido apoyo al presidente Bográn de Honduras, pero esto no fue necesario ya que los hondureños no se tomaron con amabilidad la propuesta revolución.
**Fuente: The New York Times**

## 1886-agosto-31
# EL BANCO NACIONAL DE HONDURAS

El día de ayer se presentaron ante el registrador los artículos de incorporación del Banco Nacional de Honduras. El objetivo de la incorporación es llevar a cabo negocios bancarios mercantiles en esta ciudad, y el capital establecido es de $250,000 en acciones de $100 cada una, reservándose el derecho de aumentar el capital a $1,000,000.

Los incorporadores son los señores F. F. Hilder, de Luisiana; George F. Jackson, de Minnesota; Joseph B. Collins, de Illinois; Peter Donan, de Dakota; Thomas F. Rosser, de Virginia; y Robert P. Lines y John Paul Jones, de esta ciudad. La junta directiva para el primer año estará compuesta por

Joseph B. Collins, R. P. Lines y J. P. Jones. Los negocios del banco se llevarán a cabo en el No. 622 F Street, Northwest.

**Fuente: Philadelphia Inquirer**

### 1886-septiembre-25
# EL AUMENTO DE LAS ACCIONES SUDAMERICANAS DE CLASE BAJA

Durante el último mes más o menos, la llamada "basura" del mercado de valores de gobiernos extranjeros ha aumentado considerablemente. El movimiento se debe en parte a la apuesta por el aumento de los nuevos bonos de Costa Rica, y en parte al anuncio de que Paraguay tenía la intención de llevar a cabo su acuerdo previsto con los tenedores de bonos. También ha habido algunos rumores de un compromiso por parte de Honduras. Las siguientes cifras muestran los precios actuales de todas las acciones sudamericanas de bajo precio, en comparación con las del 10 de agosto, cuando los bonos convertidos de Costa Rica se cotizaron oficialmente por primera vez:

| | 24 de septiembre. | 10 de agosto. | Aumento. |
|---|---|---|---|
| **Colombiana** $4\frac{3}{4}$ **por ciento.** | 23 | 21 | 2 |
| **Costa Rica "A".** | 67 | 53 | 14 |
| **Hacer "B".** | 59 | 49 | 10 |
| **Ecuador.** | $10\frac{1}{2}$ | 9 | $1\frac{1}{2}$ |
| **Guatemala, 1869 (bonos estampados).** | $37\frac{1}{2}$ | 30 | $7\frac{1}{2}$ |
| **Honduras, 1867 y 1870.** | 7 | 5 | 2 |
| **Paraguay, 1871-2.** | 17 | 14 | 3 |

| | | | |
|---|---|---|---|
| **Peruvian, 1870.** | 16 | $15\frac{1}{2}$ | $\frac{1}{2}$ |
| **Hacer 1872.** | 12 | $12\frac{1}{2}$ | $*\frac{1}{2}$ |
| **San Domingo.** | 18 | 18 | … |
| **Uruguay unificado.** | 48 | 47 | 1 |
| **Venezuela nueva constitución.** | 39 | 38 | 1 |
| ***Caída** | | | |

Se verá que el aumento de los bonos de Costa Rica ha sido muy considerable, pero el avance porcentual también es grande en Guatemala y Paraguay, mientras que es aún mayor en Honduras. Excluyendo a los peruanos, que han permanecido estancados, el avance está muy marcado en casi todas las "basuras", mientras que hay poca o ninguna ganancia en los temas más sólidos como Uruguay.

Será interesante ver qué progreso logrará este movimiento, ya que, en general, la especulación no se encuentra en un estado muy saludable cuando se apodera de los mismos restos del mercado. Sin embargo, el mercado extranjero no es el único departamento donde se debe observar esta característica; lo mismo se puede observar en el mercado del ferrocarril estadounidense. En conjunto, esta avidez por comprar acciones, por mala que sea, no es satisfactoria.

**Fuente: The Economist**

### 1886-octubre-28
# HONDURAS

*Filadelfia, 27 de octubre.*

Un telegrama desde Honduras afirma que el general Delgado, junto a otros tres filibusteros que provocaron la reciente revolución infructífera, fueron ejecutados el 10 de octubre en Comayagua.

**Fuente: The London Times**

## 1886-noviembre-10
## MURIERON COMO HOMBRES VALIENTES
### La ejecución de cuatro revolucionarios de Honduras

*Nueva Orleans, LUISIANA, 9 de noviembre.*

El *Times-Democrat* publica el relato de un testigo ocular de la ejecución del día 18 de octubre del general E. Delgado, teniente coronel Indalecio García, comandante Miguel Cortez, y teniente Gabriel Loyant, quienes fueron fusilados en Comayagua por liderar una expedición en contra de Honduras. Los cuatro oficiales mencionados estaban confinados en una pequeña prisión en Comayagua cuando se les dio la noticia de su sentencia.

La esposa del general Delgado estaba allí para implorar con lágrimas de esposa y devoción de mujer por la vida de su esposo. Era el deseo del presidente Bográn perdonarle la vida al general Delgado de ser posible, y cualquier pretexto habría sido prontamente utilizado para darle la oportunidad de salvarse a sí mismo y al mismo tiempo vindicar al tribunal que lo había condenado. El presidente le envió un mensajero para decirle que, si prometía nunca más tomar las armas en contra de Honduras, podría recibir un perdón. El soldado fue muy valiente como para aceptar su vida bajo esos términos, y su respuesta fue que primero vería a Honduras en un clima todavía más tropical del que ya disfruta que aceptar su perdón a cambio de tal promesa. Cuando su respuesta fue recibida, no hubo más opción que esperar la preparación de su ejecución.

En los países al sur de este hay pocas preliminares a tales eventos no infrecuentes. Se pueden obtener con prontitud un sacerdote, un pelotón de fusilamiento y un ataúd. En la mañana de la ejecución, los hombres fueron llevados a un punto cerca de la iglesia de Comayagua; se colocaron cuatro ataúdes cerca de la pared y los hombres fueron llevados hasta estos. Ellos aceptaron su posición con tal facilidad y gracia como si estuvieran tomando asientos en la ópera, sin que se pudiera ver un rostro pálido o un músculo tembloroso. El general Delgado pidió y recibió permiso para ordenar el disparo del pelotón, lo cual él hizo, no sin antes pedirles que no le dispararan en el rostro, sino en el pecho.

No hubo traqueteo ni disparos dispersos, sino una sola descarga aguda y contundente. Los cuatro hombres se mantuvieron erguidos por medio segundo, como si estuvieran ilesos, y después se desvanecieron ensangrentados y muertos. Los soldados cumplieron con la petición del general Delgado, ya que tres balas penetraron su pecho.

**Fuente: The New York Times**

### 1886-noviembre-10
# TRAIDORES DE HONDURAS
### Cuatro hombres fusilados con mosquetes en Comayagua

*Nueva Orleans, Luisiana, 9 de noviembre.*

El *Times-Democrat* publica detalles de un testigo ocular de la ejecución el día 18 de octubre del general E. Delgado, del teniente coronel Indalecio García, del comandante Miguel Cortés y del teniente Gabriel Lozano, quienes fueron ejecutados en Comayagua por dirigir una expedición en contra de Honduras. Los cuatro oficiales arriba mencionados fueron encerrados en una pequeña prisión en Comayagua cuando les llegó la noticia de su sentencia.

La esposa del Gral. Delgado estaba allí para suplicar con las lágrimas de una esposa y la devoción de una mujer por la vida de su esposo.

Fue el deseo del presidente Bográn perdonar la vida del general Delgado de ser posible, y cualquier pretexto habría sido aprovechado fácilmente para darle la oportunidad de salvarse y al mismo tiempo reivindicar al tribunal que lo había condenado. El presidente le envió un mensajero a él para decirle que si él prometía nunca más tomar las armas en contra de Honduras recibiría el perdón. El soldado fue demasiado valiente para aceptar incluso su vida en estos términos, y envió un mensaje de vuelta diciendo que vería a Honduras con un clima aún más tropical que el que ya posee antes de aceptar su perdón bajo estas condiciones.

En la mañana de su ejecución, los hombres fueron llevados a un punto cerca de la iglesia de Comayagua, se colocaron cuatro ataúdes cerca de la pared, y los cuatro condenados fueron dirigidos hacia ellos. Tomaron sus posiciones con tanta facilidad y gracia como si estuvieran en la ópera, y ninguna cara palideció y ningún nervio se estremeció. El general Delgado pidió y recibió permiso para ordenarle al guardia a disparar, lo cual hizo, primero pidiéndole que no le disparara en la cara, sino en el pecho.

No hubo traqueteo, ni dispersión, sino un sonido agudo y aturdidor. Los cuatro hombres, durante medio segundo, permanecieron en posición recta, como si no estuvieran heridos, y después cayeron, sangrientos y muertos. Los soldados obedecieron el pedido del general Delgado, ya que tres balas penetraron su pecho.

**Fuente: Philadelphia Inquirer**

## 1887-febrero-17
# CAPITALISTAS DE FILADELFIA BUSCAN NUEVOS CAMPOS EN HONDURAS

San Luis, Misuri, 16 de febrero. —El señor Whittaker Wright, de Filadelfia, ha estado en esta ciudad por varios días con el propósito de completar la formación de un sindicato minero. Ya hay en el sindicato cuatro capitalistas de Nueva York y tres de Filadelfia, y la intención es de agregar a cinco más de esta ciudad. El señor Wright y sus asociados del este han obtenido del gobierno de Honduras el privilegio exclusivo de establecer en cualquier parte de Tegucigalpa, El Paraíso y Choluteca obras para la extracción de minerales.

El sindicato es dueño de quince de las minas más valiosas en la república, habiéndolas adquirido con las condiciones de que deberían ser desarrolladas en su totalidad y de que se deberían construir caminos desde ellas hacia la costa. Los hombres de San Luis se han unido a este sindicato y erigirán los aparatos de reducción y fundición necesarios, y recibirán la mitad del interés de cada mina. Se propone hacer de esta ciudad la sede de la compañía. Las riquezas minerales de estas minas se dice que son inagotables. De un grupo de minas se tomó en dos años $20,000,000 en oro, y solo se minó una distancia de 700 pies. Se dice que otra mina en Agalteca produce Bessemer puro en grandes cantidades, y otra más, compuesta de seis vetas manta de seis a quince pies de espesor, produce galena argentífera casi pura.

**Fuente: Philadelphia Inquirer**

### 1887-marzo-14
## UN BANCO EN HONDURAS
### Capital Norteamericano ayuda a desarrollar Centroamérica

*Nueva Orleans, LA., 12 de marzo.*

El corresponsal del *Times-Democrat* en Trujillo, Honduras hispánica, envía un reporte sobre la apertura formal del banco de la Aguan Navigation and Improvement Company en ese lugar. Todos los oficiales del gobierno, oficiales del ejército, miembros del poder judicial, comerciantes y ciudadanos líderes del lugar, así como el cónsul Burchard de los Estados Unidos, de Roatán, estuvieron presentes en el banquete después de la inauguración. Se brindó por el presidente Cleveland y Bográn y por el senado de los Estados Unidos por sus acciones relacionadas con las mayores facilidades de correspondencia entre los Estados Unidos y Centro y Sudamérica.

Este es el primer banco que se ha establecido en Honduras. Su capital es propiedad de capitalistas de Nueva York, Boston y Milwaukee. Sus billetes son similares a los billetes verdes de los Estados Unidos y son canjeables en plata.

Honduras está dando grandes pasos bajo la administración del presidente Bográn. La deuda nacional está disminuyendo. Se están estableciendo escuelas, colegios y líneas de telégrafo, y se están construyendo caminos. El Congreso acaba de emitir un decreto autorizando la recepción de 40 por ciento de los derechos de aduana en bonos hondureños. Bajo esta condición favorable de relaciones, capital americano está fluyendo dentro del país, donde es ampliamente protegido por la ley y se convierte en valiosas concesiones otorgadas para mejoras públicas. El establecimiento del banco por los norteamericanos se ha recibido con mucho favor.

**Fuente: The New York Times**

## 1887-junio-04
# VALORES DE GOBIERNOS EXTRANJEROS, ETC

*Deuda de Honduras.* —El cónsul general ha publicado una carta que indica que él ha entrado en un contrato con el gobierno de Honduras, teniendo como objetivo, entre otras cosas, un acuerdo propuesto de la deuda de Honduras y la finalización del ferrocarril interoceánico de Honduras. Todos los documentos relacionados con esta concesión están, él dice, ahora completados y en su posesión, pero necesariamente debe pasar algún tiempo antes de que esté preparado para presentar los términos que solo él está autorizado a ofrecer a los tenedores de bonos. Más allá de la información anterior, él lamenta que, por el momento, no pueda dar más detalles, pero indica que cualquier propuesta de su gobierno no puede ser afectada de ninguna manera por la inflación del valor de mercado de los bonos. Niega la autenticidad de cualquier declaración que ha aparecido sobre el asunto.

*Deuda de Paraguay.* —El consejo de tenedores de bonos extranjeros ha recibido avisos del gobierno de Paraguay, remitiendo la suma de 7,545 a cuenta, en una factura en Londres, para el pago del cupón que vence el 1 de julio de 1887.

**Fuente: The Economist**

## 1887-junio-04
# LA COMPOSICIÓN DE LOS ESTADOS DE SUR Y CENTROAMÉRICA EN BANCARROTA

Los estados en bancarrota de Sur y Centroamérica últimamente han llegado a la misma conclusión que el "jefe" político o manipulador en los Estados Unidos cuya experiencia lo llevó a enunciar como máxima que "la honestidad es la mejor política, cuando estás en un hoyo". Durante años, estos estados se han contentado con estancarse en la bancarrota en la que cayeron tan rápidamente después de haber desperdiciado los 60 millones más o menos que obtuvieron de inversores crédulos en los dos o tres años alrededor de 1870.

Últimamente, sin embargo, se han cansado de esto, no probablemente porque su sentido de la moral comercial ha aumentado, sino porque han encontrado una bancarrota crónica acompañada de inconvenientes positivos, que se habían vuelto molestos. Y como resultado, prácticamente todos, con excepción de Ecuador, se han compuesto con sus acreedores. Colombia ha hecho grandes intentos de cumplir, en parte, sus obligaciones, aunque últimamente sin mucho éxito, pero Costa Rica, Guatemala, Paraguay y Venezuela han llegado a un acuerdo con sus acreedores, aunque en todos los casos finalmente no se han completado. Se reporta oficialmente que Honduras, uno de los más desesperanzados en la lista, está lista para hacer alguna clase de acuerdo con respecto a su deuda; y, por último, pero no menos importante, llega Perú, quien, al parecer, ahora, después de años de acoso y negociación, acordó hacer algo para saldar su deuda.

Como la deuda peruana asciende, nominalmente, a 32 millones, puede ser conveniente prestar un poco de atención a los términos bajo los cuales se realizará este acuerdo.

A primera vista parecen profusas, casi hasta el punto de la vergüenza. Es cierto que, de la deuda total, Perú solo propone asumir la mitad, la otra mitad atribuida a Chile; y dado que ese país se niega a tener algo que ver con la deuda y niega cualquier derecho de los tenedores de bonos a los valiosos depósitos de nitrato de Tarapacá, esto significa prácticamente "sellar" la deuda en un 50 por ciento. Y una condición es que se hará un anticipo de 400,000£ al gobierno peruano, y se proporcionará un capital de 350,000£ para el establecimiento de un banco en Lima, al cual se otorgarán varios privilegios.

Pero, por otro lado, los ferrocarriles del gobierno, que comprenden un total de aproximadamente 763 millas de línea, se otorgan a los tenedores de bonos durante 66 años, junto con todos los depósitos de guano, inmensas extensiones de tierra y una multitud de concesiones mineras. Y, en caso de que los ingresos provenientes de los ferrocarriles y los depósitos de guano no alcancen los 420,000£ anuales, el gobierno propone compensar cualquier deficiencia de hasta 120,000£ anuales de las cuotas aduaneras.

Estas concesiones no están completamente libres de reservas, ya que una proporción de las ganancias obtenidas en ciertos casos específicos se entregarán al gobierno. Estos términos ciertamente parecen prometedores, pero al provenir de un país que actualmente está en bancarrota, su generosidad estimula la curiosidad y tiende a arrojar dudas sobre su valor, especialmente cuando se enfrentan a las condiciones de nuevos avances, etc.

En cuanto a los ferrocarriles, se sabe poco, porque las finanzas peruanas generalmente han estado en un problema desesperado durante algunos años. En algunos trimestres se afirma que rinden actualmente un ingreso neto de más de 100,000£ por año, pero es más probable que si se mantenían adecuadamente, apenas pagarían los gastos operativos. Las líneas, que están en un estado incompleto, no se construyeron con la idea de obtener resultados directamente remunerativos, y una gran proporción del kilometraje que atraviesa un país muy difícil de trabajar de forma natural, es poco probable que admita un trabajo rentable dentro de un espacio de tiempo.

No hay duda, también, de que se les ha permitido caer en un mal estado, debido a la falta de mantenimiento adecuado durante algunos años. Esto, de hecho, claramente indicado por los acuerdos que se han hecho en cuanto a las reparaciones. Las concesiones de guano probablemente valen muy poco, ya que todos los depósitos valiosos han sido extenuados, o están en posesión de Chile. En cuanto a las concesiones de tierra y mineras, poco o nada se puede decir, y pueden resultar valiosas o sin valor.

Está claro, sin embargo, que habrá que arriesgar mucho dinero para obtener un beneficio problemático; de hecho, el monto se establece en no menos de dos millones y medio. Sin embargo, esta dificultad se cumple en la mayoría de los casos similares de composición de estos estados en bancarrota, ya que todos exigen algo a cambio, generalmente en forma de un nuevo adelanto. En esto, como en casos anteriores, los tenedores de bonos sin duda estarán dispuestos a aceptar los términos ofrecidos, que, aunque pobres y riesgosos, parecen ofrecer una mejor perspectiva que la perspectiva en blanco con la que se han enfrentado durante tanto tiempo.

Pero en todos estos casos, los inversores harían bien en reducir a un ritmo muy moderado sus puntos de vista sobre el futuro. Como dijimos anteriormente, y como lo demuestra el pasado, estos estados, con sus poblaciones mixtas, tienen un bajo estándar de moralidad comercial, y es muy probable que se rompan los acuerdos en los que entran cuando entren en conflicto con motivos de interés propio. Dichas consideraciones deberían tener peso con los inversores cuando los especuladores de la Bolsa de Valores envían los precios de estos valores de clase baja de Sudamérica y Centroamérica como una pelota de fútbol.

**Fuente: Philadelphia Inquirer**

## 1887-junio-06

Dos presidentes centroamericanos, MENÉNDEZ, de El Salvador, y BOGRÁN, de Honduras, están en dificultades con su gente, y ambos se ven amenazados con revoluciones. La acusación en contra de BOGRÁN es la impopularidad general y las intrigas para garantizar su reelección en las elecciones de otoño; en contra de MENÉNDEZ es el trato tiránico hacia sus oponentes políticos, lo que incluye encarcelamiento, presión en el ejército y azotes. MENÉNDEZ es el líder que, hace precisamente dos años este mes, encabezó a los revolucionarios en El Salvador en contra de FIGUEROA, cuando este último había sido nombrado presidente después de la renuncia de

ZALDÍVAR. Después de obtener numerosos éxitos en el campo, MENÉNDEZ fue aceptado como presidente y lo ha seguido siendo durante los últimos dos años.

No está claro el grado de relación de los presentes disturbios del presidente con la negativa de su gobierno de aceptar el tratado hecho recientemente por los representantes de todos los estados centroamericanos. Sin embargo, no sorprendería escuchar que se han desatado revoluciones tanto en El Salvador como en Honduras, aunque es posible que el grado de insatisfacción haya sido un tanto exagerado.

**Fuente: The New York Times**

### 1887-junio-10
# FILIBUSTEROS EN ACCIÓN
## Planeando una expedición en contra de un país Centroamericano

*Savannah, GA., 9 de junio.*

El *Times* de Savannah de esta tarde declara que desde hace algún tiempo se ha estado rumorando sobre la planeación en Savannah de una expedición filibustera en contra de un país Centroamericano. Los detalles de esta maquinación se mantuvieron lo más ocultos posible, y era difícil encontrar a alguien que supiera algo sobre este proyecto. Sin embargo, hace unos días se envió información al secretario Bayard sobre la planeación de una invasión en contra de Honduras en esta ciudad. El secretario de Estado se comunicó inmediatamente con el gobernador Gordon. El gobierno federal todavía no ha tomado ninguna acción.

Los filibusteros no estaban conscientes de que su secreto había salido a la luz hasta que fue publicado esta tarde. El cónsul español, quien parece haber sido informado de todos estos asuntos, fue entrevistado el día de hoy, pero no se pudo obtener nada más aparte de la confirmación de los hechos ya mencionados. Se sugirió que ni la República de Honduras ni Honduras Británica eran el punto objetivo de los intrigantes, sino que se apuntaba a una dependencia de algún otro gobierno.

Savannah siempre ha tenido ciudadanos listos para involucrarse en movimientos agresivos en contra de potencias extranjeras. Cuba tuvo aliados aquí durante sus esfuerzos revolucionarios. Fueron muchos los voluntarios en la guerra para la conquista de México. Justo antes del conflicto civil, numerosos ciudadanos que ahora viven y son bien reconocidos aquí se enlistaron bajo el aventurero William Walker, y se le unieron en sus expediciones en contra de Honduras y otros gobiernos centroamericanos. Walker tuvo algo de éxito, y por un tiempo fue presidente de Costa Rica. Después de su ejecución en Honduras, varios de sus seguidores regresaron a Savannah, y desde entonces algunos han conseguido prominencia y riquezas.

**Fuente: The New York Times**

### 1887-junio-11

El rumor de que la expedición filibustera que se dice está siendo organizada actualmente en Savannah tiene a Honduras como su objetivo se debe en parte al hecho de que esa república ha sido recientemente el objetivo favorito para iniciativas de este tipo. Los aventureros se han visto atraídos no solo por sus ricos depósitos de oro y plata y por su riqueza en productos tropicales que, según se cree, resultarían en inmensas ganancias al ser desarrollados por esfuerzos norteamericanos, sino también por el hecho de que, al parecer, algunos de sus pobladores están listos para una anexión a los Estados Unidos.

También hay un incentivo para el filibusterismo en la oposición política al presidente BOGRÁN, cuyo mandato inició en 1883 y termina en agosto del año siguiente. Una expedición filibustera desde afuera de las fronteras de la república, encabezada por DELGADO, tuvo un resultado desastroso, y su líder fue condenado por una corte marcial y ejecutado.

Sin embargo, parece que su desenlace no ha destruido por completo la fiebre de invasión. Es bastante seguro el que las autoridades de Washington tomarán todas las medidas necesarias para cumplir con sus obligaciones internacionales al prevenir que nuestro territorio sea usado como base para una expedición hostil en contra de un gobierno amistoso.

**Fuente: The New York Times**

## 1887-agosto-20
# UNA VÍA FÉRREA EN HONDURAS

*Nueva Orleans, 19 de agosto.*

Las autoridades han declarado que el sindicato de Boston ha decidido tomar la mayor parte de los bonos de construcción de la Vía Férrea de la Costa Norte de Honduras, franquicia que había sido otorgada a una corporación de Nueva Orleans, cuyo presidente es S. B. McConnico. La transacción no se ha completado, pero todo lo esencial ya ha sido acordado y solo quedan por establecerse los detalles. Una cantidad muy pequeña de los bonos ha sido tomada por Nueva Orleans, pero una de las condiciones de la transacción con las personas de Boston es la retención de los incorporadores de una opción de $200,000 de bonos a colocarse en Nueva Orleans si así son requeridos. Los bonos, de acuerdo con el plan de organización, representan el doble de la cantidad de acciones del valor nominal. Se dice que el trabajo en la vía no iniciará antes de enero próximo, cuando ya ha terminado en su mayor parte la temporada de lluvias en los trópicos.

**Fuente: The New York Times**

## 1887-septiembre-08
# BROTE REVOLUCIONARIO EN EL SALVADOR

*Nueva York, 7 de septiembre.*

Un comunicado de Panamá anuncia que, de acuerdo a información publicada allí por el *Star and Herald*, una fuerza revolucionaria al mando de Barahona sorprendió y tomó posesión del puerto La Unión, en la República de El Salvador, anoche, habiendo sido traicionado el gobierno por un sargento y un oficial. Se afirma que un fuerte encuentro ocurrió con los rebeldes.

Una fuerza de 1,000 tropas del gobierno dejó la capital bajo el mando del general Amaya, pero les tomará dos días llegar a la escena del levantamiento. Hay un disturbio general en El Salvador, Guatemala y Honduras.

**Fuente: The London Times**

## 1887-septiembre-16

La reelección del general LUIS BOGRÁN como presidente de Honduras tal vez le dé a esa república un periodo de tranquilidad después de su reciente excitación política, especialmente porque su mayoría ha sido muy grande. Su oponente fue el señor ARIAS, un expresidente, quien publicó un folleto titulado "Mis ideas", en el que plasma su teoría del tipo de gobierno que el país necesitaba y da los nombres de políticos prominentes y otras personas que habían acordado darle su apoyo. Se pronunció a sí mismo como un liberal, así como a favor de la autonomía municipal y la limitación del periodo presidencial.

Sus seguidores acusaron al general BOGRÁN de usar su puesto para asegurar su reelección, mientras los partidarios de BOGRÁN declararon que ARIAS en 1872 había mostrado un absoluto desprecio por las restricciones constitucionales, a pesar de su actual deferencia por la ley. Se temía que se presentaran algunos disturbios revolucionarios durante las campañas, pero las elecciones parecen haberse llevado a cabo de forma tranquila y esto da probabilidades de alcanzar la promesa de paz a futuro.

**Fuente: The New York Times**

## 1887-septiembre-17
# VALORES DE GOBIERNOS EXTRANJEROS

*Honduras.* —La siguiente comunicación es del cónsul general—: "13 St. Helen's place, E.C., 15 de septiembre, señor, he recibido un mensaje por cable del presidente de Honduras, el general Bográn, anunciando su reelección por otro periodo de cuatro años en la silla presidencial. Es deseable que los tenedores de los bonos de Honduras deban conocer este hecho, en la medida en que el general Bográn solo consintió en ser nominado para un segundo mandato para que su mejor influencia pudiera ejercerse para asegurar la finalización del ferrocarril interoceánico mediante un acuerdo con los tenedores de bonos. —Soy, señor, su obediente servidor, W. Binney, cónsul general".

**Fuente: The Economist**

## 1888-junio-05
### INFORME LEGAL, 4 de junio.
## TRIBUNAL SUPERIOR DE JUSTICIA, DIVISIÓN DE LA CANCILLERÍA.
### (Ante El Sr. Juez Chitty)
## En relación a la Honduras Interoceanic Railway Company (Limited).

Esta fue una compañía formada en 1873 con el propósito, entre otros, de tomar el control de los bonos de los préstamos ferroviarios del gobierno de Honduras, cuyos tenedores de tales bonos los entregaron a la compañía y recibieron acciones de la compañía en gravamen de los mismos. En 1883 se emitió una orden para la liquidación de la compañía bajo la supervisión de la corte. El liquidador presentó ahora una petición para sancionar un proyecto de arreglo con miras a la disolución de la compañía.

Según los términos del proyecto, los bonos se les regresarían a los tenedores en pagos de £3 4s. 7d. por ciento en su valor nominal, o retenido por el liquidador para su realización, y los ingresos de tal realización, después de deducir £3 4s. 7d., se les pagarían a los tenedores de bonos sin requerir o recibir de vuelta sus bonos. El pago de dicho porcentaje de £3 4s. 7d. se requirió para cumplir con una cantidad de £28,000 para cubrir cantidades pendientes por bonos perdidos, para las deudas de la compañía, y para los costos de liquidación.

El señor Romer, consejero de la Reina, y el señor Beddall aparecieron por el solicitante; y el señor Whitehorn, consejero de la Reina, y el señor Borthwick por los titulares de obligaciones de la compañía. El señor Juez Chitty emitió una orden según lo solicitado.

**Fuente: The London Times**


## 1888-julio-14

## SE ANTICIPA EL ATAQUE DE UN NAVÍO FILIBUSTERO A PUERTO CORTÉS

Los buques de vapor City of Dallas y S. Oteri, que participaban en el comercio de fruta en Honduras, estaban programados para arribar aquí el pasado sábado. Su ausencia dio pie a numerosos rumores sensacionalistas. En la oficina del agente se dijo que no se anticipaba ningún desastre o detención obligada. El retraso se atribuyó a la carencia de trabajadores en Honduras debido a las agitaciones en el lugar. El E. B. Ward, Jr., otro buque de vapor de la Oteri Line, arribó esta mañana. Su contador naval, Manuel Miangolarra, dijo que el clima había sido espléndido y que no había peligros desde esa fuente. El Ward solo se dirigió a Puerto Cortés en este viaje. El City of Dallas fue visto allí a las 9 en punto la noche del 4 de julio, y el vigía dijo que partió a las 3 en punto de la mañana siguiente. Supuso que el problema se debía a que los trabajadores habían sido reclutados como soldados.

En Puerto Cortés, la guarnición ha sumado 200 hombres más, y se montaron tres cañones: uno de 24 libras y dos de 8 libras. Se hicieron preparaciones similares en los otros puertos de Honduras. Se ha dicho que el motivo de la alarma fue un informe de que el navío Hortense, de tres mástiles y aparejo cuadrado, con una tripulación de filibusteros, estaba por atacar el puerto de Puerto Cortés. Se suponía que el navío provenía de Nueva York, y su equipamiento se atribuía a causas políticas. En el trayecto, al acercarse a Cabo San Antonio, el Ward se topó con un navío de tres mástiles y aparejo cuadrado. Esto sucedió la noche del 2 de julio. Una hora después pasó un buque de vapor, con misma dirección hacia el oeste. Su no llegada a Puerto Cortés se supone se debía a que su destino era Isla Mujeres, un pequeño puerto mexicano en el que se decía los filibusteros se estaban reuniendo.

Se informó que el Oteri estaba en South Pass esta noche, y sin duda traerá las noticias más recientes sobre el presunto filibusterismo.

**Fuente: The New York Times**

## 1888-julio-16
## TERREMOTOS EN HONDURAS
*Nueva York, 14 de julio.*

Informes de Honduras reportan que el país ha sido visitado por varias tormentas y terremotos fuertes, causando grandes daños a propiedades, pero sin pérdida de vidas.

**Fuente: The London Times**

## 1888-diciembre-28
## NOTAS

El doctor James P. Kimball, director de la Casa de La Moneda, ha calculado el valor de las monedas estándar de varias naciones del mundo, lo cual será proclamado por el Secretario del Tesoro el día primero de enero de 1889. Los valores de las monedas de oro han sido evaluados al comparar la cantidad de oro puro en cada una con la cantidad en el dólar de oro de los Estados Unidos.

Las monedas de plata de los países que tienen estándar doble han obtenido las mismas valoraciones que las monedas de oro de tales países con las que son intercambiables.

Los valores de las monedas de plata de los países que tienen el estándar de plata han sido evaluados al tomar el valor del bullón de la plata pura contenida en tales monedas, basándose en el precio promedio de la plata en Londres para el periodo que comienza el 1 de octubre de 1888 y termina el 24 de diciembre de 1888, es decir, 42,911 peniques por onza, estándar británico, equivalente a la par del intercambio a $0.94.066 por onza fina.

El valor de la plata para el periodo correspondiente del año pasado fue $0.96.645, un declive de un poco más de 2 ½ porciento por onza. El declive en el precio de la plata ocasionó un cambio en los valores calculados de las siguientes monedas:

|  | Valor | Valor |
|---|---|---|
|  | **1 de enero de 1888** | **1 de enero de 1889** |
| **Florín de Austria** | $0.34.5 | $0.33.6 |
| **Boliviano de Bolivia** | 0.69.9 | 0.68.0 |
| **Sucre de Ecuador** | 0.69.9 | 0.68.0 |
| **Peso de Guatemala** | 0.69.9 | 0.68.0 |
| **Peso de Honduras** | 0.69.9 | 0.68.0 |
| **Rupia de India** | 0.33.2 | 0.32.3 |
| **Yen de Japón** | 0.75.3 | 0.73.4 |
| **Dólar (Peso) de México** | 0.75.9 | 0.73.9 |
| **Peso de Nicaragua** | 0.69.9 | 0.68.0 |
| **Sol de Perú** | 0.69.9 | 0.68.0 |
| **Rublo de Rusia** | 0.55.9 | 0.54.4 |
| **Mahbub de Trípoli** | 0.63.0 | 0.61.4 |
| **Dólar (Peso) de los E. U. de Colombia** | 0.69.9 | 0.68.0 |
| **Bolívar de Venezuela** | 0.14.0 | 0.13.6 |

**Fuente: Philadelphia Inquirer**


### 1889-marzo-24
# EL FUTURO DE HONDURAS Y SU PRESENTE CONDICIÓN PRIMITIVA
## La Riqueza, industria, costumbres sociales y posibilidades de la pequeña República Centroamericana

COMAYAGUA, 9 de marzo. Mientras uno viaja a través de Honduras debe estar impresionado de que el gran e insuperable obstáculo para el desarrollo del país es la falta de medios de comunicación internos. Las carreteras son simples rutas para mulas y los senderos solo son adecuados para cabras de montaña y ciervos. En lugar de unir con puentes pequeños arroyos, los ingenieros de Honduras instalan sus vías sobre las empinadas y más duras montañas, siendo su única idea la de llegar a su destino, sin importar cuándo o cómo. Aquí, como en cualquier lugar de Centroamérica, se puede ver el efecto del miserable sistema colonial de España, aunque Honduras parece haber estado más aislada del mundo que sus otras posesiones.

La Corona monopolizó el comercio y reguló la cantidad de la producción. Por ejemplo, en el siglo dieciocho, se plantaron uvas y la industria creció tanto que el país viejo temía a la colonia como rival a su propia industria del vino. Se dieron y ejecutaron órdenes para destruir los viñedos, y actualmente una de las cosas más difíciles de encontrar en el país es una vid cultivada, mientras que las colinas y montañas abundan con variedades silvestres, y no existe duda de que la producción de uvas sería un elemento importante para la riqueza, así como lo ha sido para California.

Este mal gobierno por parte de la Corona fue hábilmente ayudado por la iglesia; ambos estaban ansiosos por exprimir todo lo que pudieran al país. El crecimiento del Partido Liberal fue tan lento y la lucha tan amarga que la muchedumbre fue totalmente separada de la iglesia de sus ancestros; pero no fue sino hasta 1832 que los liberales se volvieron lo suficientemente fuertes para establecer la libertad de religión. Ese acto fue rápidamente seguido por una excomunión especial desde Roma, dirigida hacia el presidente Morazán, la cual fue devuelta a su fuente de una manera muy novedosa. Las tropas fueron reunidas en la plaza de Comayagua para la inspección matutina del domingo; la bula Papal se usó para empujar una carga de pólvora en un cañón que apuntaba hacia Roma y disparó.

Desde Tegucigalpa hacia el norte y este uno pasa a través de los viejos distritos mineros, donde incluso hoy se pueden ver maquinarias más toscas que en la vertiente del Pacífico en el año 49. Muy pocas minas se abrieron y se desarrollaron en cualquier sistema. Los pozos fueron cavados, pero la desviación en la mayoría de los casos era tan defectuosa que perdían la veta. Cuando se encontraban con agua, las minas eran abandonadas debido a la falta de maquinaria de bombeo, aunque cerca de un pueblo minero abandonado pude rastrear un túnel que estaba, sin lugar a duda, construido para transportar el exceso de agua, tal como la idea del túnel Sutro en Nevada. El aplastamiento, con excepción de una mina propiedad de una compañía inglesa, se hacía con piedras rodantes pesadas movidas con bueyes, después de lo cual el proceso de amalgamación se realizaba en un patio de cemento, así como se seca el café, y luego el producto se reduce con fuego.

Aun bajo tal gestión errática, la industria minera de Honduras ha sido inmensamente rentable. El país está punteado de hoyos llenos de agua, los cuales con simple maquinaria estarían pagando las inversiones. Vi mucha maquinaria oxidándose en los laterales de las montañas, las cuales los hombres emprendedores no han podido transportar sobre los miserables caminos. En Comayagua, miré cloruros de plata que superaban la cantidad de $23,000 la tonelada. Se aprecia el valor de ese mineral cuando se tiene en cuenta que la plata pura vale solamente $32,000 la tonelada.

Pero muy pocos rastros de oro han sido encontrados en la vertiente del Pacifico de las Cordilleras; las montañas están inclinadas hacia el Atlántico, y, a medida que se desciende por las empinadas pendientes, las diferentes estratificaciones son fácilmente distinguibles hasta el granito. En los pueblos indios en la vertiente del Atlántico las mañanas del domingo las mujeres lavan la arena y la grava en aparatos ásperos llamados "bateas" y, con algo de suerte, aseguran una suficiente cantidad de oro en unas cuantas horas para mantenerse por una semana entera. Otra dificultad es la escasez de mano de obra, y es un hecho que las buenas minas son más fáciles de encontrar que los hombres para trabajar en ellas.

Parece ser que los nativos no tienen ambición sobre conseguir riquezas; ellos construyen sus casas de paja en un bosque de bananos y palmeras, y parecen lamentar que tienen la necesidad y la molestia de arrancar la fruta que crece ante sus puertas. Una vez al preguntar por mi camino hacia un vado a través de un arroyo hinchado, le pedí a un indio que estaba columpiándose perezosamente en su hamaca que me mostrara la dirección. Él dijo que "estaba muy cansado" y $2 no lo persuadieron a levantarse. Al no estar dispuesto a cruzar sin un guía, acampé allí por la noche, y vi claramente que mi anfitrión no tenía ninguna razón para molestarse por $2. Detrás de su seto de cactus gigante tenía cerca de 300 pollos, muchos cerdos, su campo de maíz, y plátanos por todas partes en cada etapa de maduración. Él no conocía nada mejor que su propia condición y estaba satisfecho con su suerte. Le compré por $12 en plata dos onzas de oro lavado que había sido tomado de un arroyo cercano. Las partículas eran del tamaño de la cabeza de un alfiler a el tamaño de un guisante, pero de excelente color. Después vendí el oro en la costa por el doble de lo que yo había pagado por él.

Como regla general, los habitantes aborígenes han sido cambiados por 300 años de contacto con el hombre blanco y por la conquista española; sin embargo, entre los asentamientos en el lado este, y no lejos de Tegucigalpa, pasé a través de comunidades que han mantenido, de manera sorprendente, sus costumbres más primitivas, y en las que la sangre aborigen apenas ha sufrido, en lo más mínimo, la mezcla.

El lenguaje nativo se mantiene por su cuenta, y en Honduras como en la parte alta de Guatemala, he observado la preferencia por la lengua india. Estos indios son los enemigos hereditarios de los sambos, o misquitos, quienes años atrás los expulsaron de la costa al obligarlos a la esclavitud. Sus necesidades son muy limitadas. Las mujeres se visten con una falda de tela de algodón azul tejida por ellas mismas de un peculiar algodón nativo, el cual crece y la planta no muere. Tiene una semilla dura y rocosa en el interior de cada bola de algodón, que se recoge cuando obtienen el tamaño de una nuez.

Esta gente practica lo que recuerdan de la religión católica, y cada comunidad tiene una iglesia con la efigie del santo patrono, ante quien, en los días festivos, colocan veladoras encendidas y ofrendas de frutas. Cuando los muchachos alcanzan la edad de 14 son privilegiados de seleccionar a una doncella de 12 años por esposa. Cuando la selección se hizo y fue ratificada por los padres de ambos, la pareja va a la casa del padre del novio a vivir. Hasta que el hijo es capaz de mantener a su novia, él trabaja para su padre con un salario hasta que puede construir una casa para él mismo. No hay ceremonia. El acuerdo mutuo de todas las partes interesadas es todo lo que se necesita, después de esto se consideran esposo y esposa. Estas personas tienen un gran respeto por el Gobierno General, y no hay mayor evento en sus vidas que la visita del "Jefe Político" de su departamento. Su estadía es usualmente de tres días, y es una temporada de fiesta y de presentar quejas y peticiones para su acción, que él resuelve con la autoridad de un zar. En los intervalos entre las visitas oficiales todas las cuestiones entre individuos son decididas por "alcaldes", o comisionados de la paz, elegidos entre ellos mismos, y nunca se escucha un cuestionamiento por sus decisiones.

Aparentemente las leyes del estado son obedecidas, pero la corte del alcalde es de equidad, y, como pocos de los jueces pueden leer o escribir, las leyes del estado no son consultadas en gran medida. Cuando una elección presidencial ocurre, o una elección para el congreso, esta gente inocente vota de acuerdo con el consejo que reciben de la capital, y tal consejo es tomado como una orden.

Con el índigo, lavado de oro, corte de caoba, y el comercio de transporte, una cantidad considerable de dinero llega a sus manos, pero las fiestas religiosas y civiles llegan con tanta frecuencia, y las celebran todas bebiendo y con otros excesos, que al final del año se encuentran con tan poco dinero como el que tenían al principio. Desde mi punto de vista creo que la gente del país está empezando a ver que los cambios políticos, sin importar las promesas hermosas, son incapaces de regenerar al país, y que en general hay un creciente sentimiento a favor de los emigrantes que buscan empleo y fortuna dentro de sus límites.

En muchas instancias sus gobernantes en tiempos pasados, por motivos egoístas, han puesto cada obstáculo posible en el camino de la mejora y la educación de la gente para así poder llenar sus propios bolsillos con los ingresos públicos; pero ahora todo eso ha cambiado, y un deseo por la colonización y el predominio de la sangre blanca es anhelado. El gobierno ha establecido escuelas para niños indios que se fomentan con el mayor cuidado, e incluso en pueblos remotos de una población pequeña uno se topa con escuelas para artesanos altamente equipadas y bajo buenos maestros, y si no se me hubiera garantizado que algunos de los muebles exquisitamente diseñados que miré eran del trabajo de indios, habría creído que se hicieron en las mejores fábricas de Estados Unidos. Con una posición inigualable, un clima adaptado, como se podría decir, a cada capricho, los mejores bosques de la tierra, riqueza minera incalculable, y oportunidades para la agricultura, puede que en solo unos cuantos años Honduras tome el primer lugar entre las repúblicas que se encuentran entre el Río Grande y el istmo.

**Fuente: The New York Times**

### 1889-abril-23

El expresidente Soto, de Honduras, cuyo hogar está ahora en París, ha regresado a los Estados Unidos en el interés de un sindicato español que tiene una cantidad considerable de dinero para invertir. Desde que se fue de este país ha escrito una historia de Centroamérica por la que fue elegido miembro de la Real Academia de España.

**Fuente: Philadelphia Inquirer**

### 1889-abril-29

# OLANCHO, EL PUEBLO PEREZOSO
## Viajando con un padre en Honduras.
## La pura verdad sobre la tortilla—. Los Aztecas, cuyos hijos hacen sus fortunas como curiosidades—. Lugares de interés en Olancho.

OLANCHO, 15 de marzo. El intenso calor del sol en la parte baja del país de la costa norte de Honduras hace que la mayoría de los viajeros inicien sus viajes a medianoche, regulando sus marchas para así llegar a algún asentamiento alrededor de las 8 en punto de la mañana. Gracias a la amabilidad del hospitalario padre de Trujillo, quien me prestó una de sus propias mulas y se ofreció a acompañarme hasta el pueblo de Olancho, el viaje se llevó a cabo bajo auspicios mucho más favorables que si hubiera ido solo y únicamente con sirvientes indios.

Lo mejor es viajar en Centroamérica acompañado de un padre siempre que sea posible, pues así se te ofrecen las mejores camas, en los mejores cuartos, y la mesa estará servida con lo mejor que la casa tenga para ofrecer. Los varios arroyos pequeños que desembocan en el puerto de Trujillo hacen que los viajes nocturnos sean peligrosos en donde se cruzan con las veredas y debido a sus orillas pantanosas, pero con la ayuda de una luna llena y el ocasional destello del cigarrillo de un padre, no tuve dificultad para advertirle a mi animal cuando se acercaba mucho a los pozos o lodazales amenazadores.

Durante las primeras millas, nuestro camino siguió un río rodeado de una densa espesura compuesta de mangles, que en algunos lugares estaban tan entrelazados con enredaderas tropicales que daban la apariencia de bancos sólidos de follaje. En donde la corriente se estrechaba se formaba un arco verde, desde donde la lujosa vegetación colgaba en festones sombríos y las hojas más bajas de los largos zarcillos jugaban en la corriente de agua.

En ciertos puntos se abría el paisaje iluminado por la luz de la luna mostrando los vívidos colores de las flores de cientos de variedades de plantas parasitarias, en las que, en un solo día, se podía recoger una fina colección de orquídeas mejores que las que se exhiben en Londres o Nueva York. En este viaje fue cuando observé por primera vez *La planta sensitiva*. Al usar un látigo de cuero en mi animal, mi brazo golpeó una planta que crecía cerca del camino, una que yo nunca había visto antes y que me pareció ser un tipo de helecho. Tan pronto como la planta se vio perturbada, sus hojas se contrajeron y doblaron lentamente de manera muy digna, como si se hubiera ofendido por haber sido molestada. Además de esta planta, existe también el árbol sensitivo, que crece en abundancia en las inmediaciones de "Casas Blancas", el cual, al ser golpeado con fuerza en el tronco, no solo cierra sus hojas, sino que también retrae todas sus ramas hacia el tallo madre.

Un poco después del amanecer pudimos divisar el pequeño grupo de viviendas de color blanco, Casas Blancas, en donde pretendíamos pasar el día. Ahora estábamos en un bosque de árboles de caucho indio. Este árbol se conoce por su tronco redondeado y suave protegido por una corteza de color claro y que llega a alcanzar una altura de 60 pies. Las hojas se forman en grupos; tres juntas de textura delicada y delgada y usualmente de unas 10 o 12 pulgadas de largo, siendo la hoja central un poco más larga que las demás. La quietud total del bosque de caucho, que tiene muy poca vida animal, sería un hogar excelente para el ermitaño declarado. Al acercarnos a la aldea, nos topamos con algunos nativos que se dirigían a trabajar en el caucho. Los árboles, también llamados aquí "cautchouc", se perforan como nosotros lo hacemos con el maple.

El corte produce un líquido cremoso amarillo, que entre los indios de Honduras se permite que caiga a hoyos en el suelo y que se cuaja en una sustancia sucia y gelatinosa en el instante en que unas cuantas hojas de "bejuco" se machacan en este. Los nativos también usan la corteza delgada del árbol como papel, mientras que los cerdos domesticados del pueblo engordan con su fruto, que se asemeja al durazno, pero dividido en tres lóbulos, cada uno con una pequeña nuez negra.

Cerca del pueblo se pueden encontrar muchas ruinas y lo que nosotros conocemos como montículos, pero que a mi parecer se trata de los edificios de los nativos que estaban en el país al momento de la conquista española y no de la raza que precedió a estos, como sí es el caso de los que se encuentran en Tenampua. Los rastros de diseño arquitectónico son muy escasos, así como cualquier rastro de un sistema de culto organizado, como sí se muestra en los gigantescos ídolos encontrados en la Isla de Momotombo en Lago Managua y en Palenque y Chichen Itzá en Yucatán. Durante el día, desenterré muchas piezas de terracota de forma antigua, algunas en tan perfecta condición que podrían todavía utilizarse en una vivienda; pero no encontré ninguna que tuviera alguna señal de alguna vez haber sido pintada o siquiera barnizada.

En esta parte del departamento de Olancho se encuentran muchos comerciantes negros de considerable riqueza y tacto para los negocios, quienes han ido mucho más allá de la idea centroamericana de tener una pequeña tienda y un anexo de whisky, y que tienen relaciones comerciales con empresas europeas a las que les envían productos nativos por comisión. La mezcla indiscriminada de razas ha dejado muy pocas familias de descendencia española intacta, y la población actual se compone de caribes y ladinos, siendo estos últimos la gran mayoría. Esta raza mezclada, o clase ladina, ha heredado todas las malas cualidades y vicios de sus varias fuentes, pero ha percibido con rapidez que la sangre blanca, si predomina, arrebatará la influencia y poder ladino actual para ella misma, y en esta raza vive un fuerte prejuicio en contra de los extranjeros.

A unas millas del pueblo se encuentra una agrupación de casas habitadas por un remanente azteca, quienes tienen un gran parecido a la raza que conocí cerca del volcán de Ometepe en Nicaragua y en la ciudad de Omoa. Esta era una comunidad pequeña y modesta, completamente contentos con ganarse la vida cultivando vegetales para los caribes del pueblo más grande. Estos son más pequeños en estatura que los indios de Honduras; más gentiles en su forma de ser y, aunque ahora hablan un lenguaje mixto, sus voces son muchos más dulces en el tono. Una de sus peculiaridades es el retirarse a un lugar secreto y alejado cuando tienen una enfermedad, rehusando toda ayuda médica, para entonces morir.

Mientras conversaba con uno de ellos, que entendía un poco el español, observé una expresión de placer que pasó por su rostro cuando descubrió que yo era un norteamericano. Me dijo que sus dos hijos estaban viajando en ese país como "curiosidades" por un buen salario, y me abarrotó con tantas preguntas que hasta el día de hoy seguiría allí si me hubiera puesto a responderlas todas. Le di una descripción hermosa y placentera de la vida en un museo de diez centavos y dejé al hombre totalmente feliz. Sus casas eran muros de cañas de azúcar que apoyaban techos de ramas de palmera "cohune", que repelían el agua tan bien como las láminas de acero o las tejas, y por entre las puertas abiertas pude ver a las mujeres haciendo "tortillas", su principal fuente de alimento y que además venden en "Casas Blancas".

Primero se hierve el maíz en agua salada, y se deja hervir a fuego lento hasta que esté suave. Después se lava y se machaca hasta que queda como una pulpa blanda en una piedra plana o "metate", muy parecido a como un chef aplana la masa con un rodillo. Esta pulpa se aplana hasta que se convierte en una pasta redonda y delgada que después se hornea en una piedra caliente. Cuando están calientes son muy apetecibles con mantequilla; pero como parte de una dieta yo preferiría el plátano frito, que ya de por sí elo suficientemente malo.

La tortilla se encuentra en cada mesa de Centroamérica, de ricos y pobres por igual, y esta masa de maíz tiene tanta fascinación que un guatemalteco, que había ido a los Estados Unidos, me dijo que no le gustó ese país porque no pudo encontrar tortillas allá; pero creo que cualquier persona con sentido común que ha estado en Centroamérica seis meses desearía estar en un país en el que no hubiera tortillas. Hace algún tiempo se intentó moler el maíz por medio de máquinas para alivianar el duro trabajo de las mujeres en el "metate", pero desde entonces las máquinas se vendieron como fierro viejo y la comida que produjeron se les dio a las gallinas porque los nativos no quisieron salirse de las costumbres ya establecidas. Sus padres molían maíz en un "metate", y esto es suficientemente bueno para ellos.

Los aztecas tenían excelentes campos de trigo, cuyo producto se molía en un foso circular de cemento sobre el que rodaba un gran molino de piedra empujado por una mula adormitada. El salvado se separaba con el aire dejando una excelente harina blanca, que después se horneaba en hornos de barro en rollos, pero nunca en hogazas. Cada rollo caliente se envolvía en una hoja de plátano y se enviaba al mercado, y en ninguna otra parte he probado un mejor pan.

Todas estas personas eran católicas, y la presencia del padre hacía que todas las casas se abrieran para darnos hospitalidad, y me pareció que en varias ocasiones descubrí al padre intercambiando miradas poco sacerdotales con las guapas señoritas de ojos oscuros que nos traían chocolate espumoso. La tortilla de Tabasco, uno de los estados sureños de México, es de elaboración gruesa y ligera como pastel esponjoso, y es un producto agradable; pero la invención delgada y dura de este país se asemeja más al pan de mar.

El camino desde esta villa hasta el pueblo estaba rodeado por setos de cactus, todos en florecimiento, encerrando campos de maíz y trigo lado a lado con plantaciones de caña de azúcar que eran irrigadas mediante un arroyo mientras nosotros pasábamos. En ninguna otra parte he visto puestas de sol tan hermosas como en Centroamérica. Una cualidad peculiar de la atmósfera le da un tono brillante y suave al paisaje del atardecer, como el que solo se ve bajo los cielos despejados de Alaska, y al acercarnos a Casas Blancas para pasar la noche, todo el campo a nuestro alrededor brillaba con los rayos del sol poniente hasta que, uno a uno, fueron desapareciendo al ocultarse tras la cordillera y la luz potente se derritió en un resplandor crepuscular suave.

Las muchas miradas coquetas que el loable padre había intercambiado con las bellas doncellas de la villa me impulsaron a sugerir que pasáramos un día más en el lugar para poder estudiar sus formas primitivas más de cerca. Sobra decir que mi sugerencia fue aceptada con prontitud, y al final de nuestro segundo día, después de prometer fielmente quedarnos allí durante nuestro regreso, compromiso que se cumplió a cabalidad, montamos nuestros animales y los dirigimos hacia Olancho.

Así como la existencia de la actual capital de Guatemala es el resultado de una serie de erupciones volcánicas que destruyeron Antigua, así también está construida la ciudad de Olancho a una distancia de su antigua locación, resultado de una decisión de los habitantes del antiguo pueblo de vivir a una distancia segura de la escena de los antiguos disturbios volcánicos. Los antiguos padres enseñaron que el terremoto fue una expresión de la furia divina, algo que se cree devotamente por los habitantes supersticiosos de Olancho de la actualidad. La antigua ciudad era el gran centro de riquezas del norte de Honduras. Reyes del ganado, plantadores y mineros vivían allí, y, más importante aún, era la sede del gobierno al sur de Guatemala. Los habitantes eran ahorrativos; el padre dijo que eran tacaños, y que, aunque los trabajadores tenían pepitas de oro guardadas, escondían su riqueza de la iglesia. Como prueba, las autoridades de la iglesia ordenaron que se colocara en la catedral una estatua de oro de tamaño real de la virgen. La contribución fue lenta, y a pesar del hecho de que los nativos creían que en un día futuro la virgen de oro moriría, se pondría en una caja y sería enterrada en España, el proyecto finalmente se completó y fue colocada en su lugar especial. Cuando fue inspeccionada por el obispo, descubrió que faltaba su corona de oro, y la solicitud de más oro fue la gota que derramó el vaso. El populacho se rebeló y, durante la noche, un espíritu aventurero colocó una corona de cuero crudo sobre la sagrada frente de la estatua. El pastor de la iglesia protestó contra esta "corona de cuero", pero los miserables sórdidos, olvidando que le debían toda su riqueza a la bondad de los cielos, ¡tronaron sus dedos en el rostro del santo hombre! Este insulto infame a la Santa Dama fue vengado con prontitud; pues mientras la población se reunía en la iglesia, la tierra tembló y se sacudió con gran violencia y la montaña escupió fuego, rocas y lava, destruyendo el pueblo y enterrando a muchos de los habitantes bajo las ruinas de las casas.

Los fugitivos construyeron la ciudad actual y colocaron la misma corona de cuero a los pies de una nueva estatua de la virgen como muestra de su humildad y como reconocimiento de su mal proceder anterior. Después de escuchar la leyenda, tuve la curiosidad de visitar la iglesia para ver la corona, y ciertamente había una corona de cuero en la base de la figura.

Los historiadores profanos de ese tiempo cuentan historias diferentes sobre la catástrofe, y refuerzan la sospecha de que a los antiguos padres no les importaba mucho la veracidad de la historia y la tomaron como una consideración secundaria a la oportunidad de fomentar la fe verdadera. Ya han pasado casi trecientos años desde la destrucción de Olancho Viejo, y esa porción del país es ahora menos conocida por el mundo civilizado que en aquel entonces. No se sabe mucho sobre la ciudad, excepto por la recopilación de informes de capitanes españoles y de los escritos que fueron redactados por orden de la iglesia. Nuestra ruta pasó cerca de la parte principal de la ciudad, que ahora está cubierta de arbustos y pequeños bosques, pudiéndose ver solo algunos arcos rotos.

La montaña del otro lado es roca desnuda, y no se sabe que haya dado ninguna señal de erupción desde aquel día fatal. Uno pudiera pasar por esta escena de antigua vida y ni siquiera soñar que había sido otra cosa más que la soledad actual y el hogar de muchas hermosas aves tropicales que se levantan en vuelo en nubes mientras la mula avanza por la vereda.

Las calles de la nueva ciudad están adornadas con palmas más hermosas, y se pueden ver más variedades de estas que en Cuba. De la "palma coyol" se obtiene un vino dulce muy placentero, que en Olancho es más barato que el agua buena. Se le hace un orificio en la parte alta del tronco principal, justo debajo de las ramas, y se introduce una caña seca con una calabaza amarrada al otro extremo para recopilar la savia que brota de la herida. Cuando está fresca, es blanca y refrescante, siempre fría, y se parece a la leche de coco. Cuando se deja expuesta durante dos días en un recipiente abierto se provoca la fermentación, y el líquido, que entonces es más intoxicante que la sidra más fuerte, es tan incoloro como el agua.

El "vino coyol" fuerte a veces se mezcla con miel silvestre, que puede encontrarse cerca de cualquier campo de flores silvestres, y esta mezcla, aunque de sabor delicado y suave, puede producirle un intenso dolor de cabeza la mañana siguiente al bebedor poco precavido de la extraña preparación, aunque es preferible a conformarse con los vinos que pueden comprarse en el país. Un vendedor de vinos me dijo en una ocasión que a todo el producto miserable en su repertorio que no pudo ser vendido en ningún mercado se le cambiaba de nombre con llamativas etiquetas y se envía a Centroamérica.

Las marcas más malas de burdeos franceses, hechas en Chicago, cuestan $1.50 por botella. Champaña dulce, que no es adecuada para meterse al estómago humano, mal tapada y con fugas, que agracia toda reunión oficial, vale $6 la botella, y ningún centroamericano se siente más orgulloso de sí mismo y de su país que cuando se tambalea y les dice a sus amigos entre el hipo que se emborrachó con champaña. Los sacerdotes, de alguna manera, han sellado barriles de vino de altar enviado de

España, ya que la regulación indica que se utilice vino puro en el sacrificio de misa; es por esto que solo ellos beben vino bueno.

Muchas de las amas de casa ahorrativas son capaces de cuidar muy bien de sus "patios" sin tener que alimentar a un perro guardián gracias al uso de un ave que se parece al ruiseñor. Mientras caminaba por el pueblo y entraba en los jardines para admirar las hermosas flores, siempre escuchaba un sonido chirriante y veía al ave volando por entre los pasillos, y esto solo pasaba cuando yo me acercaba, ya que antes de esto estaba todo en silencio. Al preguntar, descubrí que estas aves son traídas a las casas desde muy pequeñas, y gradualmente aprenden quiénes pueden entrar, pero emiten chillidos cuando se acerca un extraño.

En el hotel había varias urracas de tan ladrona disposición que se habrían llevado mi maleta de viaje si no hubiera sido tan pesada. Estas eran muy dóciles y llegué a disfrutar sus visitas a mi habitación, sintiéndome tan halagado como lo haría cualquier amante de los animales al ver que me buscaban estos pequeños amigos. Pero una mañana, mientras me rasuraba y al soltar mi brocha, vi cómo un ave la tomó, voló hacia el "patio" y la escondió entre las flores, después de lo cual regresó a la habitación aparentando tal inocencia como si no se hubiera cometido ningún robo, hasta que tomó un pañuelo y se llevó eso también. Esto se estaba volviendo serio. Por eso, después de recuperar las cosas robadas, guardé todas las cosas ligeras; las visitas amigables se detuvieron, creo yo, para la incomodidad de otros huéspedes, ya que, durante las horas de ocio, al sentarme en la puerta de mi habitación, los trucos y travesuras de estas aves siempre eran una fuente de diversión.

Plumas, portalápices, collares, cadenas y cualquier cosa de poco peso eran robadas y escondidas en todo momento, y la actuación era tan ridícula que las víctimas nunca perdían los estribos por estas molestias.

Los hábitos perezosos de los habitantes de Olancho se han preservado en un proverbio hondureño, y cuando alguien dice "tan perezoso como un olanchano", no queda duda del significado. Hay muchos que tienen plantaciones en los suburbios y que nunca visitan sus fincas más de una vez al año, y parecen satisfechos si sus agentes no les roban más de la mitad de la cosecha. Los deseos de estos terratenientes son pocos, ya que mientras su ingreso es constante sus riquezas se acumulan; hasta que tienen mala suerte en las cartas. Ellos están dispuestos a apostar sus dólares extras en algo mejor que un "tercio" o "casa llena" si tan solo algo "llegara", y no tengo mejor forma de describirlos que decir que pasan su tiempo esperando que algo "llegue".

**Fuente: The New York Times**

### 1889-agosto-06
# UN VIAJE A HONDURAS
## Las experiencias interesantes del exsenador Hughes de una excursión por el país.

El exsenador Benjamin F. Hughes acaba de regresar a la ciudad después de un viaje de dos meses a Honduras. Ha vuelto moreno y vigoroso y lleno de experiencias interesantes.

"Navegué desde Nueva York", él dijo, "el 10 de junio, en el barco *Newport* hacia Aspinwall, a donde llegamos el día 19. Después, nuestra ruta fue a través del istmo de Panamá, donde pasamos el día placenteramente con el cónsul general estadounidense, Tomas Adamson. Tuvimos la buena suerte de estar presentes en una boda de dos de nuestros compatriotas, el señor Shaffer, que está relacionado con la Panama Railroad Company, y la señora Schaefer, de Cleveland, Ohio, que había salido a encontrarse con su prometido.

Después navegamos sobre el Pacífico durante seis días hacia Amapala, en el golfo de Fonseca, puerto marítimo de Honduras, y que tiene, más allá de toda duda, los puertos más finos del mundo. Desde allí hicimos un viaje de tres días en mula hacia Potosí, y no sé qué les pareció a las mulas, pero a nosotros nos pareció todo menos agradable. Para añadir a nuestra inconformidad, la temporada de lluvias estaba en su auge, y la temporada de lluvias en los trópicos es un asunto completamente serio en lo que respecta al clima. Como yo fui por negocios mineros, el hecho de que Potosí no es otra cosa más que un campamento minero añadió más interés al viaje. Potosí está a tres millas de la frontera de Nicaragua.

Estaba en compañía de J. B. Daniel, de esta ciudad, quien es superintendente de la Potosi Mining and Reduction Company. Su familia también zarpó con él. Pasamos una semana allí examinando las minas y después, a espaldas de mula de nuevo, viajamos colina arriba y valle abajo por cuatro días hacia Tegucigalpa, la capital. Este lugar tiene unos 12,000 habitantes, y las casas son de adobe. En el país y en las pequeñas villas, están hechas de palos enterrados en el suelo y llenados a medias con hojas y lodo. Se utilizan tejas para los techos.

Los hombres visten de manera similar a nuestros propios estilos de clima cálido. Las mujeres usan vestidos cortos que se abrochan debajo de los brazos y dejan al descubierto el pecho. Están descalzos. Generalmente los niños están completamente desnudos. Los habitantes son una mezcla de sangre azteca y española.

Tuve tres entrevistas con el presidente Luis Bográn. Él es singularmente apuesto e inteligente, de sangre danesa e india. Él es alto, más de seis pies de altura, pesa 200 libras, tiene facciones regulares y un bigote y barba. Él habla un poco inglés, pero la mayor parte de nuestra conversación fue hecha en español a través de un intérprete que nos acompañó. Me dio su fotografía y autógrafo y expresó los más amables sentimientos a nuestros compatriotas. Tienen un sistema de educación obligatorio en Honduras y, antes de obtener el título de licenciado en letras en la universidad de Honduras, el estudiante debe haber aprendido un oficio. El presidente Bográn fue educado en la universidad de Nicaragua y en París.

En Tegucigalpa, la capital, la fuerza policial era comandada por dos estadounidenses, el capitán Baker, de Nueva Orleans, y el capitán Bayer, de Brooklyn. El capitán Franklin Imboden, hermano del general Imboden, vive allí también. Él está muy interesado en las operaciones mineras. Su colección de ópalos es la mejor que he visto. Uno de ellos, valuado en $1,000, es casi tan grande como una nuez. La concesión Perry para fines ganaderos y agrícolas, una concesión estadounidense, se compone de 1,500,000 acres en la costa norte. El país generalmente está atrasado.

Las principales industrias son la minería y la ganadería, con un poco de agricultura. La mina más rentable es la de Rosario, iniciada en 1880, en la cual se han gastado $600,000. Sus productos son el oro y la plata, y paga ahora 18 por ciento de dividendos anuales en $3,000,000.

Para mí, la mina más interesante fue la de Clavo Rico, en El Corpus. No se trabaja ahora, pero los registros muestran que durante los días del dominio español se le extrajeron $200,000,000 en oro. Nos abrimos camino hacia la costa en mulas, siguiendo nuestros pasos y tomamos el barco a vapor hacia Panamá, la cual cruzamos y tomamos el *Newport* nuevamente, en el cual llegamos a Nueva York hace un día o dos, habiendo visto muchas cosas que nos permitieron reflexionar".

**Fuente: Philadelphia Inquirer**

## 1889-agosto-06
# UN PROYECTO DE NEGOCIOS

*Nueva Orleans, 7 de septiembre.*

Una nueva puerta de embarque ha sido inaugurada por alrededor de 25 de los principales cultivadores de fruta de la costa norte de Honduras hispana, quienes han formado una compañía por acciones con el propósito de exportar sus productos hacia los Estados Unidos y, con ese fin, han empezado el proyecto mediante el fletamento del buque de vapor noruego de hélice Welhaven.

Este registra 700 toneladas de carga y tiene una capacidad de almacenaje de unos 13,000 racimos de bananas. El Welhaven zarpó de Nueva York el 23 de agosto con dirección a Trujillo, Utila y Cuba, momento en el cual asegurará su primer cargamento de fruta y llegará a puerto alrededor del día 11. A su llegada, quedará a cargo de los señores Hoadley & Co., quienes actuarán como agentes para la Honduras Fruit Company en este puerto.

Los promotores de esta nueva organización pertenecen todos a Honduras, siendo algunos hombres de capital considerable y con la determinación de que este nuevo proyecto será un éxito. Se ha decidido un servicio semi mensual entre Nueva Orleans y la costa de Honduras hispana, y la línea se administrará estrictamente bajo principios comerciales. Sus agentes establecerán fechas de navegación regulares desde Nueva Orleans para beneficio de transportistas hacia Utila, Trujillo y Cuba en el orden mencionado, proporcionando así una gran demanda para nuestros exportadores. El buque también llevará el correo regular. La regularidad de los viajes en las fechas establecidas es un adjunto necesario para una conexión satisfactoria entre Centroamérica y este puerto, en el que en el pasado la irregularidad ha sido la orden del día entre Nueva Orleans y Honduras hispana.

**Fuente: The New York Times**

### 1889-septiembre-08
## UN PROYECTO DE NEGOCIOS

*Nueva Orleans, 7 de septiembre.*

Una nueva puerta de embarque ha sido inaugurada por alrededor de 25 de los principales cultivadores de fruta de la costa norte de Honduras hispana, quienes han formado una compañía por acciones con el propósito de exportar sus productos hacia los Estados Unidos y, con ese fin, han empezado el proyecto mediante el fletamento del buque de vapor noruego de hélice Welhaven. Este registra 700 toneladas de carga y tiene una capacidad de almacenaje de unos 13,000 racimos de bananas. El Welhaven zarpó de Nueva York el 23 de agosto con dirección a Trujillo, Utila y Cuba, momento en el cual asegurará su primer cargamento de fruta y llegará a puerto alrededor del día 11. A su llegada, quedará a cargo de los señores Hoadley & Co., quienes actuarán como agentes para la Honduras Fruit Company en este puerto.

Los promotores de esta nueva organización pertenecen todos a Honduras, siendo algunos hombres de capital considerable y con la determinación de que este nuevo proyecto será un éxito. Se ha decidido un servicio semi mensual entre Nueva Orleans y la costa de Honduras hispana, y la línea se administrará estrictamente bajo principios comerciales. Sus agentes establecerán fechas de navegación regulares desde Nueva Orleans para beneficio de transportistas hacia Utila, Trujillo y Cuba en el orden mencionado, proporcionando así una gran demanda para nuestros exportadores. El buque también llevará el correo regular. La regularidad de los viajes en las fechas establecidas es un adjunto necesario para una conexión satisfactoria entre Centroamérica y este puerto, en el que en el pasado la irregularidad ha sido la orden del día entre Nueva Orleans y Honduras hispana.

**Fuente: The New York Times**

## 1889-octubere-01
### EL MINISTRO DE HONDURAS HA SIDO RECIBIDO
*Washington, 30 de septiembre.*

El presidente recibió hoy al señor Jerónimo Zelaya como enviado extraordinario y ministro plenipotenciario de Honduras, en esta capital. La presentación fue hecha por el secretario Blaine. Durante su discurso, el señor Zelaya dijo que él estaba encargado de informarle al presidente de la aprobación otorgada por su gobierno sobre los pasos iniciadores tomados por el gobierno de los Estados Unidos al convocar al congreso de los países americanos. El presidente respondió con un estilo apropiado.

**Fuente: Philadelphia Inquirer**

## 1889-octubre-13
# UNA VÍA FÉRREA HONDUREÑA
## El tren sale cuando el ingeniero "Jim" encienda la máquina.

Los pasajeros cotidianos y otros que acostumbran a viajar por tren en las inmediaciones de Nueva York, quienes se sienten personalmente exasperados si su tren se retrasa algunos minutos, encontrarán algo interesante en los relatos contados por un muy reconocido abogado de Nueva York sobre sus experiencias con los ferrocarriles en Honduras hispana. Este caballero tenía negocios que requerían de su presencia en el interior de Honduras durante algunos meses, y en su viaje llevó consigo a su esposa y tres inteligentes hijos. Su destino estaba a unas trecientas millas de la costa, y casi toda la distancia debía ser recorrida a caballo o sobre una mula.

La única excepción a este modo de viaje agotador fue al principio del trayecto, donde, según el mapa, había una vía férrea con corrida entre dos pueblos que estaban a cuarenta millas de distancia; la única vía férrea en el país.

Al llegar a Honduras, el caballero llevó a su familia a un pequeño hotel local administrado por una mujer mulata al estilo centroamericano, con frijoles y tortillas como platillo principal y camas hechas de lonas estiradas sobre armazones, y desde allí partió en busca del ferrocarril con la esperanza de tomar el tren de la mañana. Después de una larga búsqueda, se encontró con una sola vía en las afueras del pueblo que terminaba en un cobertizo de madera en ruinas, pero no había nadie a la vista y no había señas de ningún tren. Al poder hablar español con fluidez, interrogó a un nativo sobre el asunto y pudo saber en dónde vivía el superintendente del ferrocarril. Ese oficial de la línea troncal de Honduras salió de su casa al ser requerido e inmediatamente se le preguntó a qué hora saldría el tren.

—¿El tren? —repitió él, en español, por supuesto, y un poco confundido, como si la idea de un tren fuera completamente nueva para él.

—Sí. ¿A qué hora sale? —se le preguntó de nuevo. No ha salido el día de hoy, ¿o sí?

—No, no creo que haya salido hoy; no, estoy seguro de que no ha salido hoy.

—¿Saldrá esta mañana?

—No, no creo que vaya a salir esta mañana.

—¿Saldrá esta tarde?

—Quien sabe, pero no creo. No, yo creo que no. ¿Cómo voy a saber?

—Si alguien puede saber debería ser usted —respondió el neoyorquino—, ya que usted es el superintendente.

Mientras hablaban, el oficial se cubría los ojos del sol con las manos y miraba hacia una pequeña bahía a la distancia.

—¿Puede usted ver del otro lado de la bahía? —preguntó él. Mi vista ya no es tan buena como antes.

El neoyorquino miró y respondió que podía ver sin problemas del otro lado de la bahía.

—¿Puede ver humo por encima de los árboles? —preguntó el superintendente.

No, no se miraba nada de humo.

—Entonces supongo que Jim no encenderá la máquina hoy —continuó—. Ayer lo envié al campo a reparar un motor en una finca azucarera, y lo más probable es que no haya regresado todavía. Pero estoy seguro de que encenderá la máquina mañana. ¿Acaba de llegar usted en el buque? ¿Trajo a su familia con usted? Estoy seguro de que estarán muy cómodos en el hotel, y creo que mañana sí habrá tren; sí, yo creo que mañana sí.

No había otra opción más que esperar, ya que no se podía perder la oportunidad de reducir 40 millas de viaje encima de una mula. La mañana siguiente, el neoyorquino se levantó temprano y buscaba humo del otro lado de la bahía. El humo apareció; era evidente que Jim había encendido la máquina. Se apresuró hacia la casa del superintendente para darle la noticia y preguntarle a qué hora saldría el tren.

"Alrededor de la 9, si es que sale", respondió el oficial. "Puede ser un poco más temprano o un poco más tarde, pero lo mejor es que aborden el tren a las 8 para no errar".

Un poco después de las 9 en punto el tren estaba listo para partir. Se trataba de una máquina de unos cuarenta años de antigüedad, un transporte con partes de madera, uno de los primeros transportes de pasajeros creados, sin vidrios en las ventanas, una banca a lo largo de cada lado, y cajas de hierro viejo sobre y debajo de las bancas para que el tren tuviera el suficiente peso para mantenerse sobre las vías. Había varios pasajeros, y cuando todo estaba listo y el conductor gritó "Todos a bordo" y el motor empezó a sonar, uno de los pasajeros, un comerciante del pueblo, se tocó los bolsillos y exclamó que había olvidado escribir algunas cartas y se levantó de un salto y volvió a su oficina para escribirlas. El tren empezó a moverse con un gran silbido y sonido de campana, y empezó su furiosa marcha a través del campo a una velocidad de siete u ocho millas por hora.

No había avanzado mucho cuando la madera se terminó y el motor se detuvo, y el fogonero y otro tripulante del tren fueron al bosque con un hacha para conseguir más suministros. Estas paradas para cortar madera ocurrieron casi una vez por hora durante el trayecto. En la primera estación, a la que se llegó alrededor de las 11 en punto, el hombre que se había bajado para escribir sus cartas llegó montado en una mula; entonces procedió a darle el animal a un amigo y retomó su asiento en el tren.

Al mediodía el tren se detuvo y el ingeniero, el fogonero, el conductor y otros dos o tres empleados de la vía hicieron una pequeña fogata cerca de las vías y se pusieron a cocinar y a comer placenteramente. Esto duró casi una hora. Todo continuó lentamente, pero sin problemas, hasta las 2 en punto, cuando se llegó a un pequeño arroyo atravesado por un viejo puente de madera.

Aquí la máquina se detuvo en medio del arroyo, y el fogonero se bajó y sin dudarlo ni un segundo se quitó toda la ropa. Los neoyorquinos se imaginaron que estaba por darse un baño, pero en realidad esto era parte de sus ocupaciones laborales. Bajó hasta el lecho del arroyo con un balde en la mano y los otros empleados formaron una fila hasta el tanque de la máquina, el cual procedieron a llenar con agua del arroyo, pasando balde tras balde y echando el agua adentro.

Sin embargo, no fue sino hasta media tarde cuando llegaron a la parte más interesante del trayecto. El tren se detuvo sin causa aparente y se quedó inmóvil por un tiempo. El neoyorquino se bajó para ver qué estaba pasando. Pudo ver que a poca distancia enfrente de la máquina hacía falta parte de la vía; si el tren hubiera avanzado dos bielas más se habría descarrilado, sin ninguna posibilidad de subir otra vez, ya que no hay maquinaria para estos casos en Honduras.

El ingeniero tomó una palanca de hierro y se dirigió a las vías detrás del tren buscando alguna que estuviera floja. Finalmente encontró una y la levantó con la palanca, y él y el resto de los hombres cargaron la vía y la colocaron en el lugar de la vía faltante. Entonces el tren siguió su camino; dejando, por supuesto, un hueco en la vía.

Al preguntar, el neoyorquino supo que hace algunos años alguien había robado parte de la vía, y nunca había sido reemplazada ya que no había vías extras en el país, así que cada vez que se llegaba a este punto el ingeniero tenía que detenerse y reemplazar la vía faltante con una por la que el tren ya había pasado.

Todo lo relacionado con el camino se administraba bajo este principio, y no se habían hecho reparaciones considerables desde su construcción hace más de un cuarto de siglo. La misma máquina y el mismo vagón habían estado funcionando desde entonces.

La vía había sido construida por una compañía inglesa mediante un contrato con el gobierno, y el principal y los intereses de la deuda ahora sumaban tantos millones que el país entero difícilmente valdría lo suficiente para pagarla.

El tren llegó a su destino a las 9 en punto de la noche, con un promedio de progreso de unas tres millas y media por hora en las doce horas que había durado el viaje; y el neoyorquino que hizo el viaje les aconseja de forma categórica a los otros norteamericanos que visiten Honduras hispana que se decidan por las mulas si es que el tiempo es algo valioso para ellos.

**Fuente: The New York Times**

### 1889-diciembre-09
# HONDURAS SE UNE A LA UNIÓN

*Tegucigalpa, 15 de noviembre.*

El gobierno de Honduras, por votación unánime del Consejo de Ministros, ha aprobado los términos del acuerdo para el establecimiento de la Unión Centroamericana. Se ha publicado el siguiente decreto presidencial:

ARTÍCULO I. Queda aprobado, en todos sus términos, el acuerdo para una unión provisional de los Estados de Centroamérica, realizado en San Salvador por el tercer Congreso Centroamericano el día 15 de octubre del presente año.

ARTÍCULO II. Se informará de este acuerdo, junto con este decreto, al Congreso Soberano durante su siguiente asamblea, recomendando encarecidamente su aprobación.

ARTÍCULO III. Se comunicará nuestra aprobación a los otros gobiernos centroamericanos lo más pronto posible.

Firmado en Tegucigalpa el 5 de noviembre de 1889.

Luis Bográn, presidente, y los secretarios de Estado.

**Fuente: The New York Times**

### 1889-diciembre-23
## LA UNIÓN CENTROAMERICANA: NICARAGUA Y COSTA RICA NO ESTÁN A FAVOR DE ELLA

*San José, Costa Rica, 5 de diciembre.*

El último rumor de Nicaragua es que el presidente Sacasa ha sido depuesto. Sin embargo, esto es contradicho por el ministro de relaciones exteriores. Pero Don Faustino Víquez, subsecretario, me asegura que tal cosa puede ser cierta fácilmente. Sacasa, dice el señor Víquez, es un hombre viejo, suave y flexible. Si algunos de los más activos nicaragüenses piensan que él es muy manejable en relación ya sea con el canal en cuestión o con la unión, puede que hayan decidido removerlo del poder.

No hay gran deseo por la unión en Nicaragua, así como no lo hay en Costa Rica. Aquellos en favor de eso aquí se limitan a los "esquivelistas", ya que no se pudieron resignar a su derrota. *La República*, principal periódico de San José, se publica ahora en interés de la unión, y hay pláticas para establecer otro diario.

Guatemala, Honduras y El Salvador aún están a favor de unirse. El espléndido valle de Comayagua de Honduras, que será atravesado por el ferrocarril interoceánico, es un sitio propuesto para la capital. Por supuesto, esa república obtendrá inmensos beneficios. Sin mejores medios de comunicación que los que posee actualmente, Honduras debe continuar con una triste desventaja. Sus minas son maravillosas; de eso no hay duda. Pero la falta de medios de transporte afectará su progreso en la línea agricultora.

Las últimas noticias de Guatemala son que el gobierno de esa república ha ordenado 10,000,000 de cartuchos y 50,000 rifles Remington de los Estados Unidos, con el fin de convencer a la querida y pequeña Costa Rica de la conveniencia de ingresar a la unión sin más parlamentos. Hay una gran probabilidad de música en el aire dentro de poco tiempo.

**Fuente: Philadelphia Inquirer**

## 1889-diciembre-29
# BURKE ES SÓLIDO EN HONDURAS

*Desde el New York Sun.* Washington, 27 de diciembre. – –El anuncio de que el mayor Burke, el tesorero fugitivo de Luisiana ha llegado a Honduras, ha revivido la cuestión de si él puede ser alcanzado por un proceso de extradición. Muchos han hecho referencia al caso de Tweed como precedente, con el hecho del caso siendo que, aunque no había tratado de extradición entre España y este país, las autoridades españolas entregaron a Tweed tras la solicitud formal de los Estados Unidos, y casi existen las mismas condiciones en este caso.

No existe un tratado de extradición mediante el cual el Burke pudiera ser detenido mediante procedimiento ordinario en Honduras, y además está la circunstancia adicional a favor de Burke de que es un amigo personal del presidente Bográn, y está a la cabeza de varias empresas locales, de las cuales Bográn obtendrá, si tienen éxito, una cantidad considerable de dinero. Hace algunos años, Burke obtuvo del gobierno de Honduras varias de las concesiones más extraordinarias jamás otorgadas por ese país a un individuo. En ese tiempo, Burke era el tesorero estatal de Luisiana, y no había conocido a Bográn.

El trato fue negociado por el coronel E. A. Lover, antiguamente de México, pero entonces representando al *Times-Democrat* en Centroamérica. Los detalles son desconocidos, pero el resultado fue que Burke obtuvo concesiones de enorme valor, como tierras para minería, agricultura y pasto, lo que involucraba el control de 100 millas del único río navegable en Honduras. Hubo una consideración, pero era ridículamente fuera de proporción ante la ganancia contenida en esa concesión, y se entiende que, desde entonces, Burke ya ha cumplido con las condiciones necesarias para vitalizar su concesión.

**Fuente: Philadelphia Inquirer**

## EL MOROSO BURKE CON MUCHA SUERTE
### Concesiones valiosas en Honduras y perspectivas de gran riqueza.

*Cablegrama especial al The Inquirer.*

Nueva Orleans, 30 de diciembre. —Informes de Honduras dicen que el presidente Bográn le ha otorgado al mayor Burke, tesorero moroso de Luisiana, concesiones mineras adicionales, incluyendo a todo el distrito Olancho desocupado, unas dos tercias partes de toda la república.

Burke ya ha empleado a varios miles de nativos y a todos los estadounidenses en Honduras para trabajar sus concesiones, y ahora se reporta que es el hombre más popular en todo el país debido al incremento de negocios que él ha creado. Aquí se han recibido varias pepitas de oro de las minas de Retiro que Burke hizo flotar recientemente en Londres con un peso de dos y tres onzas cada una.

**Fuente: Philadelphia Inquirer**

**1890-enero -05**

## EL MOROSO BURKE OCUPADO EN HONDURAS

Nueva Orleans, 4 de enero.

De acuerdo a una entrevista con un representante del Progreso, un periódico publicado en Tegucigalpa, el mayor F. A. Burke, el incumplido tesorero del estado de Luisiana, dijo con respecto a su regreso a Luisiana que probablemente no podría salir de allí hasta principios del próximo marzo. Sus deberes con el gobierno de Honduras, quien ha hecho generosas concesiones hacia él y a los capitalistas que había invertido su dinero en sus inversiones, requerían toda su atención allí y no pretendía abandonar sus intereses.

**Fuente: Philadelphia Inquirer**